Gyula Kurucz (Hrsg.)
Das Tor zur deutschen Einheit

Gyula Kurucz (Hrsg.)

Das Tor zur deutschen Einheit

Grenzdurchbruch Sopron, 19. August 1989

Übersetzung der ungarischen Beiträge
von
Christian Polzin

Mit 13 historischen Fotos

edition q

Der vorliegende Band entstand im Ergebnis der Konferenz „10 Jahre Paneuropäisches Picknick“ am 18./19. 8. 1999 in Sopron. Die Originalausgabe *Az első határnyitás. Sopron, 1989, augusztus 19.* erschien bei Kortárs Kiadó, Budapest.

Die Publikation wurde ermöglicht durch freundliche Unterstützung seitens: Auswärtiges Amt Budapest / Weltverband der Ungarn / Stiftung Paneuropäisches Picknick ‘89 Sopron.

Die Deutsche Bibliothek – CIP-Einheitsaufnahme:

Das Tor zur deutschen Einheit: Grenzdurchbruch Sopron, 19. August 1989; [der Band entstand im Ergebnis der Konferenz „10 Jahre Paneuropäisches Picknick“ am 18./19. August 1999 in Sopron] / Gyula Kurucz (Hrsg.) – Berlin: Ed. q, 2000
ISBN 3-86124-529-9
NE: Kurucz, Gyula [Hrsg.]; Konferenz 10 Jahre Paneuropäisches Picknick <1999, Sopron>

Lektorat: Heike Herfarth
Coverentwurf: Uwe Janssen
Fotos: Stiftung Paneuropäisches Picknick ‘89, Sopron

Druck- und Bindearbeiten: Ebner Ulm
Printed in Germany

ISBN 3-86124-529-9

Inhalt

Grußansprachen
Viktor Orbán, *Ministerpräsident Ungarns* 7
József Szájer, *Fraktionsführer FIDESZ-MPP* 10
László Nagy, *Stiftung Paneuropäisches Picknick* 16
Gyula Kurucz, *Regionalpräsident der Weltverbandes der Ungarn* 17
Josef Duchac, *Leiter des Budapester Büros der Konrad-Adenauer-Stiftung, Ministerpräsident von Thüringen a. D.* 19

Die Initiatoren
Ferenc Mészáros, *Debrecen* 20
László Magas, *Sopron* 30
Andreas Waha, *Bürgermeister von St. Margarethen* 46

Blut oder Frieden
Árpád Bella, *Oberstleutnant* 53
Johann Göltl, *Chefinspektor Zollamt Klingenberg* 66
Manfred Frey, *Präsident der Finanzlandesdirektion für Wien, NÖ und Burgenland* 69

Wie war es wirklich?
Miklós Németh, *Ministerpräsident Ungarns a. D.* 71
Otto von Habsburg, *Schirmherr des Paneuropäischen Picknicks* 81
Pater Imre Kozma, *Apostolischer Protonotar* 85
Imre Pozsgay, *Staatsminister a. D. und Schirmherr des Picknicks* 93

István Horváth, *Innenminister a. D.* 100
János Székely, *ehem. Oberkommandierender der ungarischen Grenztruppen* 104
Moderator: Andreas Oplatka

Von außen gesehen
János Rumpf, *Forstingenieur* 117
Lothar de Maizière, *Ministerpräsident der DDR a. D.* 119
Erhard Busek, *Vizekanzler Österreichs a. D.* 123
Friedrich Bohl, *Kanzleramtsminister der BRD a. D.* 144
Andreas Oplatka, *„Neue Zürcher Zeitung"* 157
Georg Hefty, *„Frankfurter Allgemeine Zeitung"* 164
Karl Gustav Ströhm, *Redakteur des kroatischen Fernsehens, 1989 Korrespondent für „Die Welt"* 168
Ibolya Dávid, *Justizministerin Ungarns* 189
Moderator: Gyula Kurucz

Wie wir es beobachtet haben
Árpád Bella 193
Attila Kristóf, *Vorsitzender des Redaktionskomitees der „Magyar Nemzet"* 200
Ferenc L. Gazsó, *Schriftsteller, 1989 Korrespondent von „Radio Free Europe"* 213
Géza Szőcs 226
Gyula Tellér, *Soziologe* 232
Imre Poszgay 245
Otto von Habsburg 252
Moderator: László Nagy

Nachwort des Herausgebers 263

Grußansprachen

Viktor Orbán
Ministerpräsident Ungarns

Meine sehr verehrten Damen und Herren!

Heute bereitet sich hier in Fertőrákos ein feierlich gestimmtes Publikum darauf vor, einem gewiss erlebnisreichen Konzert beizuwohnen. Doch wie ansprechend der Schauplatz auch sein mag, Ungarn erinnert der Steinbruch doch immer auch an die Gefangenen, die ihm mit ihrer Hände Arbeit und ihrem blutigen Schweiß die heutige Gestalt gegeben haben.

Das gehört zur Grenzregion um Sopron. Wer hier über ein Stück Stacheldraht stolpert, denkt nicht an etwas Alltägliches, sondern an den jahrzehntelang hier verlaufenden Eisernen Vorhang, der nicht nur auf symbolische, sondern auf die denkbar brutalste und schmerzhafteste Weise das trennte, was man nicht trennen sollte. Jedes kleine Stück erinnert an die Grausamkeit, mit der dieser Stacheldraht Europa ins lebendige Fleisch schnitt. Wie abgeschnürte Körperteile einschlafen und nach einer Weile absterben, so waren die Länder, die er vom europäischen Blutkreislauf abschnitt, zum Absterben verurteilt.

Aber wir wollten leben. Konnten die eingeschlafenen Glieder auch schwer wiederbelebt werden, waren wir doch fähig, einander zu stärken, die Schicksalsgemeinschaft aufrechtzuerhalten und mit starkem Willen und großen Hoffnungen wieder auf die Füße zu kommen.

Sopron war über Jahrhunderte hinweg nicht zuletzt durch eine wichtige, von Maulbeerbäumen gesäumte Straße mit mehreren europäischen Städten verbunden. Nach Zeichnung der neuen Grenzen und nach Rückkehr der treuesten Stadt Ungarns entwickelte sich hier ein blühender Handel.

Dieses pulsierende Leben wurde durch die nach dem Zweiten Weltkrieg an der Westgrenze gezogene Scheidelinie beendet, die Straße entvölkerte sich und wurde in ihrem Schlaf nur durch den Tritt von Grenzwächterstiefeln gestört. Das Rad der Geschichte schien sich rückwärts zu drehen. Die Isolation brach Ungarns vielversprechende bürgerliche Entwicklung ab. Wie Sándor Márai es in seinem Tagebuch beschreibt: „Das gerade aufflammende Neonlicht erlosch wieder. Mitteleuropäische Bürger wurden zum dritten Mal in den Zustand einer Leibeigenschaft zurückgestoßen und fast aller ihrer Rechte beraubt.“

In Diktaturen herrscht die Vorstellung, man dürfe Menschen erst dann gestatten, ins Wasser zu gehen, wenn sie bereits schwimmen können. Wir sollten die Freiheit erst verdient haben, wenn wir sie zu dem benutzen würden, wozu sie da sei. Und damit waren uns sofort die Hände gebunden, denn uns wurde nicht erlaubt, selbst zu entscheiden, wie wir unsere Freiheit gebrauchen wollten.

Die Freiheit des Geistes konnte man uns dennoch nicht nehmen, sie ließ sich mit eilends aufgestellten Mauern und ängstlich bewachten Grenzen nicht aufhalten. Wie sich später erweisen sollte, bedeutete jedes einzelne Jahr einen neuen Nagel im Sarg der Diktatur. Der Zahn der Zeit nagte konsequent an dem rostigen Zaun, der Europa teilte.

Als der Eiserne Vorhang brüchig wurde, traten die Säuglinge, die mit ihren Eltern nach der 56er Revolution geflüchtet waren, bereits ins Christus-Alter. Dreiunddreißig Jahre waren vergangen, und endlich zerfielen nicht mehr unsere Träume, sondern der Eiserne Vorhang. Er verschwand in der Versenkung der Geschichte.

Damals hielten die Einwohner Ostdeutschlands – die zuvor in jedem Jahr Ungarn dazu genutzt hatten, hier ihre westlichen Verwandten zu treffen – die Zeit für gekommen, ihre Träume zu verwirklichen und endlich auch selbst von der Freiheit zu kosten. Als hätte er die Ereignisse der zweiten Hälfte des Jahrhunderts vorausgesehen, beschrieb der große spanische Denker Ortega y Gasset die Größe des letzten Augenblickes so: „Die letzte Flamme ist die größte. Der letzte Seufzer ist der tiefste. Am Vorabend ihrer Aufhebung sind die Grenzen am empfindlichsten."

Die Menschen spazierten frei hinüber zu unseren Nachbarn.

Daran, dass dies so eintreten konnte, hatte Ungarn und die Region Sopron keinen geringen Anteil. Sopron wurde aufs neue eine Stadt der Treue. Der Treue zum europäischen Gedanken.

Hier, an diesem Ort an der österreichisch-ungarischen Grenze wurde der erste Schritt zur Wiederherstellung der Freiheit und Einheit des geteilten Europa getan.

Am heutigen Jahrestag lohnt es zurückzuschauen, welche Veränderungen Europa in den letzten zehn Jahren erlebt hat und wie sehr sich Ungarn gewandelt hat. Die jüngere Generation kennt den Eisernen Vorhang nur noch aus Geschichtsbüchern. Für unsere Kinder ist es selbstverständlich geworden, dass sie sich nicht in langen Schlangen vor ausländischen Botschaften um ein Visum anstellen müssen. Für die Einreise in immer zahlreichere Länder genügt es bereits, den ungarischen Personalausweis vorzuzeigen. Unser Bekenntnis zur Freiheit hat die Wege für uns gangbar gemacht.

Aber ob wir es wollen oder nicht: Als die Grenze zwischen Österreich und Ungarn zur Grenze der Europäischen Union wurde, befiel uns ein etwas unangenehmes Gefühl.

Wieder wurden die Grenzkontrollen strenger, und wieder meinten wir, ohne eigene Schuld von etwas ausgeschlossen zu sein, dem wir im Grunde doch angehörten.

Von diesem unangenehmen Gefühl werden wir dann befreit sein, wenn auch Ungarn ein Mitglied der Europäischen Union geworden ist. Wenn uns die gegenwärtige Grenze nicht mehr von Österreich trennen wird. Wenn dieser Augenblick eintritt, dann wird sich auch für uns Ungarn erfüllt haben, was vor zehn Jahren hier begann.

Dr József Szájer
Fraktionsführer FIDESZ-MPP

Meine sehr verehrten Damen und Herren!

Robert Schuman, der wichtige Initiator des Vorläufers der Europäischen Union, des Gemeinsamen Marktes, stellte im Hinblick auf die europäische Vereinigung fest: „Nichts Dauerhaftes wird leicht verwirklicht."

Mit Recht lässt sich dieser Satz auf den jungen ungarischen Systemwandel übertragen. Die zehn Jahre, die seit 1989 vergangen sind, kann man bereits als – im historischen Sinne – nachhaltig bezeichnen. Unzweifelhaft ist nach den stürmischen Veränderungen von 1988/89 eine junge politische Demokratie und freie Marktwirtschaft entstanden, die sich als funktionsfähig erwiesen hat. Sie hat die Krise, die das vorherige Regime ihr hinterlassen hat, erfolgreich gemeistert.

1988/89 waren Veränderungen unumgänglich geworden. Wir alle wollten etwas Neues: ein freies, bürgerliches Ungarn. Der Systemwandel hat dem Land die Unabhängigkeit und uns allen die politische Freiheit beschert. Wir haben gemeinsam dafür gekämpft. In der Rückschau müssen wir freilich nach zehn Jahren feststellen, dass die damals gesteckten Ziele nur teilweise verwirklicht worden sind. Der Systemwandel hat nicht für jeden die erhoffte Aufwärtsbewegung gebracht. Wir brauchten die vergangenen zehn Jahre, um die schwere Krise zu verarbeiten, die in Ungarn durch die Jahre des Sozialismus verursacht worden war.

Die theoretischen Arbeiten des liberalen Oxforder Philosophen Ralf Dahrendorf über die europäischen Revolutionen haben seit langem prophezeit, was wir auch aus eigener Erfahrung wissen: Dieser historische Kampf ist noch nicht beendet. Vielleicht wird es eine ganze Generation dauern, bis die uns noch heute schädigenden Hinterlassenschaften des vorigen Systems beseitigt sind. Man musste Viktor Orbán recht geben, als er auf der Gedenkfeier für die Märtyrer der ungarischen Revolution sagte:

„Bis auf den heutigen Tag war 1956 die letzte Chance für unsere Nation, durch Teilnahme an der westlichen Entwicklung zu wirtschaftlichem Wohlstand zu kommen. Die gewaltige Konkursmasse, die auf unseren Schultern lastet, ist eine direkte Folge der blutigen Niederschlagung unserer Revolution und der zwangsweise eingeschlagenen asiatischen Sackgasse, aus der wir nun erneut herauszukommen versuchen. Tatsächlich hat damals, 1956, die Ungarische Sozialistische Arbeiterpartei uns – und der heutigen Jugend – die Zukunft gestohlen. Deshalb liegt in jedem siebenten Sarg nicht nur ein ermordeter Jugendlicher, sondern zugleich auch unsere Zukunft der folgenden 20 oder mehr Jahre."

Der tschechische Schriftsteller Bohumil Hrabal, der in seiner Jugend oft in Sopron weilte, schreibt an einer Stelle, ich zitiere: „Es gibt Flecken, die nicht ohne Beschädigung des Materials entfernt werden können."

Die junge ungarische Demokratie hat im letzten Jahrzehnt bewiesen, dass die Veränderung des Systems mit solch einer Fleckentfernung vergleichbar ist. An vielen Stellen musste altes Gewebe durch völlig neues ersetzt werden, damit das System funktionsfähig blieb. Dadurch geht das gewaltige, von einem Tiefpunkt der Krise aus begonnene Unternehmen der Umgestaltung der Gesellschaft mit erheblichem Streit und Interessenkonflikten einher.

Heute ist aus bestimmten Kreisen, die auf die Schwierigkeiten und die Konflikte des Systemwandels bauen, zu vernehmen, dass es leichter gewesen wäre und das Land sich viele Opfer hätte ersparen können, wenn es statt des radikalen Systemwechsels die Kontinuität gewählt hätte und mit „aufgeklärten" und in den Dingen des Landes „erfahrenen" Führern an der Spitze auf dem Weg maßvoller Reformen vorangeschritten wäre.

Diese Sicht ist falsch und verlogen. Eben dieses Denken hatte vor zehn Jahren den wirtschaftlichen Bankrott des Landes herbeigeführt. Dass die im vorigen System erworbenen Führungskompetenzen unter demokratischen Bedingungen keinen Pfifferling wert sind, hat sich während der letzten, postkommunistischen Regierung aufs deutlichste bestätigt.

Beim Ausbau der jungen Demokratie dürfen die Führungspersönlichkeiten des Landes keinen Augenblick lang vergessen, dass der Systemwandel eingetreten ist, weil die Bürger einen Wandel ihrer Lebensbedingungen wollten.

Reich kann sich ein Land nur nennen, wenn seine Einwohner nicht von Verarmung bedroht sind. Die Bürger Ungarns möchten in einem Land leben, in dem jedermann eine Chance auf Wohlstand und Aufstieg hat; in einem Land, in dem anständige Arbeit zu einem anständigen Lebensniveau führt; einem Land, wo die Grundvoraussetzungen des bürgerlichen Lebens gegeben sind: Freiheit und Wohlstand sowie Sicherheit des Einzelnen, der Familie, des Landes und der Nation.

Nun, nach zehn Jahren sind endlich die Bedingungen erfüllt, das Land auf einen Wachstumskurs zu bringen. Endlich haben die Bürger die Möglichkeit, ihre individuellen und gemeinschaftlichen Ziele zu verwirklichen, getragen von einer Wertordnung, in deren Mittelpunkt die Achtung ehrlicher Arbeit und die Liebe stehen.

Hinter uns liegen zehn Jahre eines dornigen, verschlungenen und schweren Weges, der dennoch in Richtung Wachstum und allgemeinem Wohlstand vorwärts führt!

Ein Jahrzehnt nach den erhebenden Ereignissen, die die Demokratie etabliert und die Bürger wieder in ihre politischen Rechte eingesetzt haben, gibt es noch immer kein konsensfähiges Bild der friedlichen Revolution von 1989/90. Das liegt vorrangig daran, dass die damaligen Repräsentanten des Systemwandels überwiegend auch im heutigen politischen Leben eine führende Rolle spielen. Ein großer Teil unserer heutigen politischen Konflikte reicht in diese Zeit zurück, und die Grundfrage der ungarischen Demokratie hat sich seither nicht verändert. Sie lautet: Gelingt es, auf den Ruinen des Sozialismus eine Wohlstandsdemokratie westlichen Typs zu errichten? Wird es gelingen, die Kräfte und das Gewicht der Vergangenheit niederzukämpfen und ein Land zu schaffen, in dem die Bürger sich wohlfühlen?

Die Interpretation der Ereignisse von vor zehn Jahren ist noch nicht an ihrem Ende angekommen. Es gibt eine etatistische und eine demokratische Interpretation der Geschehnisse von damals.

Die etatistische Interpretation besagt, dass die Veränderungen von oben ausgingen, von den Machthabern. Glasnost in Russland und aufgeklärte, von der Unhaltbarkeit des Volkskommunismus überzeugte weise Führer hätten den Reformprozess initiiert und vorangebracht, bis er ihnen aus den Händen geglitten sei und zur friedlichen Revolution geführt habe.

Es ist meine tiefste Überzeugung, dass diese Interpretation grundlegend in die Irre führt. Richtig ist, dass ohne das „von oben" erfolgende Wirken seitens Gorbatschows oder der ungarischen Reformkommunisten die Ereignisse vor zehn Jahren anders ausgesehen hätten oder vielleicht anders verlaufen wären, aber all diese Veränderungen wären ohne die Freiheitssehnsucht der Bürgergesellschaft unvorstellbar gewesen. Der Systemwandel führt so bis zum Freiheitskampf von 1956 zurück.

Vielsagend sind auch unsere Gewohnheiten bei der Feier des Systemwechsels. Obwohl es als Anlass keinen so herausgehobenen Zeitpunkt gibt wie die „samtene" Revolution der Tschechoslowakei, nutzen wir doch zum Gedenken nicht den Jahrestag der Ablösung János Kádárs oder den der Parteikonferenz, sondern Ereignisse des Freiheitskampfes der Bürgergesellschaft wie die ersten Zusammenkünfte des Ungarischen Demokratischen Forums (MDF), des Bundes junger Demokraten (FIDESZ), der Wissenschaftlergewerkschaft (TDDSZ) oder die Entstehung des „Netzes" und die ersten frei begangenen Feiern des 15. März und 23. Oktober sowie die Gründung des Oppositionellen Runden Tisches; oder die Beisetzung der zusammen mit Imre Nagy hingerichteten Märtyrer.

Oder aber gerade das Paneuropäische Picknick von Sopron, das sich aus einer geplanten Freiheitsdemonstration zu einem realen Durchbruch durch den für die Ostdeutschen damals noch sehr „eisernen" Vorhang gestaltete und so der Öffnung jener Grenze den Weg bereitete, die unsere Freiheit verschlossen hielt. Schwer ließe sich diesem Ereignis die etatistische Interpretation überstülpen, hatten sich in ihm doch die elementaren menschlichen Bedürfnisse nach Freiheit Bahn gebrochen.

Doch auch wenn die etatistische Konzeption richtig wäre, bliebe eine grundlegende moralische Frage offen. Die moralischen Aspekte der großen historischen Ereignisse wirken auch im darauf folgenden friedlichen Alltag fort und bestimmen ihn.

Die moralische Frage ist deshalb heute, da wir an das Picknick von Sopron und an die Öffnung der „großen Mauer“ erinnern, besonders wichtig. Sie lautet: Schulden wir den damaligen Gefängnisaufsehern Dank dafür, dass sie, als sie sahen, dass ihnen kaum noch eine andere Wahl blieb, im letzten Augenblick die Kerkertore vor uns geöffnet haben?

Auf diese Frage hat der heutige Ministerpräsident Ungarns in seiner Rede am 16. Juni 1989 für mich und für viele von uns eine klare Antwort gegeben, in der er mit ein paar Worten auf die ehemaligen Gefängnisaufseher einging: „Wir fürchten, dass wir ihnen keinen Dank schulden dafür, dass wir nach 31 Jahren unsere Toten bestatten dürfen; dass ihnen kein Dank dafür gebührt, dass unsere politischen Organisationen heute bereits funktionieren. Es ist kein Verdienst der ungarischen politischen Führung, dass sie angesichts der Forderungen nach Demokratie und freien Wahlen nicht – obwohl das Gewicht ihrer Waffen es zugelassen hätte – zu den Methoden gegriffen hat, die Pol Pot, Jaruzelski, Li Peng oder Rákosi angewandt hätten.“

In den folgenden Stunden werden wir hier in Sopron Zeugen wichtiger Gespräche und Diskussionen sein. Durch die Konfrontation mit den damaligen Ereignissen stellen sich die Teilnehmer der Konferenz einer wichtigen historischen Aufgabe.

Lassen Sie mich deshalb, da ich als Parlamentsabgeordneter für Sopron und Umgebung sowie als stolzer Bürger dieser Stadt nun diese – an das größte internationale Ereignis der jüngeren Geschichte unserer Region erinnernde – Konferenz eröffne, Ihnen allen den Wunsch aussprechen, dass Ihre Erinnerung verlässlich arbeiten möge, dass die Diskussionen nüchtern bleiben und dass Sie nicht einen Augenblick lang vergessen, dass sich hier in Sopron vor zehn Jahren ein Wunder ereignet hat, das von der ganzen Welt ungläubig bestaunt wurde. Dieses Wunder heißt: FREIHEIT.

László Nagy
Stiftung Paneuropäisches Picknick

Meine sehr verehrten Damen und Herren! Liebe Gäste!

Gestatten Sie mir, dass ich im Namen des Kuratoriums der Stiftung Paneuropäisches Picknick 1989 alle Anwesenden herzlich begrüße. Wir wissen die große Ehre zu schätzen, die uns mit der Teilnahme so vieler VIPs entgegengebracht wird, von denen einige selbst vortragen werden.

Ihre Zahl allein ist uns eine große Ehre. Mit ein paar Worten möchte ich nur soviel zur Stiftung sagen, dass sie im vorigen Jahr von den einstigen Initiatoren des Picknicks ins Leben gerufen wurde. Zu ihren Mitgliedern gehören unser ehemaliger Schirmherr Imre Pozsgay, die beteiligten Selbstverwaltungen, die Stadt Sopron, die Gemeinden Fertőrákos und St. Margarethen sowie die uns unterstützenden Unternehmen und Privatpersonen. Unser Ziel war es, die jährlichen Gedenkveranstaltungen, die wir organisieren, mit der nötigen historischen Genauigkeit auszustatten und die Aufarbeitung jenes Ereignisses und jenes Sommers zu ermöglichen. Das war deshalb nötig, weil die Presse nicht immer in ausreichendem Maße davon berichtete. Wir haben verstanden, dass das an uns selbst lag. Es lag an uns selbst, weil wir den Journalisten nicht genügend Information zur Verfügung gestellt haben. Darum sollte eine Stiftung ins Leben gerufen werden, die über eine Anschrift, Telefax und E-Mail verfügt, die also auffindbar ist – und die Journalisten haben uns gefunden. Es hat zwei Gründe, dass es zu dieser Konferenz gerade jetzt, zehn Jahre nach 1989 kommt. Zum einen bietet die runde Jahreszahl einen willkommenen Anlass. Den anderen Grund möchte ich hingegen mit einem Zitat verdeutlichen, das zugleich das Motto dieser Konferenz sein könnte. Der englische Denker Thomas Sowell sagte einmal, dass sich die ganze Wahrheit auf zwei Weisen aussprechen lasse: „anonym oder nachträglich". Wir meinen, nach zehn Jahren ist das „nachträglich" gegeben und möchten jedem die Möglichkeit geben, sein Wissen beizusteuern. Parallel zu uns wirkte als Mitveranstalter – wie das Emblem zeigt – auch die Region Mutterland des Weltverbandes der Ungarn bei der Vorbereitung der Konferenz mit sowie unser Freund Gyula Kurucz, der eine immense Arbeit geleistet hat. Er hat die Themenschwerpunkte zusammengestellt und den Löwenanteil der organisatorischen Arbeit übernommen. Ich möchte ihn nun bitten, einige Worte an die Zuhörer zu richten.

Gyula Kurucz
Präsident der Region Mutterland des Weltverbandes der Ungarn

Meine sehr verehrten Damen und Herren, verehrte ausländische und inländische Gäste!

In den letzten fünfzig Jahren lebten wir inmitten von halben oder noch geringeren Wahrheiten. Ein Volk aber, das seine geschichtliche Wirklichkeit nicht in Besitz nimmt, das ohne Wahrheiten lebt, wird sein Haupt nicht erheben können, wird seines Selbstwertes nicht gewahr werden und keine Selbstachtung erlangen. Wahrscheinlich war das bezweckt. Dennoch haben wir uns in diesem wirren, undurchschaubaren halben Jahrhundert sogar zweimal – und das gemeinsam – aus dem Netz der Lügen und Verfälschungen befreit: 1956 und 1989. Die Völker der Welt teilen mit uns den Stolz auf diese Leistung. Aber wir mussten feststellen, dass sich die meisten Verfälschungen und bewussten Verzerrungen der allerneuesten Geschichte gerade auf diese beiden Ereignisse beziehen.

Auch deshalb ließen wir uns bei der Rekonstruktion, Klärung und wirklichkeitsgetreuen Darstellung der damaligen Ereignisse von der Absicht leiten, „wenigstens irgendwo zu beginnen". Nachdem zehn Jahre vergangen sind, haben wir vielleicht die Chance dazu. So suchten wir alle, die uns bei der Aufklärung der authentischen Wahrheit würden helfen können, und luden sie hierher ein. Wir hoffen, dass das, was heute und morgen auf unserer Konferenz zu hören sein wird, zu einem neuen Grenzdurchbruch wird, zu einer Rückeroberung der Wahrheit, mit der wir unsere eigene Geschichte wiedererlangen und unsere eigenen Handlungen sowie uns selbst neu erkennen können. Wir wollen Licht auf unsere Tugenden, unsere Schwächen und unsere Verwirrtheit werfen und herausfinden, warum wir uns damals so verhalten haben, wie wir es taten. Mit solcher Selbsterkenntnis werden sich unsere Chancen verbessern, in Zukunft besser orientierte Entscheidungen zu treffen und ein Land aufzubauen, das uns ähnlicher ist und besser zu uns passt.

Daher freuen wir uns über die Anwesenheit aller hier Versammelten.

Ich hoffe, dass wir uns nach diesen zwei Tagen kenntnisreicher als bisher sowie mit größerem Selbstvertrauen und Glauben an die Realität von unseren Sitzen erheben werden.

Josef Duchac

Leiter der Außenstelle Budapest der Konrad-Adenauer-Stiftung, Ministerpräsident von Thüringen a. D.

Sehr geehrte Damen und Herren!

Im Namen der Konrad-Adenauer-Stiftung begrüße ich Sie sehr herzlich zum Europapicknick 1999. Ein besonders herzliches Willkommen gilt den Damen und Herren unter uns, die vor zehn Jahren die Initiatoren dieses Treffens waren.

Denken wir heute zehn Jahre zurück, so tun wir dies nicht in nostalgischer Verklärung. Wir tun es mit Respekt vor dem Mut der Menschen, wir tun es im Gedenken an ein historisches Ereignis und wir tun es schließlich aus Freude darüber, dass vor zehn Jahren ein Stein aus der Mauer gebrochen wurde, um den Weg in die Freiheit zu öffnen.

Vaclav Havel hat einmal die Selbstbefreiung von der kommunistischen Diktatur als Heimkehr nach Europa bezeichnet.

Das ist die Botschaft, die von diesem Picknick ausgehen sollte: Wir können die großen Aufgaben dieser Zeit - vor allem die Sicherung von Frieden und Freiheit, die Bewahrung der Schöpfung, die Bekämpfung von Korruption und Mafiatum und den Kampf gegen Hunger und Not - mit vereinten Kräften bewältigen.

Das aber bedeutet, das begonnene europäische Einigungswerk fortzusetzen.

Ich freue mich auf unsere Tagung und wünsche ihr einen erfolgreichen Verlauf.

Die Initiatoren

Ferenc Mészáros
(Debrecen)

Im Namen der ehemaligen Organisatoren und Initiatoren möchte ich Sie hochachtungsvoll begrüßen. Damals, auf der Pressekonferenz des hier erinnerten Ereignisses wurde ich von Journalisten gefragt, wie die Idee des Picknicks entstanden ist. Ich antwortete, dass das Ereignis gleichsam die Frucht einer ungewöhnlichen Ehe sei, in der ich Mária Filep befruchtet habe, die dann das Kind „Paneuropäisches Picknick" austrug und zur Welt brachte. In groben Umrissen kann man das wirklich so sagen, allerdings ist zwischen Empfängnis und Geburt sehr viel geschehen. Um nach der kurzen zweimonatigen Schwangerschaft ein gesundes Neugeborenes auf die Welt zu bringen, war die Mitarbeit vieler hervorragender Helfer notwendig. Mir obliegt nun die Aufgabe, hier kurz und sachlich über die zwischenzeitlichen Aktivitäten der Helfer in Debrecen zu berichten. Die Idee des Speckbratens an der Grenze datiert vom 20. Januar 1989. Damals weilte Dr. Otto von Habsburg in Debrecen, eingeladen von Herrn Lukács Szabó und der Debrecener Organisation des Ungarischen Demokratischen Forums (MDF), und hielt in der Aula der Universität einen Vortrag, der großen Beifall fand. Nach dem Vortrag luden wir ihn und seine Begleiter zu einem Abendessen ins Hotel Aranybika ein.

Am langen Tisch nahm mir gegenüber Georg von Habsburg Platz, mit dem ich mich während des Essens ausgiebig unterhielt. Wir kamen auf den Eisernen Vorhang zu sprechen. Da warf ich ein, wie gut es wäre, wenn wir dieses Gespräch fortsetzen würden. Wenn schon vom Eisernen Vorhang die Rede sei, dann im Rahmen eines Treffens an der Grenze mit Lagerfeuer und Speck; er würde seine Freunde aus dem Westen mitbringen, ich hingegen meine aus Ungarn.

Als die Gäste nach dem Essen zu ihrem Auto gingen, erwähnte Georg diese Idee seinem Vater gegenüber, der sich darüber erheiterte und sagte, er würde jeden gesunden und vernünftigen Gedanken unterstützen. Bis zum 24. Juni trug ich die Idee mit mir herum. Das war ein Sonnabend. An Sonnabenden saß ich meist mit Freunden in einem Presso des Hotels Kisdebrecen zusammen. Diesmal erzählte ich von dem Treffen mit Habsburg und der Idee eines Speckbratens am Lagerfeuer. Die anwesende Mária Filep war von dem Vorschlag wie elektrisiert. Wie sich herausstellte, arbeitete sie an der Vorbereitung eines anderen Treffens, das vom Landesklubrat organisiert wurde und „Camp der Schicksalsgemeinschaft" heißen sollte.

Der Zeitpunkt dieses Camps fiel mit dem Termin zusammen, den wir für das Speckbraten an der Grenze vorgesehen hatten. Während dieses Gesprächs fiel für das, was wir vorhatten, zum ersten Mal die Bezeichnung „Picknick", aber darauf komme ich später noch zurück. Da der Gedanke so gut aufgenommen wurde, beschlossen Mária und ich, die Sache dem Debrecener Vorstand des MDF vorzutragen und um dessen Unterstützung bei der Organisation zu bitten. So geschah es am 30. Juni. Als Vorstandsmitglied trug ich meinen Wunsch vor und erntete, wenn ich ehrlich sein soll, eher Heiterkeit. Man hielt die Sache für reichlich utopisch.

Auch Mária war anwesend, zog einen fertigen Programmplan aus der Tasche und verteilte ihn an die Anwesenden. Der Vorstand entschied, dass er wegen anderer wichtiger Vorhaben keine große Rolle in unserer Sache übernehmen könne, er wolle ihr aber auch nicht entgegenstehen. Wir bekamen, namentlich vom Debrecener Vorsitzenden Ákos Gali und von Gábor Turi, der heute Presseattaché unserer Botschaft in Washington ist, sogar das Versprechen, man werde sich bei der Budapester MDF-Zentrale dafür einsetzen, dass wir Unterstützung bekommen. Auf dieser Vorstandssitzung wurde beschlossen, dass wir Otto von Habsburg und Imre Pozsgay bitten würden, die Schirmherrschaft zu übernehmen.

Zur Begründung nur soviel: Otto von Habsburg hatte es uns damals versprochen, und wir hatten über Lukács Szabó Verbindung zu ihm. Imre Pozsgay wählten wir deshalb aus, weil er von der Seite der Machthaber derjenige war, zu dem wir Vertrauen hatten und der über den Einfluss und die Mittel verfügte, die für ein Gelingen der Veranstaltung unerlässlich waren.

So lässt sich die Organisationsarbeit in Debrecen aus der Perspektive von heute in drei Phasen aufteilen. Der ersten Phase habe ich das Motto gegeben „Wer ist mit uns?“ Diese Phase dauerte vom 29./30. Juni bis zum 12. Juli. Dann stellte sich heraus, dass die MDF-Zentrale unsere Idee nicht unterstützte. Mehrfach bekamen wir Anrufe und wurden kritisiert, fast durchgängig wurde unsere Idee als politisches Abenteuer abqualifiziert. Da aber das MDF damals noch keine Partei war und die lokalen Organisationen eine große Autonomie genossen, konnten diese Kritiken unsere Absicht nicht verhindern, sondern bedeuteten nur, dass es organisatorisch schwieriger werden würde.

Mária und ich suchten nach geeigneten Schauplätzen. Zuerst dachten wir an Kőszeg, erst danach an Sopron. Auch das hatte einen Grund. Wir in Debrecen, fern in der Tiefebene, hatten keine genaue Vorstellung davon, wie so eine Grenze wirklich aussieht. Wir glaubten, da sei ein dicker Drahtzaun, auf dessen einer Seite Ungarn und auf dessen anderer Seite Österreich liege. Und wir wussten, dass dieser Drahtzaun an gewissen Stellen verschwunden war, aber in Kőszeg noch existierte. Darum dachten wir, das sei der rechte Ort für unser Treffen. Eine Woche lang bekamen wir keine Antwort aus Kőszeg. Die Zeit lief davon, das erste Juliwochenende war da. Darum wandten wir uns am 15. Juli nach Sopron und verständigten das dortige MDF über unsere Idee. Ich möchte ein paar Sätze aus diesem Brief vorlesen, die uns in der späteren Diskussion vielleicht nützlich sein können.

In diesem Brief wird wieder die Rolle des Landesklubrats und des „Camps der Schicksalsgemeinschaft" erwähnt, aber darauf komme ich später noch zurück, da ich dies für sehr wichtig halte. Hier nun baten wir das MDF von Sopron, unseren Vorschlag anzunehmen und bei der Durchführung mitzuwirken. Es wird auch erwähnt, dass die Veranstaltung aus dem Programm des „Camps der Schicksalsgemeinschaft" hervorgehe, das für seine Abschlussveranstaltung am 19. August vormittags an den Ort des Picknicks verlegt werde, wo die Demonstration bis zum Abend oder bis zum nächsten Tag dauern solle. Wir schlugen darüber hinaus vor, wenn es möglich sei, auch die Gründung des „Bundes 20. Jahrhundert" mit ins Programm aufzunehmen. Der Brief enthielt auch praktische Bitten. Ich zitiere: „Sorgen wegen der Personalstärke in der Urlaubszeit werden die Arbeit sicher erschweren, deshalb empfehlen wir, auch mit den örtlichen Organisationen der Wissenschaftlergewerkschaft (TDDSZ) und des Bundes Freier Demokraten (SZDSZ) Verbindung aufzunehmen. Es sind etwa 1000 bis 1500 Teilnehmer des Picknicks zu erwarten...".

Wir schrieben einen weiteren Brief, dass wir den Sopronern helfen würden. Wir wussten nicht, dass dort ein Oppositioneller Runder Tisch existierte.

Wir suchten den Debrecener SZDSZ auf, erbaten die Adresse des SZDSZ in Sopron und schrieben auch an sie, namentlich an Géza Kőmúves.

Aber in der Phase des „Wer ist mit uns?“ geschah noch mehr:

Mária beschaffte sich von dem transdanubischen Bürgermeister, Ottó Orbán, die Telefonnummer von Imre Pozsgay. Am 7. Juli rief Mária in seinem Sekretariat an und erreichte den Sekretär Áron Sántha. Wir bekamen die mündliche Zusage von Herrn Pozsgay, dass er die Schirmherrschaft übernehmen würde.

Am 11./12. Juli stand endgültig fest, dass Dr. Otto von Habsburg und Imre Pozsgay die Schirmherren sein würden. Natürlich gab es auch in Debrecen noch anderes zu tun als dieses Picknick vorzubereiten. Neben den anderen politischen Aktionen hatte jeder von uns seine Alltagspflichten am eigenen Arbeitsplatz. Außerdem erforderte die Organisation des Picknicks einen beträchtlichen Kommunikationsaufwand. Wir mussten einen Punkt finden, einen Ort, ein Hauptquartier, von wo aus alles abgewickelt werden sollte. Wo es Telefon, Fax und Schreibmaschine gab. Diesen Ort nun fanden wir an Mária Fileps Arbeitsplatz, einem Büro des staatlichen Bauunternehmens des Komitats Hajdú. Das war natürlich nicht genehmigt. Man musste konspirieren und viel Raffinesse aufwenden, um mit den Partnern in Kontakt zu bleiben. Aber das Wichtigste war: Wir hatten unser Hauptquartier, und eine Zeitlang konnte man die Dinge durchaus konspirativ vorbereiten. Später aber wurde es auch Márias Vorgesetzten klar, wer diese häufigen Besucher waren, die in ihrem Betrieb ein- und ausgingen.

Eine weitere positive Entwicklung dieser Phase war, dass die Organisatoren des „Camps der Schicksalsgemeinschaft“ zusagten, mit uns zu kooperieren und das Paneuropäische

Picknick ins Programm des Camps aufzunehmen.

Und hier möchte ich ein wenig auf die Rolle dieses Camps eingehen, das in den Gedenkveranstaltungen der letzten zehn Jahre kaum erwähnt wurde, obwohl es doch einen wichtigen Anteil am Zustandekommen des Paneuropäischen Picknicks hatte. Dieses Camp wurde vom Landesklubrat seit 1986 an jährlich wechselnden Orten veranstaltet. 1989 fand es unter dem Motto „Auswegsuche Europa" in Martonvásár statt. Hier berieten vom 13. bis zum 18. August die Andersdenkenden unserer Region über brisante Themen. Es gab beispielsweise Vorträge und Diskussionen unter dem Motto „Wasserwerfer auf dem Wenzelsplatz" zur Situation in der Tschechoslowakei, zu Polen unter dem Titel „Welche Form hat der Runde Tisch?" oder „Das Reich des letzten Kaisers" ... Kommen Sie darauf, was gemeint war? Vermutlich ging es in diesem Gespräch um das Reich Ceausescus – um Rumänien.

„Vor dem Zerfall?" lautete der Titel des Vortrags über Jugoslawien.

Auch das letzte internationale Thema des Camps trug futuristische Züge: „Sowjet-Union? – Selbständigkeit der Staaten oder stalinistische Manipulation?", so die Frage der Teilnehmer. Es war das Thema des 18. August.

Aber warum war es wichtig, dieses Camp ins Programm des Picknicks einzubeziehen? Nun, zuerst deshalb, weil wir damit die Palette der Nationen erweitern konnten, die beim Picknick vertreten sein würden. So blieb es nicht nur ein ungarisch-westliches Treffen, sondern jede Nation Osteuropas war präsent. So konnte das Paneuropäische Picknick zu einer Veranstaltung von wahrhaft europäischem Ausmaß werden. Damit können wir die Betrachtung der ersten Phase abschließen.

Die nächste Phase der Vorbereitungen dauerte vom 13. Juli bis zum 1. August, und auch für sie habe ich einen

Namen finden können. Was in dieser Zeitspanne geschah, lässt sich vielleicht recht genau als „Handschlag der Treue und der Freiheit" umschreiben, denn nun kam die eigentliche Verbindung zwischen Sopron und Debrecen zustande.

In der Geschichte unserer Nation hat es ein solches Zusammengehen nicht oft gegeben. Heute, da wir die Folgen kennen und wissen, was für Ergebnisse dieses Zusammengehen zeitigte, lohnt es sich vielleicht, auch für unsere Tage Lehren daraus zu ziehen.

In dieser Phase wurde der endgültige Name des Ereignisses beschlossen. Mária und ich hatten lange darüber gegrübelt. Wie sollten wir das Treffen nennen? Eigentlich hatten wir ihm einen ungarischen Namen gewünscht, aber da es ein internationales Ereignis werden sollte, brauchten wir aus praktischen Gründen eine Bezeichnung, die jedem Teilnehmer unsere ursprüngliche Absicht verständlich machen konnte.

An einem Mittwoch gelang es mir, telefonisch den Historiker András Gergely in Budapest zu erreichen, und ich fragte ihn, ob etwas gegen den Namen „Paneuropa Picknick" spräche. Er klärte mich dann auf, dass es eine Organisation ähnlichen Namens gebe, die Paneuropa-Union, so dass dieser Name für unsere Veranstaltung daher nicht glücklich gewählt sei.

Aber wir hatten bereits mit den Druckarbeiten begonnen und mussten nun versuchen, ohne große Komplikationen den Namen zu ändern. Die einfachste Lösung war, an das Wort Páneurópa ein i anzufügen, und so entstand die endgültige Form „Páneurópai Piknik" (Paneuropäisches Picknick).

In dieser Phase der Vorbereitungen entstand auch das Emblem des Picknicks. Die darin enthaltene weiße Taube verursachte uns später viele Probleme. Manche wollten ein falsches politisches Bekenntnis darin sehen. Darauf einzugehen würde jedoch den Rahmen dieser Veranstaltung sprengen.

Dann geschah noch während dieser Vorbereitungsphase etwas Seltsames. Die Schirmherren sagten ihre persönliche Teilnahme ab. Wir haben damals lange über die Gründe gegrübelt, ohne eine Erklärung zu finden. Heute ahnen wir sie immerhin in groben Umrissen.

Genau zum Ende dieser Phase fuhr Mária Filep nach Sopron, wo sie sich persönlich mit unseren dortigen Freunden treffen konnte und an einer Begehung der Grenze teilnahm, um einen geeigneten Ort zu finden.

Inzwischen waren die Druckarbeiten mit dem von Ákos Varga stammenden Emblem angelaufen. Ich musste einen Aufruf schreiben, den unsere Freunde in sieben Sprachen übersetzten.

Nun folgte das Finish, die dritte Phase der Organisation. Für sie schwebten mir mehrere Namen vor, aber keiner war geeignet, die Stimmung des 19. August glaubwürdig wiederzugeben, deshalb setze ich anstelle eines Namens für die dritte Phase nur drei Punkte.

Zu unserer großen Freude schlossen sich die Soproner unserem Tempo an, das heißt, es gelang ihnen, die in den Urlaub gefahrenen Freunde zurückzuholen, so dass auch dort mit Volldampf die organisatorische Arbeit begann.

Nun mussten wir die Aufgaben planmäßig auf uns und die Soproner verteilen, damit es keine Doppelungen und Überkreuzungen gab und wir um so flexibler vorankämen. (Zum Glück ist Mária auf irgendwelchen Wegen an geheime Telefonnummern gekommen, mit Hilfe derer sich manche behördlichen Probleme schneller regeln ließen. Bei diesen Telefonaten genügte es, den Namen Imre Pozsgay zu erwähnen, um alle Wünsche erfüllt zu bekommen.)

Beispielsweise schlugen die Soproner vor, man solle am

Tag des Ereignisses den Grenzübergang an der Pozsonyi út öffnen. Mária rief die Geheimnummer an, berief sich auf Imre Pozsgay und trug unser Anliegen vor. Die Genehmigung wurde erteilt, und die Organe der Grenztruppen konnten, mit Befehl und Anweisungen versorgt, das Nötige tun.

In dieser Zeit kam es zu einem für mich seltsam erscheinenden Klingenkreuzen zwischen Imre Furmann und dem Debrecener MDF-Vorsitzenden Ákos Gali, worin sich bereits der spätere politische Umgang mit dem Picknick andeutete.

Aber durch den warmen Ton der Botschaft, die László Tőkés über die Zeitung „Magyar Nemzet" an uns richtete, wurde dieser Missklang gleichsam ausgelöscht.

Mit dem Näherrücken des Termins verdichteten sich die Aufgaben. Eine bestand darin, die vielen Interessenten aus Debrecen nach Sopron zu bringen. Wir mussten zwei Busse mieten, selbst das hat sich nachher als zuwenig erwiesen. Auch die Teilnehmer des Camps der Schicksalsgemeinschaft mussten mit diesen beiden Bussen befördert werden. Mit Hilfe des staatlichen Bauunternehmens des Komitats Hajdú und des Debrecener Unternehmers László Engi konnten wir die zwei Busse kostenlos bekommen.

Aus einem fleischverarbeitenden Betrieb beschafften wir ein paar Zentner Speck, woanders Tomaten und Paprika, und aus den Debrecener Backbetrieben Brot.

Eine aus zwei Bussen und einem mit „Munition" beladenen IFA-Lastzug bestehende Karawane brach am 19. August frühmorgens in Richtung Sopron zum Schauplatz des Picknicks auf.

Ich selbst war am 17. August nach Sopron gereist, wo ich mithalf, das zum Speckrösten nötige Reisig zu sammeln.

Am 19. August 1989 nachmittags kam das „Kind" dann zur Welt und erschütterte Europa.

Abschließend möchte ich als Ideengeber des Ereignisses einige Gedanken an Sie richten. Ich halte es für wichtig, dass diese Gedanken heute und hier ausgesprochen werden.

Vor zehn Jahren befanden wir uns noch auf revolutionärem Terrain. Uneinnehmbare Tore zerfielen zu Staub, im östlichen Teil Europas gärte es. In Budapest wurde an verschiedenen Runden Tischen die Möglichkeit freier Wahlen und eines friedlichen Übergangs zur Demokratie erörtert. Wir Menschen der Provinz träumten unterdessen. Wir träumten von durchlässigen Grenzen und Unabhängigkeit; doch vor allem von einer kraftvollen moralischen Läuterung.

Einer unserer bizarren Träume, nämlich unsere westlichen Mitmenschen im Grenzgebiet am Lagerfeuer mit Speck zu bewirten, war das Paneuropäische Picknick. Von heute aus gesehen neige ich dazu, es als schicksalhaft zu bezeichnen, denn es fügte sich organisch in den Prozess ein, der schließlich in die Veränderungen in Osteuropa mündete. Ob diese Aussage standhält, werden einst die Historiker entscheiden. Die heutige Konferenz bringt uns der Bestätigung vielleicht etwas näher.

Ich möchte stattdessen kurz auf meine Träume zurückkommen, besonders auf den von der „kraftvollen moralischen Läuterung". Auch dieses Thema fügt sich organisch in das heute gefeierte Ereignis ein, es lassen sich viele Lehren daraus ziehen.

Das Paneuropäische Picknick war allzu erfolgreich, und wir wissen, dass der Erfolg – im Gegensatz zum Scheitern – viele Väter hat. Die einstigen Initiatoren stellten von Jahr zu Jahr erstaunt fest, wie viele Tatsachen in Erklärungen und Gedenkveranstaltungen außer Acht gelassen, wenn nicht gar verfälscht wurden. Welche Glaubwürdigkeit vor der Welt hat aber eine Nation, die nicht einmal ihre erfolgreichen Taten wirklichkeitsgetreu darzustellen vermag? Wann lernen wir Ungarn endlich, unsere eigenen positiven Taten in der Geschichte richtig zu managen?

Die heutige Veranstaltung ist von der durch die einstigen Initiatoren gegründeten Stiftung in der Hoffnung organisiert worden, dass dieses wichtige Ereignis der neuesten ungarisch-deutschen und europäischen Geschichte nach zehnjährigem Umherirren den ihm gebührenden Platz einnehmen kann.

Ich ganz persönlich hoffe, dass sich meine auf diesen Jahrestag bezogenen Träume genauso verwirklichen werden wie die von vor zehn Jahren.

László Magas
(Sopron)

Ich freue mich sehr, dass die einstigen Initiatoren auf einer Konferenz wie dieser über die damaligen Geschehnisse berichten können. Im Grunde knüpfe ich dort an die Geschichte von Ferenc Mészáros an, wo die Debrecener MDF-Organisation den Kontakt mit der Partnerorganisation in Sopron aufnahm. Das muss Anfang Juli gewesen sein, das heißt, wie mein Freund Feri schon erwähnte, mitten in der Urlaubssaison. Ich verbrachte die Ferien gerade mit meiner Familie in Deutschland. So trafen die Debrecener nur unseren Freund Pál Csóka an. Sofort nach meiner Rückkehr aus Deutschland begannen wir in Sopron mit den Vorbereitungen.

Man muss jedoch anmerken – und es wurde schon auf die Besonderheiten der Provinz hingewiesen –, dass die politische Arbeit auf dem Lande, so auch in Sopron, in mancher Hinsicht etwas anderes bedeutete als in Budapest. In welchen Farben auch immer jemand oppositionelle Politik machte, hier konnte ihn nur ein Ziel leiten: das gemeinsame Auftreten aller Kräfte gegen die kommunistische Diktatur. So waren wir damals mit allen Parteien der damaligen Opposition verbündet: mit dem Bund Freier Demokraten (SZDSZ), dem Bund Junger Demokraten (FIDESZ) oder der Unabhängigen Partei der Kleinen Landwirte (FKgP). Charakteristisch für diese Zeit war, dass wir alle öffentlichen Kundgebungen gemeinsam abhielten. Als daher vom MDF jene Bitte an uns herangetragen wurde, fühlten wir uns automatisch verpflichtet, die geplante Veranstaltung gemeinsam mit unseren Partnerorganisationen zu tragen.

Die Bitte unserer Freunde aus Debrecen hatte eigentlich einem engeren Kreis gegolten. Sie wollten die Teilnehmer des Camps der Schicksalsgemeinschaft, insgesamt etwa 150 Personen, nach Sopron bringen, um hier die Öffnung des Eisernen Vorhangs zu feiern.

Wir in Sopron hingegen waren der Meinung, wir könnten es uns nicht erlauben, dieses ausgerechnet am Vortag des 20. August stattfindende Ereignis in kleinem Kreis zu begehen, denn zu dieser Zeit hatten die Oppositionsbewegungen in Sopron bereits zwei große und wirkungsvolle Massenveranstaltungen hinter sich.

Die Bürger Soprons gedenken noch heute der unvergesslichen Feierstunde, die wir am 15. März 1989 an der Treuefahne abhielten, und genauso des 15. Juni 1989, an dem wir auf dem Friedhof hinter dem Zuchthaus Sopronkőhida das Nachbegräbnis der im Prozess von Mosonmagyaróvár hingerichteten Märtyrer organisierten. An diesen Veranstaltungen hatten mehrere tausend Bürger Soprons teilgenommen. Deshalb dachten wir, wenn wir am 20. August ein fröhliches Fest, ein Picknick mit vielen Gästen organisieren, dann demonstrieren wir damit auch die Stärke der oppositionellen Parteien bzw. Bewegungen.

Ich glaube, dass wir nach einer Idee meines Freundes János Rumpf ein sehr glückliches Motto gefunden haben: „Bontsd és vidd!“ [etwa: „Zerleg's und nimm's mit!“ bzw. „Mach's auf und trag's fort!“ – d. Ü.]. Wir verbreiteten, dass auf dieser Veranstaltung jeder frei am Eisernen Vorhang herumschnippeln könne und sorgten für Drahtscheren und amtliche Bescheinigungen, dass das jeweilige ausgeschnittene Stück Stacheldraht zum Eisernen Vorhang gehört habe.

Eine Idee ergab die andere. Zeitgleich lief eine Sammlung des Demokratischen Forums für ein Denkmal für die Opfer des Zweiten Weltkriegs. Wir überlegten auch, das Geld, das Menschen freiwillig für ein Stück des Eisernen Vorhangs zu zahlen bereit waren, für diesen Zweck zu verwenden. Der Erfolg dieser Initiative wird durch das heute auf dem Deák-Platz stehende Denkmal bewiesen.

Ebenfalls aus Sopron stammte die Idee einer Grenzöffnung. Sopron war seit Jahrzehnten vom Eisernen Vorhang fast umschlossen. Jeder hier hasste und verabscheute diesen Stacheldraht. Als sich daher die Nachricht herumsprach, dass der Eiserne Vorhang nicht mehr in Stand gehalten, sondern abgebaut werde, verfassten wir eine Petition. In dieser Zeit war es Mode, dass die Oppositionsbewegungen Petitionen schrieben. Unser Schreiben hatten wir im März 1989 an den damaligen Innenminister István Horváth adressiert. Im Wesentlichen enthielt es vier Punkte. Ein Punkt lautete etwa: „Öffnen wir Tore an den Grenzübergängen, wo es einst rege Verbindungen zwischen den Bürgern beider Länder gegeben hat!“ Zu dieser Zeit war das durchaus schon eine realistische Forderung, denn befristete Grenzöffnungen hatte es bereits gegeben. Zum Beispiel hatte man für einen kurzen und einmaligen Grenzübertritt mit einem kleinen Schiff über den Neusiedler See nach Mörbisch am See fahren können. In unserem Schreiben benannten wir vier Grenzorte, die in Frage kamen. Dazu gehörte auch die Pozsonyi út, die die Sopronpuszta mit St. Margarethen verbindet. Für die Grenzöffnung und das Picknick genügte es aber nicht, einen Übergang zu finden, sondern wir benötigten einen Ort, wo eine große Menschenmenge Platz fand. Auch dafür war das Gelände an der Pozsonyi út geeignet. Als wir schließlich mit Mária Filep die potenziellen Schauplätze besichtigten, entschieden wir uns für die Wiese an der Pozsonyi út als Ort des Picknicks.

In dieser Phase hatten die Soproner Oppositionsbewegungen, vielleicht als einzige im Land, einen guten Kontakt zu den örtlichen Organen der Grenztruppen. Zu verdanken ist das dem damaligen Kommandeur István Frankó, der für politische Veränderungen aufgeschlossen war.

Wir wurden empfangen und als Gesprächspartner akzeptiert. Es gibt Dokumente darüber, dass wir am 7. Juli, also schon bevor es um die Vorbereitung des Picknicks ging, über die oben erwähnten Fragen verhandelten.

Immer wieder wird eine Frage gestellt: Warum haben wir, als wir den Ort auswählten, seine Lage zweisprachig – auf ungarisch und deutsch – auf die Einladungen gezeichnet? Ich muss ehrlich gestehen, wie ich den Medien gegenüber bereits öfter erklärt habe, dass wir nicht im Traum zu hoffen gewagt hätten, das Treffen könnte Ostdeutschen für eine Flucht über die Grenze nützlich sein. Das deutschsprachige Plakat richtete sich eindeutig nicht an DDR-Bürger, sondern sollte die Einwohner des Burgenlandes zu unserem Picknick einladen. Ein weiterer Punkt ist, dass wir uns, wie erwähnt, natürlich so viele Teilnehmer wie möglich wünschten. Deshalb nutzten einige Freunde, zum Beispiel der hier anwesende Gyœrgy Kárpáti, ihren Urlaub am Balaton dazu, Plakate und Handzettel zu verteilen und an Bäume auf Zeltplätzen zu hängen. Dadurch konnten sich auch die Ostdeutschen in ihrer Muttersprache darüber informieren, was für den 19. August geplant war.

Ein weiterer wichtiger Aspekt der Vorbereitungen war, wie schon gesagt, dass das Treffen von der damaligen Opposition, das heißt dem MDF Sopron und Debrecen sowie dem SZDSZ, dem FIDESZ und der FKgP Sopron gemeinsam organisiert wurde. Als fünfter Organisator war die Wissenschaftlergewerkschaft TDDSZ der Universität Sopron beteiligt. Die Leitung dieser Organisation bestand vollständig aus den Führern der MDF-Organisation, so war ich selbst damals zugleich Vorsitzender der TDDSZ. Wir mussten diese nominell mit einbeziehen, damit der mit uns übereinstimmende Rektor der Universität uns legal einen Autobus zur Verfügung stellen konnte. Diese fünf Organisationen also bereiteten das Picknick vor, und niemand sonst hat sich daran beteiligt. Da es zwischen diesen Organisationen auf Landesebene bereits Spannungen gab, die wir dämpfen wollten, wurde entschieden, während des Treffens keine Parteifahnen zu verwenden. Alle Organisatoren waren damit einverstanden und hielten sich daran. Allerdings erschien auf dem Treffen die Paneuropa Union mit gewaltigen Bannern, und so sehr wir auch versuchten, ihre Vertreter zu bewegen, die Flaggen nicht zu entfalten, hatten wir damit keinen Erfolg. Als Resultat entsteht nachträglich bei jeder Gedenkveranstaltung der Eindruck, diese Organisation, die als Gast ihre Fahnen mitgebracht hatte, hätte mit der Vorbereitung irgendetwas zu tun gehabt. Ich möchte daher noch einmal betonen: Veranstaltet wurde das Paneuropäische Picknick von den erwähnten fünf Organisationen.

Lassen Sie mich einige Worte zum Tag des Picknicks selbst sagen, dem 19. August. Es war ein schöner, sonniger, warmer Tag, ein Samstag. Die Stadt war beflaggt und bereitete sich auf den Feiertag vor. Aber auf welchen? Auf den Tag des heiligen Stephan des Staatsgründers? Auf den Tag der Verfassung? Auf all dies zusammen und vielleicht auch ein wenig auf den Tag des Picknicks! Die inländische, besonders die lokale Presse schwieg und verhielt sich auffällig gleichgültig. Schlage ich jetzt nach zehn Jahren die damalige Ausgabe der Zeitung „Kisalföld“ auf, finde ich keinen Hinweis darauf, dass in Sopronpuszta eine Großveranstaltung vorbereitet wurde. Der Leser wird lediglich ermuntert, ein paar Volksfrontbegängnisse zu besuchen. Gleichzeitig aber war das Interesse der ausländischen Medien unglaublich groß. Schon am Tag vor dem Picknick baten uns die BBC, das neuseeländische Fernsehen und Radio Free Europe um Interviews.

Am Vormittag ging ich zum Bahnhof, um die ersten Gäste zu empfangen. Der Budapester Schnellzug lief ein, und deutsche Gruppen stiegen aus, die unser Plakat mit der provisorischen Landkarte in der Hand hielten. Sie erkundigten sich nach dem Weg zum Ort des Geschehens. Ich zeigte ihnen die Richtung und freute mich über das große Interesse, dachte aber noch nicht an etwas Besonderes. Ich sah immer mehr Trabants und Wartburgs mit DDR-Kennzeichen.

Die offizielle Veranstaltung begann um 13.30 Uhr mit einer Pressekonferenz im Hotel Lővér. Auch hier war das Interesse ausländischer Medien und Zeitungen überraschend groß, vom ungarischen Fernsehen natürlich keine Spur. Die Familie Habsburg traf rechtzeitig ein, geführt von Gräfin Walburga. Sie war die offizielle Vertreterin ihres Vaters Otto von Habsburg, der einer der beiden Schirmherren der Veranstaltung war. Der andere Schirmherr, Imre Pozsgay, ließ sich durch den Staatssekretär László Vass vertreten. Da dieser sich verspätete, verschob sich auch die Pressekonferenz.

Passkontrolle der eintreffenden österreichischen Picknick-Teilnehmer durch ungarische Grenzbeamte.

Momentaufnahme vom Beginn des Picknicks.

Der Grenzdurchbruch von zunächst ca. 150 Ostdeutschen nimmt seinen Anfang...

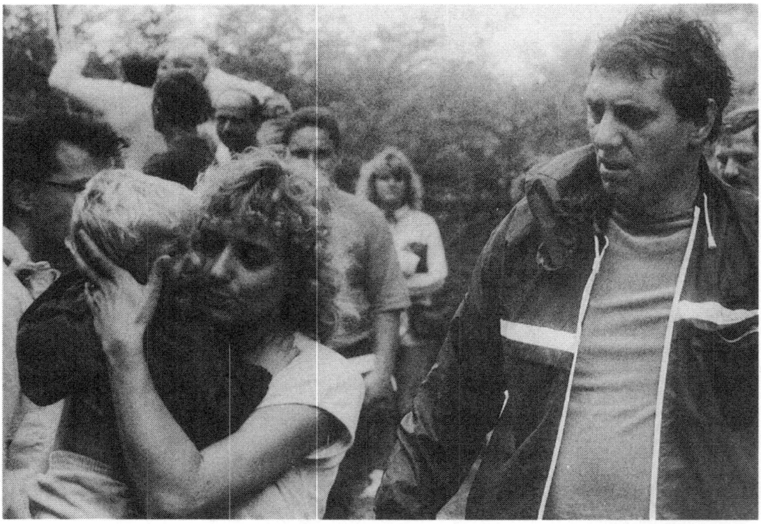

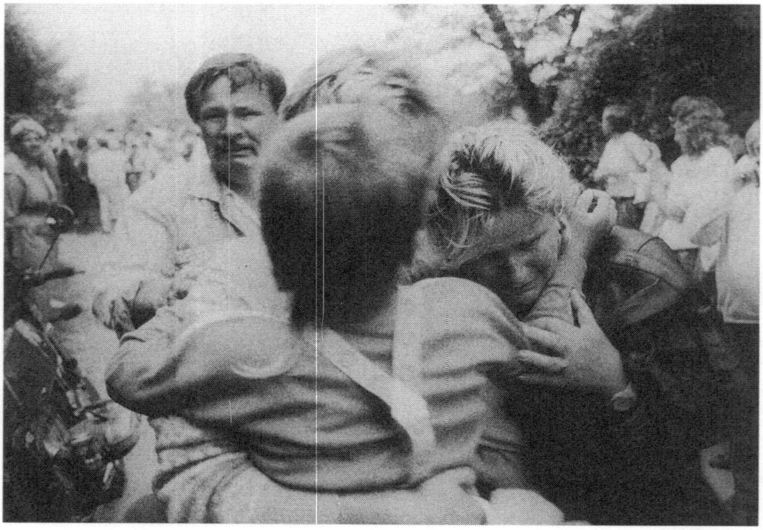

Geschafft! Fassungslose Freude nach Erreichen des österreichischen Territoriums.

Auf dem Parkplatz zurückgelassene Pkws mit DDR-Kennzeichen.

Spuren der Flucht bis heute ...

So konnten die Busse und privaten Autos erst um 14.45 Uhr zur Grenze aufbrechen, wo offiziell um 15.00 Uhr das Tor geöffnet werden sollte. Trotz polizeilicher Begleitung kamen wir beim Verlassen Soprons nur im Schritttempo voran. Als wir in die Pozsonyi út einbogen, war es bereits zehn Minuten nach 15.00 Uhr. Etwa einen Kilometer vor der Grenze hielten wir endgültig an, da uns aus Richtung Österreich eine gewaltige Menschenmenge entgegenkam. Die Österreicher kamen beritten oder mit Pferdewagen, singend, allein oder in Gruppen. Wir verstanden nicht, was vorging.

Ich stieg aus dem Bus und eilte zur Grenze. Dort sah ich, dass alle außerordentlich erregt waren. Sie erzählten, dass um 15.00 Uhr, dem Zeitpunkt des geplanten Eintreffens der offiziellen Delegation, eine 150-köpfige Gruppe von Ostdeutschen mit Sektflaschen und ungarischen Fahnen eingetroffen sei. Als sie der Grenze auf ca. 20-30 Meter nahegekommen waren, seien sie auf das geschlossene Tor zugerannt, dessen neues Schloss daraufhin zersprungen sei. Innerhalb von Augenblicken seien sie unter frenetischem Jubel nach Österreich hinübergelangt.

Das Ereignis wurde von den oppositionellen Dokumentarfilmern Gyœrgy Kárpáti und Tamás Lobenwein auf Video aufgenommen. Später gingen diese Aufnahmen um die ganze Welt.

Zum Glück waren beide hier und nicht auf der Pressekonferenz gewesen. Die aufgenommen Bilder bezeugen, dass die Grenzwächter in der kritischen Situation nicht den Kopf verloren haben und niemand zu seiner mitgeführten Handfeuerwaffe gegriffen hat. Authentisch wird davon der Kommandeur Árpád Bella berichten können, der zu dieser Zeit dienstlich anwesend war.

Als die von der Pressekonferenz kommende Delegation die Grenze erreichte, hatte der Exodus im Wesentlichen bereits stattgefunden. Ich stand praktisch auf der Grenze und konnte genau sehen, wie sich entschlossene, aber zugleich ungeheuer verängstigte Personen näherten und, als sie an mir vorbeigingen, gleichzeitig in Schluchzen und Freudentaumel ausbrachen. Sie küssten sich und den österreichischen Boden.

Seither habe ich unzählige Male über die Ironie des Schicksals nachgedacht, dass ausgerechnet wir, die Organisatoren, den unvergesslichen Augenblick des ersten Durchbruchs verpasst hatten. Das Leben bleibt nicht stehen, auch wenn es um historische Minuten geht. Um des Protokolls willen unterbrachen wir den freien Durchzug für ein paar Minuten, schlossen das Tor und öffneten es gemeinsam mit Mária Filep noch einmal für die Fotografen. Ich hielt eine kurze - der neuen Situation angepasste - Rede, aber das hatte zu diesem Zeitpunkt schon keine Bedeutung mehr. Durch das neu geöffnete Tor passierten bis zum Abend insgesamt acht- oder neunhundert Ostdeutsche die Grenze.

Ich verweilte lange am Ort und verspätete mich daher zum Picknick. Auch hier sprachen alle von dem, was dort vorgefallen war. Ich könnte die gehaltenen Reden analysieren, aber ich glaube, das werden ohnehin andere tun. Mich hat besonders der Brief von László Tőkés beeindruckt, der zu dieser Zeit einer harten Verfolgung ausgesetzt war. Darum sind seine an die Teilnehmer des Picknicks gerichteten Gedanken besonders wertvoll: „Bei uns werden statt des Eisernen Vorhangs die Dörfer niedergerissen. Wir vertrauen darauf, dass das nicht gelingen wird. Es liegt auch an Euch, das zu verhindern. Dörfer statt Mauern! Wenn durch Euer gemeinsames Vorgehen der auch in der fortschrittlichen rumänischen Politik heimische Gedanke einer Spiritualisierung der Grenzen vorangebracht wird, dann müssen wir in Zukunft weder um die Einwohner unserer Dörfer noch um die kleinen Völker und Nationalitäten

Europas fürchten, denn alle Berliner Mauern werden auf einen Schlag fallen wie die Mauern Jerichos. Dann werden endlich auch wir bei den gesamteuropäischen Treffen zugegen sein." Nach den Reden wurden die insgesamt zehn- oder zwölftausend Teilnehmer von Volkstanzgruppen und -orchestern unterhalten. Beendet wurde das bis in die Nacht dauernde Fest von einem mächtigen Wolkenbruch. Die Einheimischen flüchteten vor dem Sturm nach Hause; in den Zelten blieben nur die Debrecener und Soproner Organisatoren zurück.

Noch am selben Abend bekam ich vom beauftragten Kommandeur der Grenztruppen die erste Warnung, wir könnten zur Verantwortung gezogen werden.

Am nächsten Morgen führte mich mein erster Weg an den Schauplatz des Picknicks. An der Straße und auf dem gestrigen Parkplatz standen mindestens 20 Autos mit ostdeutschem Kennzeichen. Das krampfte mir das Herz zusammen, denn ich wusste, so ein Wartburg war oft das einzige Vermögen einer ostdeutschen Familie, und sie hatten bekanntlich mindestens zehn Jahre auf einen Wagen warten müssen. Nun ließen sie alles stehen und warfen sich trotzdem vor Glück weinend auf die Erde eines fremden Landes. Soviel bedeutet die Hoffnung auf Freiheit! Daran lässt sich ermessen, was der Kommunismus in der östlichen Hälfte Europas angerichtet hatte.

Am frühen Nachmittag gab es einen Empfang im Hotel Lővér, zu dem alle eingeladen wurden, die bei der Vorbereitung mitgeholfen hatten. Die Worte, die der Pianist Árpád Farsang jr. dort an uns richtete, werden mir auf immer im Gedächtnis bleiben. Er sprach als erster aus, dass wir gestern Geschichte gemacht hätten. Er war es auch, der über László Voss an Imre Pozsgay herantrat und um Schutz für die Veranstalter bat. Das wurde uns nicht nur versprochen, sondern wir bekamen auch eine sogenannte K-

Telefonnummer, bei der wir uns melden könnten, wenn es irgendwelche Probleme gebe. Ich hätte nicht gedacht, dass wir sie noch vor Ablauf einer Woche brauchen würden.

Die nächsten Tage vergingen mit fieberhafter Arbeit. Wir verfassten einen Erklärung für die lokale Presse, in der wir uns für die Menschlichkeit und das europäische Verhalten der Grenzwächter bedankten. Wir baten den Kommandeur, den Soldaten auszuzeichnen, der einer Mutter, als sie schon nach Österreich mitgerissen worden war, das zurückgebliebene Kind hinterhergebracht hatte.

Wir sammelten auf, was vom persönlichen Eigentum der Deutschen noch aufzusammeln war, und brachten es per Auto in das auf der anderen Seite errichtete Flüchtlingslager. In dem Lager verteilten wir eine deutschsprachige Erklärung, in der wir den Tag des Picknicks als Tag ihrer Freiheit bezeichneten und die Flüchtlinge baten, jeden Jahrestag gemeinsam mit uns zu feiern. Die gestern noch so fröhliche und befreit wirkende Gesellschaft empfing uns mit großem Argwohn, da sie uns vielleicht für Stasi-Agenten aus der DDR hielten.

Ein paar Tage nach dem Picknick veränderte sich in Sopron alles. Die Zufahrtsstraßen wurden abgeriegelt, sogar mit Maschinenpistolen bewaffnete Betriebskampfgruppen wurden eingesetzt. Die DDR-Bürger, die sich bis auf die hiesigen Campingplätze durchgeschlagen hatten, wurden in eilends errichtete neue zurückgeschafft. Da suchte mich die heutige Vizebürgermeisterein Erzsébet Payer verzweifelt auf und erzählte, in Kópháza würden die Grenzer jede Nacht schießen, die Einwohner seien deswegen sehr besorgt. Sie bat uns, etwas zu unternehmen.

Am 26. August berichtete ich dem Landesausschuss des MDF ausführlich von den Ereignissen in Sopron. Daraus resultierte ein Appell des MDF an die Regierung bzw. der Besuch des für die Außenbeziehungen zuständigen Géza

Jeszenszky beim westdeutschen Botschafter, dem er die Hilfe des MDF anbot. Nach meinem Bericht schickte Alajos Chrudinák umgehend den Stab der Fernsehsendung Panoráma nach Sopron. Zwei Tage lang durchstreifte ich mit dem Redakteur György Kálmán die Gegend. Wir besuchten die Campingplätze und befragten die Einwohner von Kópháza und Brennberg. Zuerst wurden wir durch die Grenzwacht fortgeschickt, aber nachdem wir die K-Nummer von Imre Pozsgay angerufen hatten, bekamen wir die Dreherlaubnis. Aus den fast zwei Stunden Aufnahmen entstand eine 24 minütige Sendung. In Nagycenk bildeten mit MPis bewaffnete Kampfgruppen den Bildhintergrund zu meiner Erklärung über die Doppelgesichtigkeit der ungarischen Politik.

In diesen Tagen geschah noch etwas Interessantes. Ich kam von der Arbeit nach Hause, wo meine Frau mich mit der Nachricht empfing, dass Sándor Lezsák und seine Frau zu uns kommen würden und darum bäten, dass dieser Besuch geheim bliebe. Ich wartete gespannt. Als sie eintrafen, erklärte Sándor das Ziel seines Besuches. Das MDF wolle unbedingt dabei behilflich sein, die Ausreise der in den ungarischen Flüchtlingslagern versammelten Ostdeutschen zu ermöglichen, deren Zahl sich bereits auf etwa zehntausend belief. Wenn es keine offizielle Grenzöffnung geben würde, solle man eine halblegale Möglichkeit suchen, ihnen hinauszuhelfen. Die Flüchtlinge aus dem Lager Zánka sollten per Autobus und die aus den Lagern Csillebérc und Zugló sollten per Sonderzug hierher gebracht werden. Die Gruppen sollten aufeinander warten und nachts zwischen 2.00 Uhr und 3.00 Uhr an einem abgesprochenen Grenzabschnitt nach Österreich hinübergehen können.

Seine Bitte an mich lautete, geeignete Orte ausfindig zu machen. Um auch die Wirkung der abendlichen Lichtverhältnisse einschätzen zu können, gingen Sándor Lezsák und ich noch am selben Tag auf die Suche, wobei wir vier passende Orte fanden. Für die Autobusse wählten wir den Fußballplatz von Brennberg, den Hof des Steinbruchs von Fertőrákos und das bereits bekannte Sopronpuszta. Für die per Zug Anreisenden schien die Bahnstation Kópháza geeignet. Von diesen Stellen war die Grenze je nur ein paar hundert Meter entfernt. Außer mir kannten nur János Rumpf und Zoltán Horváth diesen Plan, aber wir wussten, dass wir, wenn nötig, sofort unsere Freunde mobilisieren konnten.

Am Abend des 10. September wurde die Grenzöffnung bekannt gegeben. Damit war für mich eindeutig klar, dass die Regierung sich anders entschieden hatte. Am 11. September schließlich wurde die Grenze offiziell geöffnet. Auch so war unsere Freude ungeteilt, denn wir empfanden das ebenso als unseren Erfolg.

Wenn ich als Mitorganisator auf das Picknick zurückblicke, gäbe es natürlich noch viele interessante Details zu erzählen.

Ich kann nicht verschweigen, dass schon der erste Jahrestag für die Organisatoren einen bitteren Beigeschmack hatte. Aufgrund der Parteikämpfe konnten die ursprünglichen Veranstalter nicht mehr gemeinsam feiern. Die Soproner SZDSZ-Leitung bemängelte, dass die große Politik die Veranstaltung belaste. Nach den Wahlen von 1994 wusste die sozialistische Regierung zunächst nichts mit dem Picknick anzufangen. Und wir Initiatoren selbst hatten nicht genug Geld, um mehr als eine Kranzniederlegung im kleinen Kreis zu organisieren und durch kurze Reden an den 4., 5., 6. und 7. Jahrestag zu erinnern.

Das Jahr 1997 brachte eine neue Wendung in der Nachgeschichte des Picknicks. Wir bekamen aus der japanischen Partnerkommune Akita anlässlich des Kirschblütenfestes 30 Kirschbäume geschenkt und pflanzten sie auf den damaligen Schauplatz des Picknicks. Idee und Initiative stammten von Ferenc Kósa und seiner Frau Shinobu Itomi-Kósa. Diese wunderbare Japanerin berichtete auf der Gedenkfeier, dass in Japan ein Film über die europäischen Ereignisse von ‘89 gedreht werde, darunter auch über das Paneuropäische Picknick. In ihrer Heimat, wo die Friedenssehnsucht in jedem Menschen besonders groß sei, werde diesem Ereignis eine große Bedeutung zugeschrieben, eine größere als in Ungarn selbst. Ferenc Kósa sprach davon, dass der eigentliche Herr des Geschehens die Stadt Sopron gewesen sei. Die Geschichte werde nicht die Parteizugehörigkeit der Teilnehmer, sondern den Schauplatz in Erinnerung bewahren. Er illustrierte das mit dem Beispiel Waterloo als Schauplatz der Völkerschlacht.

Diese Worte inspirierten uns wieder. Auf ihre Wirkung hin riefen wir die einstigen Initiatoren zusammen und stellten den Parteienzwist hintan. Im Frühjahr 1998 dann wurde von den Initiatoren und hilfsbereiten Unterstützern die Stiftung Paneuropäisches Picknick ‘89 gegründet. Hauptziel der Stiftung ist es, die damaligen Ereignisse authentisch darzustellen, und diesem Ziel dient auch unsere Konferenz.

Andreas Waha

Kommerzialrat, Bürgermeister von St. Margarethen

Die Marktgemeinde St. Margarethen liegt an der ungarischen Grenze. Leider wurden durch die Errichtung des Eisernen Vorhangs im Jahre 1949 die im Laufe von Jahrhunderten entstandenen menschlichen Beziehungen unterbrochen. Die Straße, die einst St. Margarethen mit Sopron verbunden hatte, war durch ein Gittertor gesperrt und lag in einem Dornröschenschlaf.

Am Freitag, dem 11. August 1989 ging ich um ca. 19.00 Uhr mit meiner Gattin zur St. Margarethener Weinkost, um als Bürgermeister an der offiziellen Eröffnung teilzunehmen. Unterwegs dorthin sprach mich ein gewisser Dr. Pál Csóka aus Sopron an, der von seiner Frau und einem Kollegen begleitet wurde. Er ersuchte mich um ein Gespräch über die kurzzeitige Eröffnung des alten Grenzüberganges.

Nachdem die Weinkost eröffnet worden war, setzte ich mich – natürlich bei einem Glas Wein – mit meinen Gästen aus Ungarn zusammen. Von diesen erfuhr ich nun, dass auf der Sopronpuszta, in unmittelbarer Nähe zur Staatsgrenze, ein „Paneuropäisches Picknick" abgehalten werden sollte. Sie hatten bereits Plakate und Werbematerial in deutscher Sprache mitgebracht. Die Schirmherrschaft über diese Veranstaltung hatten Dr. Otto von Habsburg und der ungarische Staatsminister Imre Pozsgay übernommen. Ich sollte nun, so die Bitte der Ungarn, offiziell bei den österreichischen Behörden eine Öffnung der Grenze beantragen; sie wiederum würden dasselbe in ihrem Land erledigen.

Selbstverständlich war ich sofort Feuer und Flamme für diese Idee: Nach 40 Jahren sollte bei uns wieder die Grenze offen sein, wenn auch nur für drei Stunden. Dass wir dies aber auch tatsächlich erreichen könnten, schien mir fast unmöglich. In nur acht Tagen?

Unter den Ehrengästen befand sich auch der Stellvertreter unseres Bezirkshauptmannes, den ich an unseren Tisch bat, um unseren Gesprächen beizuwohnen. Ich konnte ihn für die angestrebte Grenzöffnung gewinnen und er versprach sofort, uns in unseren Bemühungen voll zu unterstützen.

In den nächsten Tagen versuchte ich – gemeinsam mit meinem leitenden Gemeindebeamten – alle Amtswege von der Sicherheitsdirektion bis zur Finanzlandesdirektion zu erledigen. Dies geschah alles telephonisch, da die verbliebene Zeit für einen Schriftverkehr zu kurz war. Am Donnerstag, dem 17. August 1989, war es dann soweit: Die Gemeinde St. Margarethen wurde telephonisch verständigt, dass der Grenzübergang St. Margarethen-Sopron am 19. August 1989 für die Zeit von 15.00-18.00 Uhr geöffnet werden würde. Ein Wunder war geschehen!!!

Inzwischen hatten bereits – teils auf der Weinkost, teils bei mir in der Wohnung – mehrere Gesprächsrunden mit Dr. Pál Csóka und seinen Freunden stattgefunden, während derer schließlich Folgendes vereinbart wurde:

Zum Zeitpunkt der vorgesehenen Grenzöffnung, also um 15.00 Uhr, sollten Ungarn sowohl mit einem Bus als auch mit eigenen Pkw's nach St. Margarethen kommen und am Hauptplatz vom Bürgermeister und dem Musikverein empfangen werden. Um 15.30 Uhr sollten dann – nach 40 Jahren! – Ungarn und Österreicher erstmals wieder gemeinsam über die Grenze zur Sopronpuszta fahren, wo dann der offizielle Teil der Veranstaltung beginnen sollte.

Am Freitag wurden schließlich die letzten Vorbereitungen für diesen historischen Tag getroffen. So wurden auf der Weinkost schnell noch Flugzettel für das „Paneuropäische Picknick" verteilt.

Am Samstag, dem 19. August 1989, versammelten sich bereits ab 14.00 Uhr viele Menschen auf dem Hauptplatz in St. Margarethen. Auch der ORF und der Musikverein erwarteten die angekündigten Gäste aus Ungarn. Da aber bis kurz vor 15.00 Uhr der vereinbarte Bus, der über Klingenbach hätte fahren sollen, nicht kam, fuhr ich mit meiner Gattin zur Grenze. Auch hier hatten sich bereits viele Menschen, darunter auch zahlreiche Touristen, versammelt und warteten freudig auf die Grenzöffnung. Um 15.00 Uhr war es dann endlich soweit: Ungarische Grenzbeamte öffneten das

Gittertor! Von ungarischer Seite kamen Menschen aus allen Richtungen auf das Tor zugelaufen, drückten es ganz auf und strömten nach Österreich. Sie wurden dabei von den ungarischen Grenzbeamten nicht behindert. Die Volksmenge, die auf österreichischer Seite auf den Übergang wartete, wich zurück und machte einen Durchgang frei. Erst jetzt merkten wir, dass alle Grenzgänger deutsch sprachen. Viele jubelten, viele weinten, manche umarmten und küssten sich, andere knieten nieder und küssten den Boden. Immer wieder hört man den Ausruf: „Sind wir in Österreich? Sind wir in Freiheit?"

Jetzt erst stellten wir fest, dass es ostdeutsche Flüchtlinge waren, die das Loch in die Freiheit genützt hatten.

Auch auf unserer Seite der Grenze waren viele von diesen dramatischen Szenen überwältigt, so manchem stiegen Tränen in die Augen. Für mich persönlich war es einer der ergreifendsten und dramatischsten Augenblicke meines Lebens überhaupt, den ich sicher nie vergessen werde. Es war mir jedoch nicht wirklich bewusst, dass hier Ereignisse abliefen, die die Weltgeschichte beeinflussen sollten.

Da momentan ein Durchkommen nach Ungarn nicht möglich war, ließ ich meine Gattin an der Grenze und fuhr nach St. Margarethen zurück. Vier junge Ostdeutsche, die ich in meinem Auto mitnahm, wurden sofort nervös, als sie einen Hochstand der Jäger am Waldrand sahen. Erst meine Erklärung, dass es sich hier um keinen Wachturm handele, beruhigte sie. Unterwegs traf ich den Gendarmeriebezirkskommandanten. Nach kurzer Besprechung vereinbarten wir, dass er sofort mit der westdeutschen Botschaft Kontakt aufnehmen würde. Ich wiederum erklärte unser Freizeitzentrum zum Auffanglager und ersuchte alle Gemeinderäte, die ich traf, die Flüchtlinge in dieses Lager einzuweisen. Im Restaurant gab ich den Auftrag, alle Ostdeutschen, die nun kommen würden, mit Speisen und

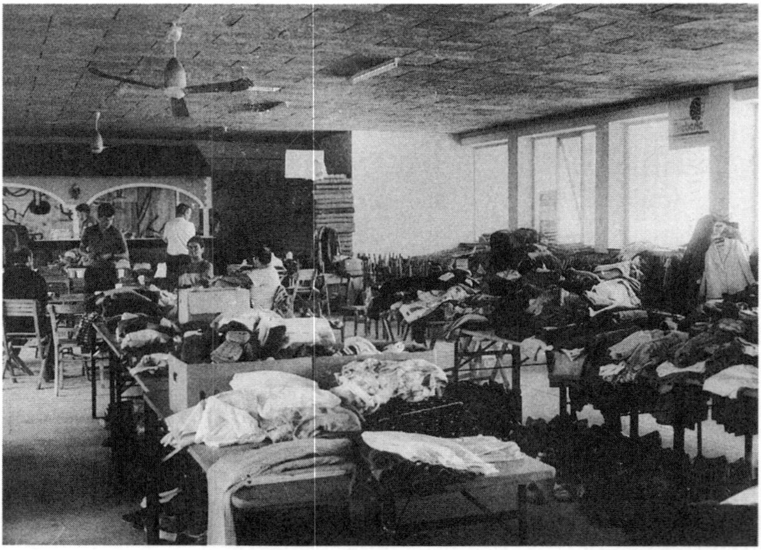

Das Freizeitzentrum St. Margarethen, verwandelt in ein erstes provisorisches Auffanglager für die DDR-Flüchtlinge.

Getränken zu versorgen, sie telephonieren zu lassen und ihnen natürlich auch die sanitären Einrichtungen zur Verfügung zu stellen. Die entstehenden Kosten werde die Gemeinde tragen. Sollte der Platz zu klein werden, könnten weitere Flüchtlinge in anderen Gasthäusern untergebracht werden.

Anschließend suchte ich den Schulwart und gab ihm den Auftrag, den Turnsaal für die Aufnahme einer größeren Menge von Personen vorzubereiten.

Um ca. 16.30 Uhr fuhr ich wieder zur Grenze. Der mir entgegen kommende Flüchtlingsstrom riss nicht ab – es mussten bereits Hunderte sein!

Vor dem Grenzübergang parkte ich meinen Wagen am Straßenrand, suchte meine Gattin und überquerte mit ihr den seit Jahrzehnten gesperrten Grenzübergang. Nach einer Begrüßung durch die ungarischen Grenzbeamten traf ich Dr. Pál Csóka, der mich bereits suchte. In Begleitung einer westdeutschen Reporterin fuhren wir dann endlich zur Sopronpuszta.

Dort war natürlich der offizielle Teil der Veranstaltung bereits vorbei. Es waren sehr viele Menschen der Einladung gefolgt, die mit Begeisterung diesen Tag feierten. Nach Gesprächen mit diversen Persönlichkeiten und einigen mir persönlich bekannten Ungarn brachte uns Dr. Pál Csóka, nach einer kleinen Stärkung, wieder zur Grenze zurück. Immer noch waren Gruppen von Ostdeutschen - fast ausnahmslos junge Leute - Richtung Grenze unterwegs: im Laufschritt, mit Pkw's (dem bekannten Trabi) oder mit Motorrädern. Die Fahrzeuge ließen sie am Straßenrand stehen und versuchten vor 18.00 Uhr das noch offene Tor zu erreichen. Es spielten sich dramatische Szenen ab! Im Gebüsch links und rechts der Straße standen bereits ungarische Militärlastwagen mit aufgesessenen Soldaten, Gewehr bei Fuß.

Wir überquerten die Grenze. Pünktlich um 18.00 Uhr wurde das Tor in die Freiheit von den Ungarn geschlossen. Ein ungarischer Offizier reichte einer Flüchtlingsfamilie das im Tumult verlorene Kind über das bereits geschlossene Gittertor nach. Viele kamen zu spät. Die Dramatik war nicht zu überbieten!

Die westdeutsche Botschaft schickte Autobusse und beauftragte auch die Gendarmerie, weitere Busse zu beschaffen. Mit diesen Bussen wurden die Flüchtlinge nun abtransportiert. Die Botschaft übernahm alle Kosten, die der Gemeinde durch die Betreuung der Menschen entstanden waren. Bis ca. 20.00 Uhr waren, bis auf einige wenige, die von Bekannten oder Verwandten noch am Samstag oder dann am Sonntag abgeholt wurden, fast alle

Ostdeutschen bereits in Wien. Ich habe den Ort noch nach Flüchtlingen abgesucht. Ich brachte schließlich noch eine Familie mit zwei Kindern von einem Gasthaus zu den Bussen vor dem Freizeitzentrum. In diesen drei Stunden der Grenzöffnung haben ca. 760 ostdeutsche Staatsbürger über das Tor von St. Margarethen den Weg in die Freiheit gefunden. Vielen von ihnen wurde von der Bevölkerung von St. Margarethen geholfen.

Am nächsten Tag, also am Sonntag, fuhr ich vormittags zur Grenze. Das „Tor von St. Margarethen", das zum Tor in die Freiheit geworden war, war wieder geschlossen.

Ganz still lagen Wald und Felder diesseits und jenseits der Grenze da. Nur das niedergetretene Gras und das beschädigte Gestrüpp erinnerten an die historischen Ereignisse vom Tag zuvor. Über die der deutsche Bundeskanzler Helmut Kohl bei seinem Besuch am 18. Juli 1996 an dieser Stelle schließlich sagen sollte: „Wenn man vom Atem der Geschichte spricht – hier spürt man ihn!"

Blut oder Frieden

Árpád Bella
Oberstleutnant

Es ist für mich eine große Ehre, dass mich das Kuratorium der Stiftung zum 10. Jubiläum des Paneuropäischen Picknicks eingeladen hat, hier meine persönlichen Erinnerungen als ehemaliger Offizier der Grenztruppen vorzutragen. Mit meinen damaligen Kollegen war ich am Schauplatz zugegen und durfte die historischen Ereignisse „von der anderen Seite des Pultes“ - aber keinesfalls der Barrikade - beobachten.

Der runde Jahrestag berechtigt natürlich zu einem würdigen Gedenken, zugleich aber ist der Rückblick aus zehn Jahren Abstand eine nützliche Gelegenheit, sich die Ereignisse noch einmal zu vergegenwärtigen und gewisse neuralgische Punkte zu klären. Es gab und gibt noch grundsätzliche Meinungsverschiedenheiten, unvernähte Fäden und natürlich auch unbeglichene persönliche Rechnungen; es wird sie vermutlich auch in Zukunft geben. Der Feststellung einer 1997 in Deutschland erschienenen Studie, die Vorgeschichte und der Hintergrund der ungarischen Grenzöffnung lägen bis auf den heutigen Tag im Dunkeln, können wir meiner Meinung nach voll und ganz zustimmen.

Die Möglichkeit hier vorzutragen, hat für mich zunächst den Wert einer Botschaft. Die Stiftung ist - im Gegensatz zur Grenzwacht - bereit, der gemeinsamen Äußerung von Meinungen ein Forum zu bieten und geht davon aus, dass der bleibende Wert des Picknicks zur Gänze erst dann für die Nachwelt bewahrt werden kann, wenn zunächst die daran - wie auch immer - Beteiligten redlich den Dingen ins Auge sehen, zu denen sie heute noch stehen können und dürfen oder auch nicht. Auch die, die es bisher versäumt haben, müssen fähig sein, in einem reinigenden Fegefeuer einzugestehen: „Entschuldigt, wir hatten unrecht!"

Die Geschehnisse des Systemwechsels, die Kenntnisse, Schlussfolgerungen und Erinnerungen jedes Einzelnen sind uns auch nach zehn Jahren noch präsent und können, wenn auch nicht emotionslos, das kann man wohl nicht erwarten, so doch nüchtern mit der notwendigen Toleranz und mit dem Glauben an die Treue des Gedächtnisses besprochen werden. An die Vergangenheit des Dienstes an der Grenze kann und darf jenseits allen Wunschdenkens erinnert werden. Meine zeitweilige Verunsicherung ist in den erlebten heftigen Reaktionen auf die Konfrontation mit der Vergangenheit begründet, im völligen Fehlen der berufsständischen Solidarität.

Wo Diktaturen meist zu Verboten greifen, um die Geschichtsschreibung zu beeinflussen, führen Legitimations- und Identitätsprobleme eher zu einer Selektion. Noch etwas anderes aber ist das Retuschieren, das eher einem festgefügten Korpsgeist entspringt. Denn, frei nach Murphy: „Verdienste lassen sich leichter vorspiegeln als erarbeiten."

Der Quellenwert der persönlichen Erinnerungen summiert und rekonstruiert natürlich aufs glaubwürdigste die wichtigsten – auch die Grenzwacht berührenden – Aspekte und Ursachenzusammenhänge des Picknicks. Zugleich wird auch denen, die die damalige Zeit und die Vorgänge nicht so genau kennen, verständlich sein, dass es keine leichte Aufgabe ist, die Fragen, die sich zu dem veni-vidi-vici-Durchbruch der DDR-Bürger ergeben, hier in einem Eröffnungsvortrag zu beantworten, wie es von mir – wahrscheinlich mit Recht – erwartet wird.

Ich sage das um so deutlicher, als die erschöpfenden Antworten, wie wir alle wissen, im weiteren Sinne in der Auflösung der Ordnung von Jalta und im engeren Sinne in den inneren, „verknöchernden“ Vorgängen innerhalb der Grenztruppen zu suchen sind. Daher stellt sich der Durchbruch durch den Eisernen Vorhang eher schicksalhaft-zwangsläufig und nicht als vom unberechenbaren Zufall getragen dar.

Natürlich kann ich die Geschichte des Aktes „Zeitweilige Öffnung eines Grenzübergangs“ dieser auf der „Bühne“ Sopronpuszta aufgeführten Premiere, in der wir in seltsamer Metamorphose von einer Art Requisite plötzlich zu Hauptdarstellern mutierten, mit großer Genauigkeit skizzieren. Dazu aber, was hinter den Kulissen geschah, ob es einen „Hauptregisseur“ gab oder nur „Souffleure“, kann ich zu meinem größten Bedauern keine wesentlichen (bewiesenen) Fakten beitragen. Zudem schützt leider das Persönlichkeitsrecht oder im schlimmeren Fall der Glorienschein des Geheimnisschutzes einzelne Darsteller und Statisten, die es im Übrigen verdient hätten, genannt zu werden. Die Aufdeckung und Lösung all dieser Probleme mag den forschenden Fachspezialisten der Zukunft vorbehalten bleiben.

Sehen wir uns ohne Anspruch auf Vollständigkeit die Voraussetzungen und den Verlauf jenes Nachmittags des 19. August 1989 an.

Akzeptieren wir die hierauf bezügliche Feststellung einer mit wissenschaftlichem Anspruch erstellten fachlichen Studie, der zufolge die Grenztruppen vor dem Systemwechsel ein überpolitisiertes, überzentralisiertes und übermilitarisiertes Organ und darüber hinaus von Isolation und Autoritarismus geprägt waren, dann lässt sich leicht einsehen, dass sie mit großer Zurückhaltung und noch größerer Verunsicherung ins Jahr 1989 gingen. „1988 hatte noch kaum jemand erwartet, dass sich das System im Jahre 1989 grundlegend wandeln würde, und noch dazu in einem unumkehrbaren Ausmaß", urteilte 1993 der damalige Kommandeur der Grenztruppen.

Sowohl aus der Stellungnahme der Landeskonferenz der Ungarischen Sozialistischen Arbeiterpartei (MSZMP) vom 20.-22. Mai 1988 als auch aus den zunehmenden Forderungen der erstarkenden Opposition nach Veränderungen wurde offensichtlich, dass es mit diesem „vielleicht symbolisch für das sozialistische Weltsystem stehenden" Organ nicht mehr so weitergehen konnte wie zuvor. Wenn auch in unseren Kreisen angesichts des „Glaubens an die Unbesiegbarkeit des Sozialismus und die Macht der brüderlichen Verbundenheit der sozialistischen Länder" nicht gerade von Panikstimmung die Rede sein konnte, so war doch allgemein eine Unsicherheit zu spüren, die auf politischen, fachlichen und daraus resultierenden existentiellen Ursachen beruhte. Die Bruchlinien wurden politisch in der Frage des System- oder Modellwechsels sichtbar und fachlich in der Frage, ob die organisatorische Einheit aufrechtzuerhalten sei oder die Aufgaben der Grenzverkehrskontrolle und der Bewachung der grünen Grenze organisatorisch getrennt werden müssten. Durch all dies wurde die Zukunft, das heißt, Platz, Rolle, Organisation und Aufgaben der Grenztruppen zutiefst berührt. Die Spekulationen richteten sich meist darauf, was sich im Fall von Veränderungen ändern könne, auf welche Weise und mit welchem Ergebnis. Wie sich später herausstellen sollte und nicht anders zu erwarten war, haben wir die einzelnen Stationen des Weges der Reihe nach „abgehakt".

„Zweifellos bereitete es auch den Grenztruppen Sorgen, sich in den politischen und praktischen Veränderungen ... den täglich neu aufgeworfenen Fragen zurechtzufinden", stellte der Oberbefehlshaber auf der Kommandeurskonferenz, die das Jahr 1988 bewertete und die Aufgaben für 1989 bestimmte, bitter fest. Natürlich wirkte die Antwort des an der Konferenz teilnehmenden Staatssekretärs aus dem Innenministerium, Platz und Rolle der Grenztruppen beim Schutz des Staates, der öffentlichen Ordnung und Sicherheit seien unbestritten und ihre Struktur der Aufgabe und den Dienstansprüchen angemessen, beruhigend auf die Teilnehmer. Wie weit ist das von der kühnen Meinung entfernt, mit der am 18. April zum Beispiel konstatiert wurde: „Wenn wir früher unseren Arbeitsstil geändert hätten, dann hätten wir rechtzeitig den unlogischen organisatorischen Aufbau und das auf lange Sicht verknöcherte Grenzregime verändern können." Fazit: Eine organisatorische Veränderung sollte es nicht geben, alles sollte bleiben, wie es war.

Während die Grenzwacht aus der Not eine Tugend machte und fieberhaft am Abbau des elektrischen Signalsystems arbeitete, stellte Anfang März eine wissenschaftliche Konferenz über Platz und Rolle des Innenministeriums eine hoffnungsvolle Wende dar. Der Innenminister führte hinsichtlich der Zukunft der Grenztruppen aus (wobei er sich an den Beschluss des Politbüros vom 28. Februar über die Entwicklung der Grenztruppen hielt): „Vergessen wir das unzeitgemäße, auf veraltete politische Anschauungen zurückgehende Grenzregime ... Die zukünftige Aufgabe der Grenzwacht wird sein, neben ihrem Dienst an der öffentlichen Ordnung und Sicherheit den ungarischen und ausländischen Staatsbürgern einen kultivierten, schnellen und europäischen Maßstäben genügenden Grenzübertritt zu ermöglichen". Demnach durften wir begründet auf eine Änderung in den Methoden der Dienstausübung hoffen. Die ersten zaghaften Schritte auf dem Gebiet der Grenzverkehrskontrolle wurden getan, aber ich muss nicht betonen, dass eine Änderung des allgemeinen Grenzregimes und der Sichtweise unterblieb und im Grunde alles beim Alten belassen wurde. Der Kommandeur eines Bezirkes schreibt noch im Mai in einer fachlichen Abhandlung: „Wir können zur Zeit die Auswirkungen des Beitritts zur Genfer Konvention und des Abbaus des elektrischen Signalsystems auf die Zahl und die Zusammensetzung der Grenzverletzer noch gar nicht abschätzen ... Es können bedeutende verfahrensrechtliche und methodische Veränderungen auf die Tagesordnung kommen..." Demgegenüber stimmte General Székely mit dem am 17. Mai in Sopron weilenden Generalsekretär Károly Grósz überein, der die Meinung äußerte, wir müssten „allen unseren Nachbarn zu verstehen geben, dass die Grenzwacht auch mit den neuen Methoden in der Lage sein wird, die Staatsgrenze konsequent und verlässlich zu schützen und den nationalen und internationalen Verpflichtungen nachzukommen."

Die Praxis zeigte, dass mit der Modifizierung des Grenzregimes und der Aufhebung der rechtlichen Restriktionen für den Grenzstreifen keine neue Methode ausgearbeitet wurde.

Unter den neuen Gegebenheiten ist diese Betonung der Konsequenz und Verlässlichkeit wohl entweder durch fehlenden fachlichen Einblick oder noch wahrscheinlicher als überpolitisierte berufsständische Geste zu erklären. Es war absolut unmöglich, unter den neuen Bedingungen die Staatsgrenze genauso zuverlässig zu bewachen wie in den Jahren zuvor (den Angaben der westlichen Presse zufolge haben von Mai bis August etwa 3000 DDR-Bürger illegal die ungarisch-österreichische Grenze überschritten).

Auch der Hinweis auf die internationalen Verpflichtungen führte in die Irre. Es gab keine das Grenzregime betreffende Vereinbarung mit Österreich (vgl. Gesetzesverordnung Nr. 10/1965); der österreichische Außenminister hatte ohnehin betont, dass er von der ungarischen

Seite nicht die Wiederherstellung der früheren Grenzkontrollen verlange.

Am 12. Juni trat mit der Gesetzesverordnung Nr. 15/1989 die Genfer Flüchtlingskonvention von 1951 in Kraft. Da es keine Durchführungsbestimmungen gab und über die politischen Absichten und Spielräume Unklarheit bestand, konnten die Probleme, die sich primär aus dem massenhaften Auftauchen von DDR-Bürgern an der Westgrenze ergaben, nicht gelöst werden. Die große Zahl aufgegriffener Grenzverletzer belastete die Organe des Innenministeriums sowohl politisch als auch fachlich immer mehr, und zwar besonders die Kommandanturen und Untereinheiten der drei westlichen Grenzbezirke. Zum Beispiel wurden im Grenzbezirk Sopron im ersten Halbjahr 485 Grenzverletzer registriert, 74 mehr als im ganzen Jahr 1988. Es wurde unmissverständlich klar, dass es hinsichtlich der DDR-Bürger besonders an der ungarisch-österreichischen Grenze zu katastrophalen, unbeherrschbaren Situationen kommen musste, wenn nicht durch günstige zentrale Maßnahmen gegengesteuert würde.

Zur ersten Maßnahme kam es am 14. Juli. Wegen der „bedeutend gestiegenen Zahl von Fällen, wo Anrufen der Patrouillen nicht Folge geleistet wird bzw. Grenzdurchbrüche in Gruppen oder gewaltsam mit Fahrzeugen versucht werden" hob die Landeskommandantur der Grenztruppen die Einzelpatrouillen auf und sorgte für deren Verstärkung auch unter Einbeziehung der Betriebskampfgruppen. Im Bereich der Kontrollpunkte und Posten der Bezirkskommandantur Sopron gab es 13 Fälle von gewaltsamen Grenzdurchbrüchen mit Kraftfahrzeug unter Beteiligung von 83 DDR-Bürgern. Die Zeit verging, und die eingesetzen Kräfte näherten sich dem Ende ihrer psychischen und physischen Leistungsfähigkeit.

In den ersten Augusttagen trafen günstige Nachrichten

aus Budapest ein, es solle parallel zu einer Ausreisegenehmigung für die insgesamt 100 Botschaftsflüchtlinge auch eine baldige umfassende Regelung des ganzen Problems geben. „Es handelt sich um eine Angelegenheit, deren Lösung Zeit und Erfahrungen erfordert", erklärte der Innenminister. Im Rahmen der Vorbereitungen gab die Oberste Staatsanwaltschaft eine Richtlinie heraus, mit der „die bisherige Praxis in die richtigen Richtung korrigiert" werden sollte. Aus ihr ging hervor, dass bestimmte Punkte der Vereinbarung mit der DDR über den Visa freien Reiseverkehr und des Rechtshilfeabkommens außer Kraft gesetzt werden sollten und der in § 217 StGB beschriebene Straftatbestand des unerlaubten Grenzübertritts in Zukunft als Ordnungswidrigkeit gelten würde.

Am 17. August 1989 erfuhren wir über Fernschreiben, dass für die nächste Zeit das Eintreffen größerer Gruppen von DDR-Bürgern an der Staatsgrenze zu erwarten sei. Im Kontrollbereich des Bezirkes Sopron ist in sieben Fällen von insgesamt 1150 Personen eine Grenzverletzung versucht worden, davon in drei Fällen mit 821 Personen erfolgreich. Im Interesse eines effektiven Auftretens wurde das ihnen gegenüber anzuwendende Verfahren vereinheitlicht. Dazu sollte in jedem Fall genügend Information zur Verfügung stehen und die Bereitschaftskompanie zur Sicherung der Grenze an die erwarteten Orte gebracht werden; die Leitung der Tätigkeit vor Ort sollten die Berufsgrenzwächter persönlich vornehmen; Schusswaffengebrauch gegen die Gruppen habe zu unterbleiben, außer bei Angriffen gegen die Grenzpatrouille selbst. (Im Sinne des § 21 (2) der Verordnung des Ministerrats Nr. 40/1974 (XI.1.) qualifiziert die polizeiliche Dienstvorschrift in § 461/f-g jede Handlung als Angriff, mit der ein Polizist ... geschlagen, gestoßen, verletzt, entwaffnet oder in einen hilflosen Zustand versetzt wird oder durch andere körperliche Gewalt zum Verlassen seines Platzes gezwungen wird, sowie die Versuche dazu.) Insofern die Gruppe trotz unseres entschiedenen Auftretens nicht von ihrer Absicht ablasse und die Staatsgrenze erreiche, sei die Aktion einzustellen und zur Untersuchung des Vorkommnisses überzugehen. Wann ein Auftreten als entschieden gelte, wurde mangels passender Vorschriften durch den Kommandeur entschieden – im Nachhinein natürlich.

In dieser Situation begann die Bezirkskommandantur mit der Organisation und Durchführung der Aufgaben, die mit dem Picknick auf sie zukamen. Die Veranstaltung bedeutete schließlich eine Aufgabe auf drei Ebenen – Grenzverkehr, Grenzsicherung und materielle Absicherung – und wurde im Maßnahmeplan 034/1989 des Bezirkskommandanten abgehandelt. Mein Spezialgebiet, die Kontrolle des Grenzverkehrs, wurde in dem Augenblick berührt, als sich herausstellte, dass für eine österreichische und eine ungarische Delegation eine zeitweilige Grenzöffnung vorgesehen sei. Den vorliegenden Informationen zufolge hatten wir mit insgesamt 100 ungarischen bzw. ausländischen Staatsbürgern zu rechnen. Wie in solchen Fällen üblich, initiierte der Bezirkskommandant ein Grenztreffen mit der zuständigen Sicherheitsdirektion des Burgenlandes. Auf der Besprechung, an der ich selbst teilnahm, sicherten uns die österreichischen Organe ihre weitgehende Unterstützung zu. Und sie überraschten uns mit einer interessanten Information. Sie fragten, wann die ungarischen Behörden beabsichtigten, die freie Ausreise der DDR-Bürger nach Westen zu genehmigen. Ihren Kenntnissen zufolge stellten die österreichischen Staatsbahnen bereits Züge zusammen, um den Weitertransport zu sichern. Der Bezirkskommandant meldete diese Information nach unserer Rückkehr sofort nach Budapest und bekam zur Antwort, dass die Nachricht absolut falsch sei.

Um einen reibungslosen Grenzübertritt zu ermöglichen und weil es bei solchen Ereignissen oft vorkommt, dass trotz gewissenhafter Vorbereitung wichtige Dinge vergessen werden, zum Beispiel dass jeder Teilnehmer einen gültigen Pass bei sich haben muss, nahmen wir uns mit den österreichischen Kollegen vor, Namenslisten der Teilnehmer anzufertigen. So würden die von mir benannten fünf Passabfertiger die Kontrolle innerhalb von Minuten erledigen können und es bliebe für den Fall jeglicher unvorhergesehener Komplikationen genügend Zeit und Kraft übrig.

Auf Weisung des stellvertretenden Bezirkskommandanten trafen wir bereits um 13.00 Uhr am Schauplatz ein. Warum ich persönlich zugegen sein musste, habe ich bis heute nicht verstanden oder erklärt bekommen. Wenn sonst fachliche Leitung erforderlich war, wurde stets der Kommandeur derjenigen Untereinheit benannt, die die Passabfertigung vornahm, im vorliegenden Fall die vom Grenzübergang Sopron. Da mir ein Hauptreferent der Abteilung Grenzverkehr der Landeskommandantur, der zugleich ein guter Freund und Kollege von mir war, am Tag zuvor mitgeteilt hatte, dass er zwecks Kontrolle der zeitweiligen Grenzübergänge bei Bratislava und am Neusiedler See am 19. August zu uns kommen würde, fand ich meinen Dienst an diesem Nachmittag doch nicht ganz unnütz. Ich spielte insgeheim auch mit dem Gedanken, dass er vielleicht jenen Befehl mitbringen werde, der zu gegebener Zeit die Ausreise der DDR-Gruppen ermöglichen würde. Das trat zwar nicht ein, aber für die spätere realistische Beurteilung der Ereignisse war seine Anwesenheit zweifellos eine große Hilfe.

Zu unserer großen Verwunderung hielten sich bei unserer Ankunft bereits mehrere Personen auf der österreichischen Seite auf: Zeitungsreporter, Fernsehjournalisten und Bürger der benachbarten österreichischen Dörfer. Für mich

Gemeinsame Lagebesprechung in Vorbereitung des Picknicks: ungarische und österreichische Grenzbeamte am maroden „Eisernen Vorhang" nahe Sopron.

war das deshalb überraschend, weil ich aus dem Programm der Veranstaltung wusste, dass zu diesem Zeitpunkt eine Pressekonferenz in Sopron gehalten wurde. Ich verstand nicht, warum nicht diese Pressekonferenz das Interessante für die Journalisten war, sondern die Ankunft der Passabfertiger in der Puszta, wo es außer Blumen, Vögeln und Bäumen nichts zu sehen gab. Es war seltsam, mit welcher Sorgfalt die besten Positionen für die Kameras ausgewählt wurden.

Dann trafen die österreichischen Kollegen ein, und ich besprach mit meinem Freund Johann Göltl, wie wir uns den Grenzübertritt der Delegationen vorgestellt hatten. Wir unterhielten uns und warteten. Ein paar Minuten vor der für 15.00 Uhr geplanten Ankunft erschien auf dem etwa 100 Meter weit einsehbaren Straßenabschnitt eine Gruppe von Fußgängern, von der sich beim Näherkommen herausstellte, dass es mit Sicherheit nicht die Delegation war, sondern vermutlich eine Gruppe aus der DDR. Ich ging ihnen in Richtung Tor entgegen. Aus der ersten Kommunikation wurde ersichtlich, dass sie sich in Richtung Österreich entfernen wollten. Für weitere Fragen und Antworten ließen sie uns keine Möglichkeit, sie drückten die Torflügel ein, rannten wie der Blitz an uns vorbei und verursachten ein großes Durcheinander.

In Rekonstruktion der Ereignisse muss ich sagen, dass das Erscheinen der DDR-Bürger ebenso unerwartet wie voraussehbar war. Vorher war ständig darüber spekuliert worden, ob die mit dem Fernschreiben vom 17. angekündigte Menge tatsächlich bei der Veranstaltung auftauchen würde oder nicht. Wenn sie trotz des entschiedenen Dementis von oben dennoch kommen würden, wäre nämlich offensichtlich gewesen, dass wir sie mit fünf Passabfertigern gemäß unserer Anweisung weder anhalten noch aufhalten können würden. Wenn diese Menge den Versuch machen würde, aus zwei, drei Metern Entfernung die Grenze zu überwinden, hätten bei jedem Versuch der Verhinderung die Frustration und die emotionalen Spannungen sehr leicht zu gewaltsamen Handlungen führen können.

Gewalt erzeugt Gegengewalt, und diese erzeugt Panik. Wie wir wissen, ist eine Panik nicht beherrschbar. Ob man es wollte oder nicht, würden Bewaffnete und Unbewaffnete aneinandergeraten, wobei in der Regel der Unbewaffnete den Kürzeren zieht. Nicht umsonst schreibt die Fachliteratur, dass es zur Aufrechterhaltung der Ordnung bei Massenbewegungen einer Schule der Toleranz, des Verständnisses und des Dialoges bedarf.

Die Zeit gab uns recht: Was wir taten und was wir nicht taten, wird hier und jetzt auf diesem Treffen vermutlich auf allgemeine Billigung und Zustimmung stoßen.

Der Ehrlichkeit halber muss ich aber anmerken, dass es nicht mit Sicherheit so kommen musste, wie es dann kam.

Unter normalen Umständen wäre es nicht gut, wenn in einem freien, demokratischen Rechtsstaat Oberstleutnante der Grenztruppen solche Dinge entschieden, denn dann gäbe es keine Ordnung und das Recht hätte keine Geltung. Damals im August 1989 aber herrschten andere Zeiten. Doch werfen wir, ohne auf die anderen möglichen Verläufe einzugehen, einen Seitenblick auf die Geschichte. Es ist vermutlich nur eine Laune des Schicksals, dass Sopron schon einmal Bezug zu einem ähnlichen Ereignis hatte. Vor sehr sehr langer Zeit, im Jahre 1096, zogen die Kreuzfahrer aus, das Heilige Land zu befreien und die westliche und östliche Christenheit wieder zu vereinigen. Die ersten unorganisierten, meist rheindeutschen Haufen blieben naturgemäß stecken und rieben sich am Widerstand unserer Grenzburgen auf. Als unser König Koloman die Gefahr kommen sah, eilte er sofort an die Westgrenze und einigte sich in der Stadt Sopron mit den Führern der Kreuzfahrer über Ordnung, Art und Bedingungen des Grenzübertritts. Die Vereinbarung wurde eingehalten, die Kreuzfahrer zogen geordnet und ungehindert weiter. Die abendländische Christenheit begrüßte und respektierte die mutige Tat des ungarischen Königs. Der Papst verhalf ihm zu einer Eheschließung, durch die König Koloman freien Zugang zu allen europäischen Herrscherhäusern gewann.

Damals ging das so! Gab es 1989 vielleicht keinen vergleichbaren, zu verheiratenden Führer in Ungarn?

Johann Göltl

Chefinspektor, Zollamt Klingenbach

Am 19. August 1989 wurde ich vom Zollamt Klingenbach beauftragt, anlässlich eines „Paneuropäischen Picknicks" auf ungarischem Staatsgebiet - nahe der österreichisch-ungarischen Staatsgrenze - gemeinsam mit Inspektor Walter Horvath von 15.00 bis 18.00 Uhr am Grenzstein B5 in St. Margarethen die Pass- und Zollkontrolle durchzuführen.

Wir trafen vor der Eröffnung um 14.30 Uhr am Grenzstein B5 ein, wo die ungarische Grenzpolizei bereits auf uns wartete. Nach einer kurzen Aussprache über das Vorgehen bei der Abfertigung der Reisenden mit den ungarischen Grenzorganen unter der Leitung von Hauptmann Árpád Bella wurde dort um 15.00 Uhr von Seiten der Ungarn ein altes Drahttor mit Holzrahmen geöffnet. Nach Öffnung des Tores bzw. des Grenzüberganges stürmten plötzlich von allen Seiten ca. 200 DDR-Staatsbürger aus Richtung Ungarn den Grenzübergang und liefen in einer geschlossenen Einheit, ohne sich einer ungarischen oder österreichischen Grenzkontrolle zu unterziehen, auf österreichisches Staatsgebiet. In der Folge kamen noch weitere ca. 250 bis 300 DDR-Staatsangehörige. Einige dieser Personen waren auch im Besitz eines BRD-Reisepasses, den sie von der bundesdeutschen Botschaft in Budapest erhalten hatten. Wegen des starken Flüchtlingsansturms musste ich sofort Verstärkung herbeiholen. Ich konnte mit dem bereits am Grenzübergang eingetroffenen Gendarmeriebeamten Inspektor Birics Kontakt aufnehmen, der sofort die Maßnahmen für den Abtransport der Flüchtlinge organisierte. Nach den beiden ersten Wellen von DDR-Flüchtlingen wurde das Holztor von den ungarischen Grenzbeamten wieder bis auf einen Meter geschlossen, damit, wie vorher besprochen, nur Reisende mit gültigen Reisedokumenten den Grenzübertritt vornehmen konnten. Das Verhalten der Flüchtlinge bzw. der DDR-Staatsbürger selbst war sehr beeindruckend. Sie weinten, lachten und umarmten einander vor Freude. Kleinkinder wurden mit Kinderwagen laufend durch das geöffnete Tor geschoben. Aufgrund des schnellen Schiebens der Kinderwagen auf dem unwegsamen Gelände wurden einige Kinder aus den Kinderwagen geschleudert und weinten. Nach ca. einer Stunde kam eine Familie aus der DDR zu mir, die Mutter weinte und der Vater sagte zu mir: „Bitte helfen Sie uns, wir haben unseren Sohn verloren. Er ist zehn Jahre alt und steht noch auf ungarischem Hoheitsgebiet, ca. 20 Meter hinter dem Tor. Sollten wir das Kind nicht rüberbekommen, dann gehen wir wieder nach Ungarn zurück, egal was dann mit uns passiert." Ich erwiderte dem Ehepaar, dass sie ruhig bleiben sollten und ich versuchen würde, ihren Sohn nach Österreich zu bringen. Daraufhin begab ich mich mit meinem Kollegen Inspektor Horvath zum Tor auf der ungarische Seite und verwickelte die ungarischen Kollegen in ein Gespräch. Dem Kollegen Horvath sagte ich, dass er, während meines Gespräches, mit dem

Kind Kontakt aufnehmen solle und es unauffällig über die Grenze zu den Eltern bringen solle. Aufgrund dessen begab sich Walter Horvath zu dem Jungen und forderte ihn auf, hinter ihm herzugehen, da seine Eltern bereits in Österreich seien und auf ihn warteten. Der österreichische Zollbeamte und das Kind kamen ohne bemerkt zu werden durch das Tor. Die Eltern waren überglücklich und bedankten sich; die Mutter umarmte uns weinend. Nach ca. 20 Minuten begab ich mich wieder zum Tor, wo ein ungarischer Zollbeamter zu mir sagte, dass er es seinem Ministerium anzeigen würde, dass ich mit einem Kollegen ein Kind illegal nach Österreich gebracht habe. Ich antwortete, dass bereits ca. 500 Personen in Österreich seien und einer mehr oder weniger in diesem Fall doch kein Problem sein könne. Woraufhin er erwiderte, dass dies sehr wohl ein Problem sei. Daraufhin begab ich mich zu Árpád Bella, dem Kommandanten, der die Grenzkontrolle leitete, und schilderte ihm dem Vorfall von dem Jungen und die scharfen Worte seines Kollegen, worauf er mir sofort seine Unterstützung zusicherte. Er habe die Grenzkontrolle auf der ungarischen Seite zu leiten, ich solle bezüglich des Vorfalls mit dem Jungen die Verantwortung übernehmen und würde von ihm in dieser Sache volle Unterstützung erhalten. Um 18.00 Uhr wurde der Grenzübergang wieder geschlossen, wir verabschiedeten uns freundschaftlich von den ungarischen Kollegen und fuhren zum Zollamt Klingenbach zurück. Dort verfertigte ich eine schriftlich Meldung von der Grenzöffnung und den dort erlebten Ereignissen an die Dienstbehörde.

Seitens der Finanzlandesdirektion für Wien, Niederösterreich und das Burgenland wurde uns durch den Präsidenten Dr. Manfred Frey für die vor Ort an den Flüchtlingen geleistete Hilfe Lob und Anerkennung ausgesprochen.

Dr. Manfred Frey

Präsident der Finanzlandesdirektion für Wien, Niederösterreich und Burgenland

Vor zehn Jahren haben sich an den österreichisch-ungarischen Grenzübergängen Ereignisse von welthistorischen Dimensionen begeben. Die ungarische – damals noch kommunistische – Regierung unter Ministerpräsident Miklós Németh und Außenminister Gyula Horn hatte in der Nacht vom 10. auf den 11. September 1989 den DDR-Bürgern die ungehinderte Ausreise nach West-Deutschland (BRD) über Österreich erlaubt.

Damit wurde eine historische Bewegung eingeleitet, die – meiner Einschätzung nach – einmal mit der Veränderungskraft der Französischen Revolution verglichen werden wird.

Der 10. September 1989 war ein heißer Sonntag, ich war am Nachmittag auf einer Sportveranstaltung und wurde durch meine Dienststelle von den bevorstehenden Vorgängen informiert. Ich habe dann von Mitternacht bis in die frühen Morgenstunden am Zollamt Klingenbach – gegenüber des ungarischen Sopron – und am Zollamt Nickelsdorf – gegenüber des ungarischen Hegyeshalom – die Flucht der Ost-Deutschen persönlich miterlebt.

Genau um 0.00 Uhr haben die ungarischen Zöllner die Grenzbalken gehoben. Wir sahen hinüber, erkannten eine lange Reihe von Scheinwerferlichtern und hörten das Starten und Klappern der Trabis. Die ersten Trabis kamen nach Österreich und so in die Freiheit. In diesen Trabis saßen Menschen, die bei brütender Hitze tagelang im Grenzgebiet, zum Teil mittellos, den politischen Entscheidungen entgegenbangten.

Viele waren zu Fuß unterwegs, da ihnen der Treibstoff

oder das Geld ausgegangen oder die Trabis eingegangen waren.

Die Menschen kamen erschöpft, mit Tränen in den Augen, aber voller Zuversicht über die Grenze, die Hände trotz der unendlichen Anspannung und Ermüdung zum Victory erhoben. Diese Menschen waren auf der Flucht, hatten Wohnung, Arbeitsplatz, die Freunde - kurz ihre Heimat - verlassen. Sie haben alles Materielle, das sie besaßen, zurückgelassen. Sie haben bestenfalls ihre Familie, ihren Trabi und einen kleinen Teil ihrer Kleidung - ihre Sommerkleider - retten können.

Diese dramatischen Flüchtlingsszenen erweckten in mir die Erinnerung an die Vertreibung meiner Familie im Dezember 1945 aus der damaligen Tschechoslowakei, an die Vertreibung der Bürger meiner Heimatgemeinde Joslowitz in Südmähren aufgrund der berüchtigten Benesch-Dekrete, ja an die Vertreibung all der Deutschen aus den Ost- und Südostgebieten Europas im Jahre 1945.

Es war eine Nacht, die anders war als alle anderen Nächte - eine Nacht, die die politische Welt verändert hat.

Wie war es wirklich?

Miklós Németh
Ungarischer Ministerpräsident a. D.
(Der Text wurde von László Mohai verlesen)

Da ich in meiner persönlichen Teilnahme leider verhindert bin, grüße ich auf diesem Wege die aus Anlass des 10. Jahrestages des Paneuropäischen Picknicks veranstaltete Konferenz sowie die Teilnehmer und Zuhörer des Podiumsgesprächs 'Wie war es wirklich?'.

Es ist immer von Interesse aufzudecken, wie es zu wichtigen Ereignissen gekommen ist. Doch das Wichtigste ist, dass das Geschehene wahrhaftig war und bis heute wahrhaftig ist; ein erhebender historischer Augenblick in einem historischen Umgestaltungsprozess. Ein Augenblick, in dem wir Ungarn uns unserer außergewöhnlichen Situation gewachsen zeigten und etwas Unvergessliches bewirkt haben – wir Ungarn, und zwar zusammen! Agierte auch nicht jeder auf der gleichen Bühne, so handelten wir doch alle nach einem ähnlichen Drehbuch. Spielten wir auch nicht alle in einer Mannschaft, so gaben wir den Ball doch in dieselbe Richtung. Wir errichteten Zelte oder schlugen Brücken, zerlegten Zäune und den Eisernen Vorhang, bauten an Straßen und am Haus Europa: Ungarn, Habsburger und – da es die Romanows nicht mehr gibt – Gorbatschow.

Unser damaliges Verhalten hat uns breite internationale Anerkennung eingebracht, die vielleicht am besten in dem Brief zum Ausdruck kommt, den Kanzler Kohl an mich und zugleich an alle mittelbar oder unmittelbar beteiligten

Landsleute richtete. Im Brief des Kanzlers vom 12. September 1989 heißt es:

„Sehr geehrter Ministerpräsident,

für den großherzigen Akt der Menschlichkeit, den ihr Land in diesen Tagen Tausenden meiner Landsleute erweist, möchte ich Ihnen im Namen aller Deutschen aufs herzlichste danken. In meinen Dank schließe ich Ihre Mitarbeiter, insbesondere Herrn Außenminister Horn, sowie die karitativen Organisationen und alle Bürger Ihres Landes ein, die in den vergangenen Wochen großzügig und selbstlos geholfen haben.

Die weltweite Zustimmung, die Ihre Politik jetzt erntet, würdigt den Mut und die Entschlossenheit Ihres Handelns genauso wie Ihre humanitären Beweggründe, die in den besten Traditionen Europas wurzeln und auf den festen Boden der KSZE-Dokumente von Helsinki, Madrid und Wien gegründet sind. Ihre Politik ist richtungsweisend und vorbildlich für eine europäische Friedensordnung, in der der Mensch mit seiner Würde und seinen Rechten im Mittelpunkt der Politik steht.

Herr Ministerpräsident, was Ungarn in diesen Tagen für uns geleistet hat, werden wir nie vergessen. Sie haben in überwältigender Weise Ihr Wort gehalten, sich für die menschliche Lösung eines Problems einzusetzen, das in der deutschen Teilung begründet ist.

Auch ich stehe meinerseits zu dem, was wir während Ihres kürzlichen Besuchs in der Bundesrepublik Deutschland besprochen haben.

Nochmals meinen herzlichsten Dank und alle guten Wünsche für Sie und Ihre Mitarbeiter.

Ihr Helmut Kohl"

Dies gebe ich hiermit - und nicht zum ersten Mal - an alle weiter, die uns, ob bewusst oder unbewusst, bei der

Durchführung der historischen Tat unterstützt haben. Nicht oft hatten die Ungarn solche Gelegenheiten. Aber wir müssen danach streben, dass die damals erlangte Anerkennung und internationale Achtung ein durch jeden Ungarn sorgsam gehüteter Schatz und moralischer Rückhalt auf unserem schweren Weg bleibt.
London, 17. August 1999

Interview mit Miklós Németh (Video)

Frage: Musste der Ministerpräsident von Ungarn sich in der politischen Lage des Frühjahrs 1989 mit den damaligen Teilnehmern des Picknicks hinsichtlich der vorgesehenen Veränderungen abstimmen? Konkret denke ich an den Abbau der technischen Grenzsperre.

Antwort: Um die Geschehnisse von 1989 zu verstehen, müssen wir ein wenig ins Jahr '88 zurückgehen. Das in Rumänien durch den Generalsekretär und Führer Ceausescu ausgearbeitete und vor der Durchsetzung stehende Dorfprogramm ist bekannt. Mit den Konsequenzen dieses Modernisierungsprogramms war ich bereits kurz nach meiner Amtseinführung und Vereidigung konfrontiert worden. Immer mehr Flüchtlinge aus Siebenbürgen - und ich füge gleich hinzu - nicht nur ungarischer, sondern auch rumänischer Abstammung und Nationalität flüchteten über die Grenze und beantragten Asyl und Niederlassungsfreiheit in Ungarn. Mitte der sechziger Jahre hatten die damaligen Partei- und Staatsführungen ein Abkommen unterzeichnet, dem zufolge mit Bürgern von Staaten des Warschauer Paktes oder des RGW, die sich illegal auf dem Territorium eines anderen Staates aufhielten, flüchteten oder um Asyl bäten, administrativ zu verfahren sei, das heißt statt ihnen Asyl zu gewähren, seien sie auszuliefern. Infolge des berühmten Modernisierungsprogramms Ceausescus stieg die Zahl der rumänischen Staatsbürger ungarischer, deutscher, jüdischer und rumänischer Nationalität, die keine andere Lösung und Antwort auf das Programm mehr sahen als die Flucht, von zuerst einigen hundert auf mehrere tausend und schließlich über zehntausend an. Zuerst mussten wir mit diesem Dilemma fertig werden. Ich beriet mich damals nicht nur mit den zuständigen Regierungsmitgliedern, sondern auch mit Sachverständigen für internationales Recht und Politik und bekam von letzteren einen sehr guten Rat. Er lautete, dass ein Land, das sich in Richtung Rechtsstaat entwickle, selbst dann gut daran täte, das Recht zu achten und sich quasi-rechtsstaatlich zu verhalten, wenn das Urteil der Welt aufgrund seines politischen Systems bereits feststünde. Als Ausweg aus meinem Dilemma bekam ich den weisen Rat, das zweiseitig unterzeichnete und rechtskräftige internationale Abkommen könne nur von einem Vertrag übertrumpft werden, der in irgendeiner Form das Siegel und die Flagge der UNO trage. Daraus folgte die Initiative des damaligen Justizministers, der mir nach gründlicher Untersuchung aller Details den Vorschlag machte, Ungarn solle der Genfer Flüchtlingskonvention beitreten, was wir im Frühjahr 1989 auch taten. So wurde es möglich, den rumänischen Forderungen gegenüber darauf hinzuweisen, dass wir rechtlich korrekt handelten und, wenn der Beitritt der Ungarischen Volksrepublik zur Konvention auch noch nicht vollzogen war, es sich doch um eine durch die UNO und ihre Mitgliedsstaaten unterstützte, von mehr als 100 Staaten unterzeichnete Konvention handele. Auf dieser Rechtsgrundlage müssten wir die Rückführung, das heißt die Auslieferung ablehnen. Damals wurde kein einziger nach Ungarn kommender Asylsuchender nach Rumänien überstellt. Manche unter ihnen betrachteten Ungarn als Durchgangsstation; wir waren den nach Westeuropa oder Nordamerika Strebenden insoweit behilflich, als sie mit Unterstützung der ungarischen Regierung das Land verlassen durften, sofern ein weiteres Land bereit war, sie aufzunehmen. Aber wir schickten sie nicht unter Zwang nach Rumänien. Von hier aus war es, wie ich finde, kein großer Schritt zum nächsten wichtigen Ereignis, das wiederum zu einer Zeit stattfand, als die Regierung unter dem Druck ihrer wirtschaftlichen und finanziellen Lage die weltweite Entwicklung einschätzte und entschied, den Eisernen Vorhang, das heißt die technischen Sperren an der ungarischen Westgrenze nicht zu erneuern. Die Sperren waren veraltet und lösten beispielsweise auch dann Alarm aus, wenn nur ein Tier hindurchschlüpfte. Die Regierung und ich haben diese Entscheidung getroffen, übrigens unter Zustimmung aller, einschließlich des Innenministers, der die Frage vorschriftsmäßig aufgeworfen und um Stellungnahme gebeten hatte. Als ich Ende März 1989 in Moskau war, habe ich auf einem meiner Treffen mit Gorbatschow auch diesen Punkt erwähnt. Zuvor aber hatte ich die Tatsache, dass wir die Grenzsicherungsanlagen gegen Ende des 20. Jahrhunderts für anachronistisch hielten und nicht erneuern würden, als erstem Kanzler Vranitzky mitgeteilt, der auf eine sehr interessante Weise darauf reagierte. Er begrüßte diese Entscheidung als erstes Zeichen einer Öffnung und einer auf Europa ausgerichteten Politik sowie als Entscheidung, deren Konsequenzen wir alle zu berücksichtigen hätten. Er fügte gleich hinzu, dass wir sofort darangehen müssten, die polizeiliche Kooperation zu verstärken. Eine durchlässigere Grenze bedeute für Österreich eine derartige Herausforderung hinsichtlich Kriminalität, Rauschgift- und Waffenschmuggel, dass sich das Land darauf vorbereiten müsse, zumal Österreich der Europäischen Union beitreten wolle. Könnten diese Probleme nicht hinreichend gelöst werden, sagte er mir, würde die Aufnahme Österreichs in die Europäische Union durch unsere Entscheidung nicht gerade befördert werden. Das also war der zweite Baustein. Der dritte bestand in der Schlussfolgerung. Es war allgemein bekannt, dass sich die Bürger des geteilten Deutschland, das heißt die Bürger der ehemaligen DDR und der BRD, in der Sommersaison regelmäßig am Balaton mit ihren Verwandten von der anderen Seite trafen. Nun hatte sich über die westliche Presse die Nachricht verbreitet, dass Ungarn die aus Rumänien kommenden Asylsuchenden und Einwanderungswilligen nicht auslieferte. Es war auch bekannt, dass die Grenzsicherungsanlagen nicht erneuert würden. Es brauchte nicht viel Verstand, um die klare Botschaft zu verstehen. Handelte die ungarische Regierung im Verhältnis zu Rumänien so, wie sie es tat, schien auch sicher, dass sie nicht nach Geist und Buchstaben des in den sechziger Jahren geschlossenen und gültigen Vertrages verfahren würde, wenn DDR-Bürger auf ähnliche Weise (wenn auch ohne Antrag auf politisches Asyl) auf dem Territorium Ungarns blieben. In diesem Sinne war es daher vorhersehbar, was die Hauptfrage der deutschen Urlaubssaison im Jahre 1989 sein würde. Abgesehen von meiner kurzen Mitteilung an Gorbatschow, die ich auch außerhalb der Verhandlungen machte, habe ich mich mit niemandem abgesprochen und auf keinem Forum abgestimmt, diese Zeiten hatten wir Ungarn damals schon hinter uns gelassen.

Frage: Die organisierte Debrecener Opposition hatte die Idee des Paneuropäischen Picknicks aufgebracht und mit den Partnerorganisationen in Sopron gemeinsam beschlossen, diese Veranstaltung zu organisieren, deren ideelle Grundaussage sein würde: Europa müsse zu einem Europa ohne Grenzen werden, zu einem Europa, wo Menschen unabhängig von ihrer Abstammung und politischen

Zugehörigkeit brüderlich zusammenleben können. Wussten Sie von den organisatorischen Vorbereitungen im Zusammenhang mit dem geplanten Paneuropäischen Picknick?

Antwort: Ja, ich wusste davon. Ich kann auch sagen, dass mich der damalige Innenminister István Horváth und der damalige Staatsminister Imre Pozsgay ausführlich über den Plan informiert haben. Sie erbaten meine Stellungnahme in den Fragen, die von Natur aus eine Stellungnahme des Ministerpräsidenten erforderten. Unter anderem, um nur eine zu erwähnen, ob der Staatsminister Pozsgay die Schirmherrschaft übernehmen solle oder – denn damals gehörten die Grenztruppen noch in den Zuständigkeitsbereich des Innenministers bzw. des Innenministeriums – welche Weisungen der Innenminister ausgeben sollte, damit der Oberbefehlshaber der Grenztruppen eine Orientierung für die militärischen Tagesbefehle bekam. Ich hielt das Vorhaben ohne jedes Zögern für gut und aufgreifenswert und ermunterte die Minister, sich an den Vorbereitungen zu beteiligen. Auch mir hat die Art, wie die Vorbereitungen zum Paneuropäischen Picknick verliefen, eine wichtige Frage beantwortet. Vergessen wir nicht die ungefähr 80.000 damals in Ungarn stationierten sowjetischen Soldaten sowie die noch immer aktiven und über Waffen verfügenden Betriebskampfgruppen, auf die wir noch zurückkommen werden. Die MSZMP war damals hinsichtlich der Richtung, die man einschlagen sollte, in zwei Lager geteilt. Noch war nichts endgültig entschieden. Was in Ungarn am 19. August organisiert wurde, ohne dass es ein Eingreifen gewisser Kreise und Kräfte gab, bekräftigte für mich eine Zusage, die ich wiederum Ende März 1989 bei meinem Treffen mit Gorbatschow bekommen hatte, als ich ihn darauf ansprach, dass (wenn ich auch noch nicht wüsste, wann) in Ungarn eine Mehrparteienwahl kommen würde. Eins war mir klar: Selbst wenn meine Regierung und ich eine hervorragende Arbeit leisteten, war nach vierzig Jahren Einparteienherrschaft sicher, dass die Vertreter und Repräsentanten der heutigen oder einer reformierten Partei zu Recht die Macht verlieren würden. Der Abzug der sowjetischen Truppen war bereits eine der herausragenden Fragen des Treffens zwischen Gorbatschow und dem ungarischen Ministerpräsidenten im März '89. Davon werden sich die Historiker und Archivare überzeugen. Wenn wir also am 16. Juni 1989 auf der Beisetzung von Imre Nagy den Abzug der sowjetischen Truppen forderten, war das ein seit dem Treffen im März 1989 protokollierter Standpunkt. Diesem nur im engsten Kreis ausgeführten Standpunkt zufolge sollten die Atomraketen aus Ungarn abgezogen werden. Von diesen Raketen bekam ich Ende '88 Kenntnis, denn die damalige Führung hatte geleugnet, dass die Sowjetunion oder der Warschauer Pakt Atomraketen in Ungarn stationierten. Die Verhandlungen über den Abzug der sowjetischen Truppen hatten also begonnen; ich will hier nicht auf die anderen drei sehr wichtigen Themen dieser Verhandlungen und Gespräche eingehen. Ich war nie auf Seiten derer, die sich die Verdienste anheften und aneignen. Ein Volk arbeitete und fieberte dafür, dass es ohne Blut, in Ruhe und Frieden zu jenen Veränderungen kam. Wenn hier jemandem zu danken ist, dann dem ungarischen Volk für die geduldige Unterstützung, mit der es den Prozess begleitete. Um auf die Frage zurückzukommen, so hatte mir Gorbatschow ohne langes Überlegen geantwortet, dass die Sowjetunion nicht intervenieren könne und werde. Solange er in diesem Stuhl sitze – wobei er so auf dessen Armlehne schlug, wie ich es hier tue –, „werden wir das Verbrechen" (dieses Wort benutzte er) „von 56 nicht begehen", es werde also keine Intervention geben. Diese Auskunft war im März 1989 sehr wichtig, und sie bestimmte natürlich die Schritte, die wir in den nächsten Monaten unternahmen. Ich habe diese Zusage damals weder der ganzen Regierung noch der Presse mitgeteilt, sondern sie nur im sehr engen Kreis verbreitet. Denn niemand wusste, wo die Toleranzgrenze lag, wie weit wir gehen konnten und wie die Reaktion der Sowjetunion und der Mitgliedsstaaten des Warschauer Paktes tatsächlich ausfallen würde. Dafür konnte ich natürlich nicht die Hand ins Feuer legen. Das mussten wir Schritt für Schritt vorsichtig auskundschaften.

Frage: Wenn ich richtig informiert bin, waren Sie am 25. August bei Bundeskanzler Kohl in Deutschland. Das Inkrafttreten des Beitritts zur Genfer Konvention fiel meines Wissens in den Oktober. Spielte daher das Paneuropäische Picknick, bei dem man offensichtlich hunderte DDR-Flüchtlinge die Grenze hatte überschreiten lassen, die Rolle eines Katalysators? Beschleunigte es die offizielle Ausreise der DDR-Bürger?

Antwort: Natürlich hat es eine solche Rolle gespielt. Es beschleunigte die Ereignisse und stellte klar, welche der zur Auswahl stehenden Varianten eine echte und eindeutige Lösung der Probleme bringen würde. Die Gutachten hatten seit Mitte August vorgelegen. Ich hörte sehr viele Varianten, angefangen von einer geheimen nächtlichen kurzzeitigen Grenzöffnung, bei der jeder, der wolle, gehen könne, bis hin zur Bereitstellung von verschlossenen Waggons, Bussen oder Flugzeugen, die wir durch Österreich schicken würden, denn die Tschechoslowakei hätte das nicht erlaubt; ersparen Sie mir die Aufzählung. Als auf dieser Besprechung im engsten Kreis die Frage gestellt wurde, was die sauberste Lösung für dieses Problem sei, wurde geantwortet: die Öffnung der Grenze und die Ausreise der Flüchtlinge. Da entschied ich mich für diese Antwort. Wir riefen sofort den damaligen Bonner Botschafter an und baten um ein dringendes Treffen mit dem Kanzler in Bonn. Die Antwort kam schnell. Dieses Treffen fand in Schloss Gymnich statt. Das ist aber ein anderes Kapitel.

Andreas Oplatka
Publizist, Neue Züricher Zeitung

Ich begrüße Sie alle. Nach den bisherigen Beiträgen braucht man vermutlich niemanden mehr vorzustellen. Ich möchte ganz kurz erläutern, was wir mit den Teilnehmern über den weiteren Ablauf besprochen haben.

Mir wäre es lieb, wenn wir nicht nur über das Picknick sprechen würden, auf das Miklós Németh mit seinem einleitenden Text bereits eingegangen ist, sondern wir haben ja das Glück, auch die damaligen politischen Entscheidungsträger in unseren Reihen zu sehen, die über diese Zeit und die damals getroffenen Entscheidungen berichten können. Ich möchte das Ganze als Teil eines größeren Prozesses beschreiben. Im Wesentlichen sprechen wir hier von drei miteinander zusammenhängenden, aber dennoch unterschiedlichen Ereignissen bzw. Ereignisreihen. Wie ist es nach 1988 im Zeichen einer gewissen politischen Gärung zu der Entscheidung gekommen, den Eisernen Vorhang abzubauen? Wie ist dieser Prozess bis zum September 1989 verlaufen? Wie hat sich das Paneuropäische Picknick an der Grenze bei Sopron in all das eingefügt? Wie ist es zu der Entscheidung im September gekommen, und was ging dieser voraus?

Mit Bedauern nehmen wir zur Kenntnis, dass ein sehr wichtiger Hauptbeteiligter der Ereignisse, Gyula Horn, heute nicht unter uns ist. Auch wenn die Organisatoren der

Konferenz diese Diskussion unter das Motto „Wie war es wirklich?“ gestellt haben, hegt doch keiner der hier Versammelten die Illusion, dass die Wahrheit, falls es sie in der Geschichte überhaupt gibt, hier und heute zu finden wäre. Anliegen der Diskussion ist nicht, historische Verdienste und historische Zensuren zu verteilen, sondern dass jeder seinen Baustein zum Gebäude der historischen Wahrheit hinzufügen kann.

Versuchen wir daher, und hier denke ich gerade an Gyula Horn, die Diskussion nicht im Sinne des französischen Sprichwortes zu führen, das ungefähr besagt, der Abwesende habe nie recht, sondern versuchen wir auch die Rolle Gyula Horns aus dem Blickwinkel der damaligen Beteiligten so sachlich wie möglich zu erörtern.

Otto von Habsburg

Schirmherr des Paneuropäischen Picknicks

Zuallererst möchte ich sagen, wie sehr ich mich über die Dinge gefreut habe, die ich hier am heutigen Tag hören konnte. Ich schätze das darum besonders, weil die Ungarn meiner Erfahrung nach oftmals weniger gut darüber Bescheid wussten, was in ihrem Lande vorging, als das Ausland. Als Abgeordneter des Europa-Parlaments war ich überwiegend mit ungarischen Angelegenheiten betraut und habe klar sehen können, welch gewaltige Wirkung die ungarischen Ereignisse im Ausland bis nach Japan auslösten.

Die fehlende Kenntnis innerhalb Ungarns ist vielleicht teilweise darauf zurückzuführen, dass die Presse nicht dieselbe Freiheit genoss wie die anderer Staaten. In jedem Fall ist es wichtig, dass dieses Gespräch die damaligen Fragen wieder in Erinnerung ruft. Ich möchte die reale Rolle des ungarischen Volkes in diesen historischen Ereignissen in eine bestimmte Perspektive stellen.

Wir haben heute gehört, wie human gewisse ungarische Lösungen gewesen seien, zum Beispiel jener bewundernswerte Schlenker, dass Stempel nicht in die Pässe, sondern auf ein Extrapapier gedrückt wurden.

Alle diese Ereignisse folgten aus dem, was 1956 geschehen war. Wer Ungarn von außen beobachtete, sah, wie sich das Land langsam, aber unbeirrbar in diese Richtung bewegte. So war es fast logisch, dass genau diese Kette von Ereignissen zum Ende des Kalten Krieges geführt hat.

Unser Jahrhundert hat große Kriege gesehen und ist sogar als das Jahrhundert der Kriege bezeichnet worden. Und zu Recht. Jeder der Weltkriege hatte seine Entscheidungsschlachten; der I. Weltkrieg in Verdun, der II. Weltkrieg in Stalingrad, und die Entscheidungsschlacht des Dritten Weltkriegs, genannt Kalter Krieg, tobte im Herbst 1956 auf den Straßen Budapests. Es waren Entscheidungsschlachten nicht am Ende, sondern in der Mitte der jeweiligen Kriege, aber ihre Wirkung war im Nachhinein festzustellen.

Krieg ist eine Folge der Politik, gleich was für Waffen benutzt werden. In der ungarischen Politik und Nationalitätenpolitik gab es eine Kontinuität. Betrachten wir die Geschichte, wird verständlich, dass dieser Krieg gerade in Ungarn stattfand und warum hier die Entscheidung fiel. Ungarn ist eins der kleinsten Länder Europas, eine kleine Nation ohne Verwandte, dennoch hat es überlebt. Wie viele andere Nationen sind ausgestorben, aber die Ungarn nicht. Im Gegenteil sind sie heute zahlenmäßig stark, auch wenn die Zahl der blutsmäßigen Ungarn in diesem Land verhältnismäßig klein ist. Darüber stolperte ich kürzlich selbst, als ich anlässlich des ungarischen Millecentenariums eine Rede halten musste und mich auf einmal sagen hörte: „Als unsere Vorfahren aus Asien kamen...“ Ich hatte keine solche Vorfahren...

Vom Ausland aus und durch die politischen Aktionen habe ich eine wichtige Eigenschaft erkannt: Ungarn sind, so möchte ich sagen, ausnahmslos zuerst Ungarn und erst an zweiter Stelle einer bestimmten Partei zugehörig. Zunächst ist man Patriot und erst dann etwas anderes. Dass man zu Hause gegeneinander antritt, spricht nicht dagegen, denn das ist Teil der Demokratie. Aber wir haben auch einen anderen Vorteil, und das ist unsere Sprache, die uns nicht nur deshalb eine feste Burg ist, weil jede Nation in ihrer Sprache lebt, sondern auch, weil sie von den anderen nicht verstanden wird. Bitte verzeihen Sie, wenn ich während einer so wichtigen Konferenz solche Bemerkungen mache.

Die Sprache hatte zu jeder Zeit einen großen Anteil daran, dass die Ungarn weitgehend ihre Einheit bewahrten. Es erfüllte mich zum Beispiel mit Stolz, dass Ungarn, als in Rumänien große Teile der siebenbürgischen Bevölkerung zwangsumgesiedelt werden sollten, jeden aufnahm. Zugleich gab es im ungarischen Parlament einen kommunistischen Abgeordneten, der Rumäne war und die rumänische Minderheit vertrat, obwohl nur 22.000 Rumänen im Land lebten. Die Einstellung der ungarischen Seite war eine ganz andere, und aufgrund dieser Verständigungsbereitschaft der ungarischen Nation gebührte ihr der Sieg.

Außerhalb Ungarns wäre das, was geschehen ist, wahrscheinlich nicht möglich gewesen.

Zu dieser Zeit bemerkte ich, dass nur zwei Nationen fähig waren, in den Beitrittsverhandlungen zur Europäischen Union einheitlich aufzutreten. Eine davon war die spanische, wo ich ebenso mit dem Führer der Kommunisten,

Santiago Carillo, sprechen konnte wie mit dem rechtsradikalen Blas Pinar. In den großen nationalen Fragen europäischer Tragweite unterstützten sie ihre Regierung, zu der sie beide in Opposition standen.

Und das habe ich auch in Ungarn erlebt. Es gab eine entscheidende einheitliche nationale Sicht, und dabei ging es nicht um den Erfolg der einen oder anderen Partei, sondern um den Erfolg der gesamten Nation. Die jetzige ungarische Regierung, von der Nation frei gewählt, setzt diesen Kurs fort.

Ich möchte noch darauf hinweisen, wie viel das für die Zukunft bedeutet. In diesem Zusammenhang möchte ich dafür danken, dass die hiesige Konferenz eben den Ereignissen Publizität verleiht, die im Inland weniger wahrgenommen werden als im Ausland, und die dazu beitragen können, uns in die entscheidende Phase der europäischen Beitrittsverhandlungen treten zu lassen.

Oft wird die Frage gestellt, wann Ungarn als vollwertiges Mitglied in die Europäische Union aufgenommen werden soll. Einige nennen das Jahr 2005, obwohl wir damals von 2002 gesprochen haben.

Meine persönliche Meinung ist: Es liegt in unserem nationalen Interesse, dass es so schnell wie möglich geschehe. Betrachten wir die ungarische Geschichte, stellen wir fest, dass wir an den Routen der Heere wohnen, und auch jetzt sind wir in einer gefährlichen Situation. Als Mitglied der Europäischen Union werden wir bedeutend sicherer leben, was nicht nur unseren eigenen Interessen, sondern auch denen Europas dient – wie die Ereignisse von Sopron gezeigt haben. Zwar hatte es bereits ernst zu nehmende Schritte von Regierung und hohen Funktionsträgern gegeben, aber unbestreitbar war es das Paneuropäische Picknick, das die ganze Welt auf uns aufmerksam gemacht hat.

Es war dramatisch. Wir wussten nicht, dass das Picknick so weitreichende Konsequenzen haben würde. Es hat die Wahrheit, dass Ungarn ein freies, demokratisches, die Menschen achtendes Land werden wollte, dramatisiert. Die Nachwirkungen sind bis heute zu spüren, denn wir bleiben dabei, dass – wie auch hier bei dieser Konferenz – die unterschiedlichsten politischen Meinungen vertreten sein können. Gott sei Dank ist das eine Selbstverständlichkeit, denn die Freiheit zur eigenen Meinungsäußerung ist ein Grundprinzip der Demokratie.

Schließen möchte ich mit dem Fazit, dass es sich bei dem Picknick, meiner Ansicht nach, um einen nationalen Sieg und um eine Konsequenz des Freiheitskampfes von 1956 handelte. Es steht in Kontinuität zur ungarischen Politik, und wir hoffen, auch in Zukunft in diesem Geiste weiter voranzuschreiten.

Pater Imre Kozma
Apostolischer Protonotar

Liebe Brüder und Schwestern!

Als Priester habe ich bewusst diese Anrede gewählt. Der Herr Präsident hat uns vorhin eine breite Perspektive eröffnet. Möchte man darauf reagieren, dann drückt meine Anrede aus, dass unter Gottes freiem Himmel Platz für jeden Menschen ist, und jeder in seiner Hand geborgen ist.

Wir haben vieles gehört am heutigen Tag.

Im Jahr 1989 war Ungarn der Schauplatz weltgeschichtlicher Fragen und Ereignisse. Die Menschen wurden angesprochen und sie antworteten. Zu mir persönlich kam ein westdeutscher Konsul, aber ich sehe es lieber so, dass ich von Gott angesprochen wurde. Bewerte ich die Ereignisse von diesem Gesichtspunkt aus, dann muss ich sagen: Ein gläubiger Mensch hat, wenn er die Ereignisse betrachtet und auf sie antwortet, Gott im Blick. Dazu gehört die Bereitschaft zum Wagnis. Das Lebendige der Haltung des Glaubens besteht gerade im Eingehen von Risiken. In diesem Sinne war das Engagement des ungarischen Malteser-Hilfsdienstes eine Antwort auf den in der Geschichte anwesenden Gott und sollte helfen, Gottes Plan in der Welt zu verwirklichen. Viele meinten, die besondere Bedeutung der Aktivitäten der Malteser bestehe darin, dass gerade in der „ermatteten" westlichen Christenheit jene Kraft zum Vorschein kam, für die es keine hinreichende menschliche Erklärung gibt. 1989 ist eine Nation im politischen Sinn angesprochen worden und hat diesmal, was ihr im Laufe ihrer Geschichte nicht immer gelungen ist, eine gute Antwort gegeben.

Wie besteht das Jahr 1989 in der Erinnerung fort? Es war ein entscheidendes Jahr. Es war das Jahr der Umordnung. Eine geschichtliche Epoche der Weltpolitik ging zu Ende, und eine neue Epoche begann. Ostmitteleuropa verabschiedete sich „schön" von der alten Ordnung. Zumindest wir Ungarn können zu Recht sagen, unser Land habe sich „schön" verabschiedet. Das stimmt selbst dann, wenn wir an die vielen Trümmer denken, die wir noch forträumen müssen.

1989 war das Jahr entscheidender Ereignisse. Am 2. Mai wurde das Grenzregime gelockert, am 28. Juni trafen sich die Außenminister Alois Mock und Gyula Horn an der Grenze und begannen mit dem Abbau des Eisernen Vorhangs. Diese Entscheidungen waren in Ungarn getroffen worden, und zwar zu einer Zeit, als sich noch 200.000 sowjetische Soldaten im Lande aufhielten. Kaum waren diese verabschiedet worden, strömten 200.000 Ostdeutsche nach Ungarn. Diese Zahl hat mir von Kanzler Kohl bestätigt.

Wie bin ich mitten in den Strudel dieser Ereignisse geraten? Ein sehr wichtiger Tag war der 13. August 1989, ein Sonntag.

An diesem Tag traf meine christliche Schwester und karitative Weggefährtin Csilla Freifrau von Boeselager um 19.00 Uhr mit dem Flugzeug in Budapest ein. Dort erwartete sie der westdeutsche Botschaftsangehörige Dettlof von Berg und fuhr mit ihr direkt zur Botschaft. Zur selben Zeit besuchte mich der Generalkonsul in der Pfarrei „Heilige Familie“ in Zugliget. Weder Frau Csilla noch ich wussten von den Gesprächen des jeweils anderen. Uns beiden wurde die Lage geschildert, und man bat uns um Hilfe. In Budapest hielten sich ungefähr 30.000 Ostdeutsche in Parks, auf Straßen, in Zelten und auf Parkplätzen auf. Auch die Gebäude der westdeutschen Botschaft und Konsularvertretung waren besetzt worden, was den Geschäftsablauf schwer beeinträchtigte. Wir beide sagten ohne zu zögern und zu überlegen unsere Hilfe zu. Das muss deshalb betont werden, weil wir bei genauerer Überlegung sicher abgelehnt hätten. Als wir am nächsten Tag unsere Entscheidung bekannt gaben, entstand eine dramatische Lage. Wir blieben völlig allein, niemand unter den Mitgliedern des Hilfsdienstes hielt zu uns; alle Mitarbeiter verweigerten die Zusammenarbeit.

Ich muss hier anmerken, dass der Malteser-Hilfsdienst eine ausgeprägte demokratische Struktur hat. Aber nach Entscheidungen, auch wenn sie in Notsituationen von einem Leiter allein getroffen wurden, wird ein militärischer Gehorsam verlangt.

Die Verantwortung lastete allein auf uns, aber in dieser Situation konnte die Mitgliedschaft unserer jungen Organisation der Herausforderung nicht ausweichen. Der Erfolg der gefundenen Lösung ließ innerhalb von Tagen Menschen über sich hinauswachsen, und die Teilnahme an unserer Arbeit wurde als Ehre betrachtet. Die Zahl der freiwilligen Helfer ging bald in die Tausende.

Innerhalb eines Tages gelang es, die Voraussetzungen für das erste Flüchtlingslager zu schaffen. Mit materieller Unterstützung und tatkräftiger Präsenz des deutschen Malteser-Hilfsdienstes konnten wir am 15. August 1.200 Personen aufnehmen. Natürlich ließen wir uns von humanitären Gesichtspunkten leiten, auch wenn die Tatsache, dass das internationale Rote Kreuz in dieser Phase die Mitwirkung des ungarischen Roten Kreuzes nicht empfahl, als eine Warnung aufgefasst werden konnte.

Gestatten Sie mir eine Abschweifung über die Aktivität der humanitären Organisationen. Es gibt Situationen, in denen der Handlungsspielraum von Politikern sich verengt, der von humanitären Organisationen jedoch größer wird. Dann können letztere eine Lösung befördern und in gewissem Sinne als neutrale Vermittler tätig werden. In solcher Eigenschaft war ich während des Ausbruchs der Jugoslawienkrise in Slowenien und konnte als Parlamentär dem Ministerpräsidenten József Antall eine mir anvertraute Botschaft überbringen.

Nach der landesweiten Bekanntmachung suchten die sich in Ungarn aufhaltenden Ostdeutschen die Pfarrei „Heilige Familie“ in Zugliget auf. Schon am zweiten Tag wurde deutlich, dass wir ein weiteres Lager bräuchten. Deshalb wurde in Csillebérc ein zweites Lager aufgeschlagen, dessen Leitung wir auf Bitten des westdeutschen Roten Kreuzes dem ungarischen Roten Kreuz übertrugen. Später gründeten wir noch zwei weitere Lager. In den drei Monaten ihres Bestehens haben in diesen Lagern 48.600 Menschen gewohnt. Weitere 40.000 besuchten sie im Zusammenhang mit ihrer Aus- oder Weiterreise.

In diesen Lagern herrschte eine eigenartige Atmosphäre, denn dort waren mutige und zugleich ihren Ängsten ausgelieferte Menschen zusammengepfercht. Mutig waren sie, weil sie alles hinter sich gelassen hatten und mit dem Vorsatz nach Ungarn gekommen waren, dorthin, wo sie herkamen, nie mehr zurückzukehren. Zugleich war in ihren Ängsten eine für uns zunächst unerklärliche Unsicherheit begründet, denn sie fürchteten sich vor sich selbst. Offensichtlich war innerlich noch vieles ungeklärt, und sie wurden nur von einem Motiv bewegt: fort, und zwar endgültig. Sie hatten Angst voreinander, sicher zu Recht, denn in Ostdeutschland wurde fast jeder beobachtet. Sie hatten Angst vor uns, denn was würde aus ihnen, falls wir mit den ostdeutschen Behörden zusammenarbeiteten? Es mussten mehrere Tage vergehen, bis sie glaubten, dass wir für ihre Sicherheit arbeiteten. Nur langsam beruhigten sie sich. Einander begegneten sie jedoch nach wie vor mit Misstrauen, auch wenn es gemeinsame Programme und Beschäftigungen für alle gab.

Die wirkliche Herausforderung und Wende für mich fiel auf den fünften Tag, als mich der westdeutsche Botschafter und eine in Ungarn weilende deutsche Regierungsdelegation um die Genehmigung baten, die westdeutsche Botschaft vorübergehend in die Pfarrei „Heilige Familie" auszulagern. Ich musste abwägen, welche Konsequenzen ein Nein und welche ein Ja haben würde. Ein Nein hätte lawinenartig alles hinwegfegen können, ein Ja konnte in der Zukunft besonders für mich Konsequenzen haben. Ich sagte Ja und vergaß mich selbst. Von nun an aber konnten die humanitären Gesichtspunkte zum Deckmantel für anderes werden. Auch darum war die Entscheidung risikobehaftet und betraf nicht nur meine eigene Zukunft, sondern auch die des ungarischen Malteser-Hilfsdienstes. Bald schon sollte mich der ostdeutsche Konsul fragen, ob meine Nächstenliebe eher den Westdeutschen als den Ostdeutschen gelte. Die Westdeutschen wollten Ausschließlichkeit und völlige Abgrenzung von der ostdeutschen Vertretung. Jeden Tag mussten wir Entscheidungen treffen, mit denen die Westdeutschen nicht einverstanden waren. Für sie waren die humanitären Gesichtspunkte längst nicht mehr vorrangig. Ich möchte ein charakteristisches Beispiel erwähnen. Als mich der ostdeutsche Konsul besuchte, versuchten die Westdeutschen zu verhindern, dass ich mich mit ihm im Büro der Pfarrei träfe, da dort die westdeutsche Botschaft arbeitete. Sie missbilligten auch, dass ich seiner Bitte stattgab, den Bewohnern des Lagers Flugblätter zukommen zu lassen und sich mit ihnen treffen zu dürfen. Die Westdeutschen verstanden nicht, dass ich diese Bitte nicht ablehnen konnte. Als sie dann nach der konkreten Art und Weise fragten, wie ich sie erfüllen wolle, sagte ich nur, ich wisse es selbst noch nicht. Die Situation stand mehrfach auf der Kippe. Abends betete ich unter Zweifeln zu Gott und bat um Klarheit. Dann kam mir der Gedanke, der am nächsten Tag am Lagereingang in Form eines Wohnwagens Gestalt gewann und dem Konsul seine Bitte erfüllte. In der Nacht aber galt es, auch die Bewohner des Lagers zu überzeugen, diese Lösung zu akzeptieren. Jeder, der wolle, solle sich mit dem Konsul im „Verhandlungswagen" treffen dürfen, und man möge sich dort aller unpassenden Äußerungen enthalten. Am Morgen durften wir dann Zeugen des Wunders sein. Der Konsul nahm seinen Platz im Wohnwagen ein, die Lagerbewohner drängten sich am Zaun und blickten stumm hinaus, während wir den Konsul aus der Umklammerung der Radio-, Fernseh- und Zeitungsreporter befreiten, die ihm gefährlich zu Leibe rückten. Vielleicht war er am Ende dankbar, entkommen zu sein.

Oft werden wir in Bezug auf diese Tage gefragt: Was wussten wir, welche Kenntnisse hatten wir? Wir wussten wenig, gewisse Informationen jedoch standen uns zur Verfügung.

Ministerpräsident Miklós Németh hatte klargestellt, dass die Ostdeutschen nicht ausgeliefert würden. Kanzler Kohl, der sich mit Gorbatschow in Verbindung gesetzt hatte, wohl um auch von seiner Seite die Ergebnisse des Dialogs zwischen Miklós Németh und Gorbatschow bestätigt zu bekommen, teilte mir am Telefon mit: „Pater Kozma! Michail Gorbatschow hat mir gesagt, die Ungarn seien gute Leute." Ihm hat diese Antwort genügt, und natürlich beruhigte sie auch mich.

Viele erkundigten sich nach dem Alltag im Lager. Für die außerhalb des Zauns Stehenden gab es nichts Außergewöhnliches zu sehen, aber innerhalb führten die gesteigerten Emotionen, Sehnsüchte und Gedanken zu einer angespannten Atmosphäre. Wir versuchten diese unruhige Menschenmenge durch reibungslose Versorgung und geistliche Angebote zu zähmen. Wir Ungarn wurden von den Ostdeutschen am leichtesten akzeptiert, da unser unerschütterliches Engagement für ihren Schutz glaubwürdig war. Mit zunehmendem Glauben an eine positive Lösung öffneten sie sich, mit Vorbehalten, auch füreinander. Wir waren Zeugen erschütternder Szenen ihrer geistlichen Katharsis. Die meisten hörten hier das erste Mal von Gott und den Wahrheiten, die die ewigen Normen des menschlichen Zusammenlebens bestimmen. Viele drückten ihr Lebensgefühl mit den Worten aus, sie seien hier neu geboren worden.

Jeden Abend sahen wir die seltsamen Vorbereitungen von 150 bis 200 Menschen, die sich im Vertrauen auf ihr spezielles Glück in Richtung Westgrenze aufmachten.

Die meisten kamen nicht zurück. Jetzt darf man es sagen: Wir haben ihnen auf dem Weg geholfen. In Kőszeg halfen ihnen Menschen, die mit der grünen Grenze gut vertraut waren.

Die größten Vorbereitungen fanden am 19. August statt,

als mehrere hundert, mit präparierten Landkarten in der Tasche und voller großer Erwartungen, zum Paneuropäischen Picknick nach Sopron aufbrachen. Zu ihnen gehörten auch die, die dann vor den Augen der Welt und im Beisein der ungarischen Grenzwächter als erste freien Boden betraten.

Oft wird gefragt, wie gefährlich all das war. Für mich gab es die Frage nach dem Risiko nicht. Schon deshalb nicht, weil mein ganzes Priesterleben voller Risiken gewesen war, einschließlich der Tortur polizeilicher Vorladungen und Verhöre. Für mich ist die Wahrheit zur Gewissheit geworden: Die sich zu fürchten gelernt hatten, fürchteten sich plötzlich nicht mehr.

Der ungarische Malteser-Hilfsdienst wollte mit seinem Engagement Gott, dem Vater aller Menschen, eine Antwort geben und die daraus folgende Wahrheit bekräftigen, dass alle Menschen, besonders aber die in Not geratenen und Verfolgten, unsere Brüder sind.

Als wir das Lager öffneten, hängten wir die Malteserfahne heraus, auf der das achtspitzige Malteserkreuz abgebildet ist, das Symbol der acht Seligpreisungen. Ich glaube, dass diese Fahne auch ohne Worte verkündete: Wie das Tor sind auch unsere Herzen offen. Als der Außenminister Gyula Horn am 10. September abends die Grenzöffnung bekannt gab, grüßte ich die jubelnde Menge mit den Worten: „Die Grenzen sind offen, unsere Herzen sind mit euch."

Die Tätigkeit des ungarischen Malteser-Hilfsdienstes beruht darauf, dass jeder seinen „Baustein" zur Vollendung des Werkes beiträgt. Als Außenminister Genscher, um den Maltesern zu danken, die Kirche zur „Heiligen Familie" in Zugliget besuchte, erwähnte auch er einen Stein, aber in entgegengesetztem Sinn. Er sagte: „Sie, Pater Kozma, haben den ersten Stein aus der Berliner Mauer gelöst, und diese Mauer wird nie mehr so fest sein wie bisher."

Frau Barbara Albring, die Delegierte der westdeutschen Regierung, weihte danach eine Gedenktafel mit folgender Inschrift an der Wand unserer Kirche ein:

„Zwischen dem 14. August und dem 14. November haben in dieser Kirche und in dem an ihren Mauern errichteten Lager die vor der Willkür einer gescheiterten Idee fliehenden Deutschen – auf halbem Weg zum freien Teil Deutschlands – Schutz beim ungarischen Malteser-Hilfsdienst gefunden". Bei dem festlichen Akt sagte sie: „Sie haben vor den Augen der ganzen Welt bewiesen, was die Nächstenliebe in der konkreten Praxis bedeutet. So wird aus lebenden Steinen eine neue Welt errichtet."

Ich glaube, dass der ungarische Malteser-Hilfsdienst im Sommer 1989 zu den bemerkenswerten und bleibenden Verdiensten des ungarischen Volkes beigetragen hat. Ich freue mich darüber, dass die Geschehnisse von vielen als historische Taten bewertet werden. Ich bin stolz darauf, dass ich als Sohn dieser Nation geboren bin und – auf tätige Weise – zur Generation von 1956 und 1989 gehören durfte und gehören darf. Der Ungar hat mit seinen historischen Leistungen gezeigt, dass er würdig ist, in der großen Menschheitsfamilie seinen Platz einzunehmen, und dass er mit 1956 und 1989 alle Unterstützung auf dem Weg zum Glück verdient hat.

Imre Pozsgay

Staatsminister a. D. und Schirmherr des Picknicks

In völligem Einverständnis mit Andreas Oplatka stimme ich zu, dass wir hier nicht als Wahrheitszuteiler, sondern als Wahrheitssucher versammelt sind. Während unserer Wahrheitssuche stoßen wir immer wieder auf das eine oder andere Hindernis, auf Wahrnehmungen, die uns aus unserer Selbstgefälligkeit und unseren Fehleinschätzungen herausreißen können. Ich glaube, das Wesentliche ist, dass wir lernen, uns selbst richtig zu beurteilen. Dass wir uns über die eigene Rolle Rechenschaft geben. Diese persönliche Bemerkung wollte ich vorausschicken, weil ich mit dem Anliegen des Moderators übereinstimme, dass uns hier in erster Linie die Beschreibung der Ereignisse und unserer darin übernommenen Rolle der historischen Wahrheit näher bringen wird.

Ein Zweites: Auch ich betrachte die Geschichte nicht als einen Eimer Asche, den man einfach auskippen kann, sondern als etwas, das das heutige Leben beeinflusst. Man muss mit Bedacht vorgehen. Die unmittelbare Vergangenheit ist wie ein junges zappelndes Fohlen, das einem leicht die Hufe ins Gesicht schlägt, wenn man sich ihm ungeschickt oder von der falschen Seite her nähert. So versuche ich, vorsichtig zu sein.

Der erste Block – die Vorstellung der Initiatoren und Organisatoren – war beeindruckend. Auch für mich war es die erste Gelegenheit, alle gemeinsam zu treffen. Ich konnte ihren Erfahrungsberichten zuhören und empfinde – auch im Rückblick – hohe Anerkennung für das gewaltige Unterfangen, das sie initiiert, organisiert und durchgeführt haben.

Aus der Natur der Sache und der Ereignisse folgt unmittelbar, dass uns die bisherigen Sprecher die intensive, nach innen gerichtete Seite der Ereignisse vorstellen konnten. Ich habe das, was damals in Sopron und Umgebung, in Debrecen und im ganzen Land vor sich ging, als quasi Außenstehender beobachtet, besonders im Zusammenhang mit dem Picknick an der Grenze.

Es war fast rührend, wenn das Wort vielleicht auch nicht ganz hierher passt, den Bericht des Herrn Oberstleutnant von den Grenztruppen zu hören. In den vierzig Jahren davor war kaum ein Soldat in die Situation geraten, in eigener Initiative entscheiden zu müssen.

Was meine eigene Rolle angeht, so war es vielleicht kein Zufall, dass ich vom MDF um die Übernahme der Schirmherrschaft gebeten wurde, wie es vielleicht auch kein Zufall war, dass ich als Sprössling einer eher den Kurutzen und dem Freiheitskampf verpflichteten Familie ausgerechnet mit Otto von Habsburg auf eine Plattform geriet.

Aber unsere gegenseitige Achtung und Hochschätzung datiert schon aus der Zeit davor.

Es war in mehrerer Hinsicht kein Zufall. Das führe ich darauf zurück, dass ich oft in meinem Leben gezeigt habe, dass ich im Interesse einer guten Sache, eines in die richtige Richtung weisenden Ziels bereit bin, mit jeder Schicht, jeder Gruppe, jeder politischen Organisation zusammenzuarbeiten.

Wie bin ich in die deutsche Frage hineingeraten? Auch das war nicht ohne Vorgeschichte. Das eine oder andere wird man in Debrecen gewusst haben. Während die Klärungsprozesse und die Abrechnung mit uns selbst im Rahmen eines Neuaufbaus vonstatten gingen, mussten wir nicht nur das Verhältnis zu uns selbst, sondern auch das zur Außenwelt bereinigen. Mein damaliges Wirken wurde international genau beobachtet. Für mich waren besonders die Jahre '88 und '89 angefüllt mit politischen Ereignissen und Begegnungen. Denke ich nun an Miklós Némeths vorhin gehörte Worte, war er offensichtlich informierter als ich. Seine Erkenntnis kam für mich deutlich später. Ich hatte mich zwar im Sommer '89 mit Präsident Bush getroffen, aber erst am 2. November '89 fiel bei mir, salopp gesagt, der Groschen, nämlich als er mich im Weißen Haus empfing und sich auf die Konferenz von Malta vorbereite. Er teilte mir mit, und das war wohl als Botschaft gemeint, dass entgegen den Vermutungen der Washingtoner Presse, die ein neues Jalta befürchtete, das genaue Gegenteil intendiert sei. Man werde auf Malta gemeinsam mit Gorbatschow erklären, dass Mitteleuropa ein selbständiger und unabhängiger politischer Raum sei. Bis dahin hatte ich nicht gewusst, wie viel schon entschieden war, sondern nur, was zur Überwindung der Blockkonfrontation getan werden müsste.

Das sind die Rahmenbedingungen, auf die ich hinweisen wollte, aber ich möchte auch noch andere Zusammenhänge erwähnen.

Seit 1987 hatte ich sehr enge Kontakte zu führenden deutschen Politikern aufgebaut. Seit dieser Zeit gab es regelmäßige Treffen. Ich will mich auf das beschränken, was mit unserem Thema zu tun hat.

Ich erwähne das Jahr 1987 deshalb, weil ich damals auf einer Pressekonferenz unserer Botschaft gesagt habe, wenn das Volk dem Sozialismus den Rücken kehren sollte, würde ich dem Volk folgen. Man kann sich die Wirkung dieser Worte im damaligen Ungarn vorstellen.

So begannen meine Beziehungen zu Deutschland. 1988 oder im Frühjahr 1989 besuchte ich das erste Mal Westberlin. In offizieller Mission konnte damals kein osteuropäischer Staatsmann West-Berlin betreten, so fuhr ich auf Einladung der dortigen Europa-Akademie und des Regierenden Bürgermeisters. Ich musste über die DDR fahren, es war der 25. Mai 1989. Damals wiederholte ich meine Aussage, die ich am 26. Oktober '88 am Grenzübergang Hegyeshalom gegenüber dem Innenminister István Horváth und dem Chef der Grenztruppen Generalmajor János Székely getroffen hatte: Man müsse den Eisernen Vorhang, diese Schande Europas, abbauen. Dort hatte ich ausgesprochen, dass es nicht Ungarns Aufgabe sei, auf die Bürger anderer Staaten aufzupassen. Damals war eine Sitzung der

Offiziere der Grenztruppen gefolgt, organisiert durch die Grenzbezirke. Auch das ungarische Fernsehen berichtete darüber, was zu disziplinarischen Maßnahmen gegen mich führte.

Auf diese Weise bin ich gewissermaßen in den Strudel der deutschen Angelegenheiten hineingeraten.

Nach meiner West-Berlin-Reise traf ich mich in Bonn mit Kanzler Kohl, mit Außenminister Genscher, mit dem Führer der Liberalen Graf Lambsdorff und dem SPD-Vorsitzenden Vogel. Damals war das Problem der deutschen Flüchtlinge bereits offizielles Gesprächsthema. Es ging also nicht nur um die Rendezvous' der Touristen, sondern auch um die sich innerhalb der DDR vollziehenden politischen Vorgänge. Am 9. Juli traf ich mich in Budapest erneut mit Außenminister Genscher, den ich damals nach Absprache mit Miklós Németh und István Horváth darüber informieren konnte, dass die ungarische Regierung nicht vorhabe, die deutschen Flüchtlinge an die DDR auszuliefern. Das war also schon am 9. Juli angesprochen worden. Der Druck war enorm. Zur gleichen Zeit entstand in Polen die erste nichtkommunistische Regierung. Der Führer der Prager Opposition Havel richtete einen offenen Brief an mich, ich solle mich gemeinsam mit Mazowiecki für die Freilassung der politischen Gefangenen in Prag einsetzen. Wieder wurde ich auf die deutschen Flüchtlinge angesprochen. Ich fragte im Gegenzug, was man denn in Prag mit ihnen anstellen würde, denn auch dort versammelten sie sich, wenn auch, wegen der drohenden Auslieferung, beschränkt auf die Botschaft. Vergessen wir dieses mitteleuropäische Umfeld nicht, denn sonst würde gerade die Handlungsweise der Ungarn farblos erscheinen. Über die Tatsache hinaus, dass ich mit jeder national engagierten Bewegung sympathisierte, ist es kein großes Geheimnis, dass mich mit dem MDF noch andere Fäden verbanden, so dass mich die Bitte um Schirmherrschaft und die Ehre, sie gemeinsam mit Otto von Habsburg zu übernehmen, nicht ganz unerwartet trafen.

Es ist nicht notwendig, noch viele Details aus der Kette der Ereignisse aufzuzählen, aber lassen Sie mich noch erwähnen, dass – worauf auch die Erklärung von Miklós Németh hinwies – innerhalb der Partei ein harter Kampf tobte. Es gab damals eine Alternative. Noch gab es auch in der ungarischen Politik die Alternative einer Lösung im Stile von Milosevic, Meciar oder Kutschma, auch wenn wir die Beisetzung von Imre Nagy und die Verhandlungen des 13. Juni bereits hinter uns hatten. Um den Sog der Ereignisse zu verdeutlichen nur soviel, dass sich in der Person des Generalsekretärs Károly Grósz der konservative Widerstand verkörperte, der bereit gewesen wäre, unter der Maske einer Scheindemokratie eine Lösung nach dem Muster Milosevic oder Meciar zu suchen. Das heißt: Während wir dabei waren, unser Verhältnis zur Welt zu klären, hatten wir, ich wiederhole es, schwere innere Kämpfe zu bestehen. Ich bin damals gerade nach meinem Besuch in Sopron wütend zu Grósz gerannt. János Székely könnte einiges über diesen Besuch sagen. Ich stürmte zu Grósz hinein und machte, wie ich mich erinnere, eine Bemerkung der Art: „Das einzige, was du noch Gutes für das Land tun kannst, ist sofort abzutreten und zu verschwinden." Auch diese Dinge waren im Gange, es gab in Ungarn nicht nur die Vorbereitung auf das Picknick und die Verhandlungen.

Zur Verwicklung in die Ereignisse. Die Verhandlungen wegen der deutschen Flüchtlinge wurden mit den DDR-Behörden, namentlich Außenminister Oskar Fischer, geführt. Zunächst mussten wir diesen formalen Weg einhalten, auch wenn wir wussten, dass wir die Flüchtlinge nicht ausliefern würden und Ost-Berlin nicht damit rechnen konnte, dass die Verhandlungen dahin führen würden. Der einzige politische Hintergedanke, der sich bei mir in die Picknick-Geschichte eingeschlichen haben kann, war, dass man vielleicht den Abbruch der Verhandlungen mit der DDR erreichen könnte. Die Regierung sollte nicht gezwungen sein, mit den DDR-Behörden zu verhandeln. Ich stimme mit Miklós Németh überein, dass wir eine internationale Rechtsgrundlage brauchten, die die Absprachen mit der DDR „übertrumpfen“ würde. Ich zitierte die Schlussakte von Helsinki, die auch von der DDR und Ungarn unterzeichnet worden war und die Freizügigkeit von Ideen und Menschen beinhaltete. Es gab also eine Berufungsgrundlage. Trotzdem hatte ich mich schon im November 1988 – damals noch wegen der Flüchtlinge aus Rumänien – in Genf mit dem Flüchtlingskommissar der Vereinten Nationen getroffen und ihn um Rat gebeten.

Wie ist es zu der Ansammlung von Flüchtlingen an der Grenze gekommen? Dazu werden sicher der ehemalige Innenminister und der damalige Chef der Grenztruppen etwas sagen. Es gab auch innerhalb ihrer Organe Ausrutscher und Fehlleistungen. Auch in diesen Organisationen war der Kampf noch nicht ausgekämpft. Risiken gab es dort also ebenso. Ich hatte lange vorher erfahren, dass den deutschen Flüchtlingen angedeutet worden war, die Grenze werde offen sein. Als wir davon Kenntnis erhielten, nahm ich Verbindung zu Otto von Habsburg auf. Ich signalisierte, dass es sich nun um eine neue Lage und nicht mehr um das in Debrecen Vereinbarte handele. Ich fragte ihn, ob er seine Mitwirkung auch weiterhin aufrechterhalte. Er ließ ausrichten: Ja. Zugleich aber wurde gesagt, dass die jetzige Veranstaltung über den ursprünglichen Geist des Picknicks hinausgehe. Er stimme zwar vollständig mit der Initiative überein, aber wir dürften unsere Länder keiner Gefahr aussetzen und Menschen auf so hohen Positionen, wie beispielsweise ich es sei, nicht desavouieren. Wenn die Sache scheitere, solle nicht Ungarn dafür zahlen müssen. So kam es dazu, dass wir die Sache aus dem Hintergrund absicherten. Ich bat den Leiter meines Sekretariats, László Vass, mit einer Botschaft von mir am Picknick teilzunehmen, und Otto von Habsburg ließ sich von seiner Tochter vertreten.

Das ist meine Geschichte dazu und ich möchte hinzufügen, dass ich mit den Rednern übereinstimme, die nicht aufgrund von Beschönigungen, sondern aufgrund von sachlichen Bestandsaufnahmen zu dem Schluss gekommen sind, dass dieses Ereignis den Gang der Verhandlungen gewendet und die Möglichkeit geschaffen hat, dass Miklós Németh und Gyula Horn schon am 25. August nach Bonn fliegen konnten.

István Horváth
Innenminister a. D.

Ich bedanke mich für die Einladung, hier zu sprechen und beeile mich hinzuzufügen: Ich habe mich nicht um den Anlass gerissen, auf Grund dessen ich heute hier sein und sprechen kann. Nicht dass ich etwas zu verbergen oder zu verheimlichen hätte, aber es gab einige Dinge zu bedenken. Zunächst bin ich aus dem Amt des Innenministers, das ich in Ungarn sehr lange und auch in kritischen Zeiten innehatte, nicht freiwillig und mit einem Lied auf den Lippen geschieden. Es hatte sich damals so ergeben, dass ich Ende Januar in einer künstlich zugespitzten politischen Lage für mich selbst entschieden habe, um das Gedicht von János Arany zu zitieren, „vor dem mit Dreck spritzenden Reiter beiseite zu treten" und „nicht zu prozessieren".

Prozessieren möchte ich auch jetzt nicht, und auch an meinem Beiseitetreten möchte ich nichts ändern. Ich möchte nicht noch einmal in diesen Ring steigen. Es ist meine Überzeugung, dass es besser ist, wenn nun andere statt meiner ihre Geschäfte im öffentlichen politischen Leben verrichten. Während mich hinsichtlich meiner eigenen Rolle keine Nostalgie umtreibt, meine ich jedoch, dass es für die Zukunft Ungarns nicht gut wäre, wenn zu viele der bestimmenden Figuren der sozialistischen Reformbewegung aus dem öffentlichen Leben verschwinden würden. Der andere Grund für meine gewisse Zurückhaltung ist darin zu suchen, dass ich schon 1990, beim ersten Jahrestag dieser Ereignisse, von einem Stab von Fernsehreportern um eine Stellungnahme zu der Frage gebeten wurde, wem das Verdienst der Grenzöffnung zukomme. Schon damals habe ich die Antwort mit der Begründung abgelehnt, dass ich solche Rivalitäten für unwürdig und für unvereinbar mit meinem Geschmack hielte. Auch heute möchte ich daran nicht mitwirken.

Warum habe ich dennoch die Einladung angenommen? Deshalb, weil ich damals, 1989, wie auch heute sympathische Menschen für eine sympathische Sache eintreten sah und sehe. Auch wenn wir in vielen politischen Fragen unterschiedliche Wege beschritten und beschreiten, so gab es und gibt es doch immer noch viele Situationen, in denen Menschen unterschiedlicher Ansichten ähnlich denken oder an der Lösung außergewöhnlicher Probleme gemeinsam und einvernehmlich mitarbeiten können.

Um auf die Vorgeschichte der hier thematisierten Ereignisse vom August und September 1989 zu kommen, lassen Sie mich ein, zwei Tatsachen aus den wichtigsten Zusammenhängen der damaligen internationalen Lage und der Innenpolitik beleuchten – hauptsächlich um sie wieder in Erinnerung zu rufen und um Ihnen die wichtigsten Argumente vorzustellen, die das Denken der damals auf den höchsten Posten wirkenden Menschen in der Partei-

und Staatsführung bestimmten. In der internationalen Sphäre hatte die Welt, insbesondere das Verhältnis zwischen der Sowjetunion und den USA, sich deutlich verändert. Die bipolare Welt schien sich - zumindest für uns damals - zu einer multipolaren Welt zu wandeln, in der jeder Pol größere Möglichkeiten als zuvor zur Durchsetzung seiner Interessen finden würde. Gegen Ende der achtziger Jahre war an die Stelle der Konfrontation eine auf der Erkenntnis des gegenseitigen Aufeinander-Angewiesenseins beruhende Konsenssuche getreten. Zugleich aber wurde sichtbar, dass der Pol, zu dessen Gravitationsfeld auch wir gehörten, die damals existierende sozialistische Welt, an einen Punkt gelangt war, an dem alle Reserven der bisherigen Funktionssysteme und des sowjetischen Modells erschöpft waren und die Entwicklung stillstand. Das haben natürlich nicht alle gesehen, weder im Inland noch im Ausland, aber ich darf sagen, dass sich in der damaligen politischen Führung Ungarns eine im Wesentlichen einheitliche Meinung darüber herausgebildet hatte. Wie haben wir das Land damals gesehen? Ungarn war seit langem sowohl politisch als auch wirtschaftlich als auch in anderen Sphären des Lebens von krisenhaften Situationen gekennzeichnet. Ich will nicht sagen, es blutete aus tausend Wunden, aber es kämpfte mit vielen Problemen und wurde mit diesen nicht fertig. Eine Zeitlang, etwa bis Mitte der achtziger Jahre, sah man die Lösung - ich will nicht sagen zu Recht, aber das war die damalige offizielle Linie - in einem „Weiter wie bisher, nur ein wenig besser". Die neuen Kräfte, die sich gegen Ende der achtziger Jahre in der obersten politischen Führung versammelt hatten, waren zwar nicht durchgängig Reformer, aber sie stimmten doch darin überein, dass Ungarn, wollte es irgendwie seine Schwierigkeiten überwinden, radikaler Veränderungen bedurfte - in seinem politischen System genauso wie im wirtschaftlichen oder sozialen. Wir haben uns das damals noch im Rahmen eines „Modellwechsels" vorgestellt. Es dauerte jedoch nicht lange, bis sich herausstellte, dass es in Ungarn nicht nur zu einem einfachen Modellwechsel kommen würde, sondern am Ende ein Systemwechsel stehen würde. So dass sich schließlich alle Kräfte und Strömungen der Partei und der Regierung in diesen systemverändernden Prozess eingliederten, die dessen Unabänderlichkeit und Notwendigkeit erkannten. Es gab Streit um das Ausmaß und das Tempo der Veränderungen. Der Name von Károly Grósz wurde bereits erwähnt. Damals war auch ich dafür, ihn an der Spitze der Partei zu sehen, und unterstützte ihn, wenn auch nicht als sein treuester Anhänger, denn mein engster politischer Freund damals war Imre Pozsgay. Doch dann stellte sich heraus, dass Károly Grósz sich politisch falsch positionierte. Er legte für sich willkürlich den Punkt eines Zentrums fest und wollte sich zwischen den Reformern und den Konservativen ansiedeln, obwohl das Leben über diese Möglichkeit längst hinweggegangen war. Aber in vieler Hinsicht war auch er mit den neuen Initiativen einverstanden, die auf Veränderungen im Interesse der Zukunft ausgerichtet waren. Er hatte sehr viel Macht in Händen, und gegen seinen Willen wären bestimmte Dinge nicht durchsetzbar gewesen. So sind viele der wesentlichen Veränderungen, einschließlich der Grenzöffnung, keinesfalls gegen seinen Willen geschehen.

Nicht ohne Beklemmungen habe ich auch die Rede von Árpád Bella, dem ehemaligen Angehörigen der Grenztruppen, gehört. In der Tat müssen sich in der damaligen Situation diejenigen, die am Ende der Kette standen, oft allein gelassen gefühlt haben. Während wir in den verschiedenen Zentralen einerseits mit Hochdruck an der juristischen Ausgestaltung der Neuerungen arbeiteten, waren andererseits die alten Rechtsvorschriften und Befehle noch in Kraft. In der Tat war eine neue Situation entstanden, in der es für das Handeln, besonders in den Details, keine genaue Anleitung mehr gab. Ich muss Sie daran erinnern, dass Ungarn nicht zufällig der Schauplatz dieses Prozesses war, der die ungarisch-deutschen Beziehungen schließlich entscheidend beeinflusste. Ich will die Sache nicht mit einem Witz abtun, aber dass die Dinge sich in Ungarn abspielten, lag nicht daran, dass der Balaton, besonders im Sommer, um ein paar Grad wärmer ist als die Masurischen Seen.

Im Wesentlichen hat zu unserer damaligen Rolle beigetragen, dass Ungarn unter den damaligen sozialistischen Ländern die toleranteste politische Verfassung und Führung hatte. Ich glaube nicht, dass es in irgendeinem anderen dieser Länder zu einer ähnlichen Lösung hätte kommen können.

János Székely
ehem. Oberkommandierender der ungarischen Grenztruppen

Von 1986 bis 1990 war ich Oberkommandierender der ungarischen Grenztruppen. Das war eine schöne Zeit sowohl in der ungarischen Geschichte als auch in der Geschichte der ungarischen Grenzwacht. Was während des Paneuropäischen Picknicks geschehen ist, darüber haben einerseits mein Kollege Árpád Bella und die österreichischen Kollegen, andererseits die Initiatoren einiges gesagt. Wie sie bin ich der Meinung, dass den Initiatoren und Organisatoren des Picknicks große Anerkennung gebührt, aber eine noch größere Anerkennung gebührt denen, die selbst, gewollt oder ungewollt, an den Ereignissen teilgenommen haben. Sie handelten damals so, wie sie handeln mussten. Es ist und bleibt meine feste Überzeugung, dass niemand vorher gewusst hat, was während dieses Picknicks geschehen würde. Immer noch meine ich, dass das Picknick nicht deshalb geplant und organisiert worden ist, damit die ostdeutschen Touristen über die Grenze gehen können, sondern dieser Grenzdurchbruch war eine glückliche Konsequenz bestimmter historischer Ereignisse und politischer Vorgänge. Genau aus diesem Grund kann ich den ungarischen und österreichischen Grenzbeamten, die damals Dienst taten, für ihre in jenem Moment getroffene richtige Entscheidung soviel Respekt zollen, ebenso den Ostdeutschen für ihren Mut. Mit ihren jeweiligen Entscheidungen schrieben die Beteiligten ihre Namen für immer ins Buch der ungarischen und europäischen Geschichte ein. Dennoch musste ich als Chef der Grenztruppen die Geschehnisse aus einem anderen Blickwinkel betrachten. Oberstleutnant Árpád Bella besuchte mich vor zwei Monaten zu einem Gespräch. Zum Schluss fragte er mich, ob ich mich gefreut hätte, dass es zu diesem Durchbruch gekommen sei. Ich fragte zurück: „Hast du dich denn gefreut? Hast du dich gefreut, dass du dienstlich hinausgeschickt wurdest, um die österreichische Delegation bei der Ein- und Ausreise abzufertigen, aber stattdessen überrannt und weggerissen wurdest und in eine Situation gerietest, die ich niemandem wünsche?"

Ein Grenzbeamter stand damals – und steht auch heute noch – auf seinem Posten, damit kein Unbefugter die Grenze übertritt. So war es im Grunde genommen Glück und der Geistesgegenwart der diensttuenden ungarischen und österreichischen Grenz- und Zollorgane zu verdanken, dass alles so glimpflich abgelaufen ist. Es hätte auch anders kommen können. In dem Fall würden wir jetzt nicht zusammen feiern, sondern eine andere Art von Gedenken an die damaligen Ereignisse abhalten. Deshalb sage ich, es war

Glück. Daher konnte ich mich als Chef der Grenztruppen nicht über den Durchbruch freuen. Ich bitte um Nachsicht wegen dieser mangelnden Freude, aber in all den Jahren zuvor hatten insgesamt 1800 bis 2000 Personen versucht, die Grenze zu verletzen. Nur 150 oder 160 Personen war es gelungen. Im Vergleich dazu war es kein Grund zum Jubel, wenn sich nun 150 bis 200 Menschen auf einmal aufmachten und hinübergingen. Darüber kann man sich aus dem Blickwinkel eines Grenzwächters nicht freuen.

Zehn Jahre sind vergangen, und wir haben Grund zu feiern. Ich muss gestehen, dass es mir besser gefallen hätte, wenn die Entscheidung der Partei und Regierung vom 10. September 1989, sagen wir, bereits am 10. August gefallen wäre. Damals waren schon genauso viele Ostdeutsche im Land, und auch zu dieser Zeit versuchten täglich Hunderte, über die Grenze zu gelangen. Wir hätten sowohl den Flüchtlingen als auch der Grenzwacht viele schwere Tage ersparen können. Aber bis der 10. September kam, dauerte es noch viele heiße Sommertage, und es bedurfte des 19. Augusts, des Tages des Picknicks. Daher ist das Paneuropäische Picknick ein bedeutender Tag, das muss betont werden. Wie bereits Herr Pozsgay und Herr Horváth feststellten: ein bedeutender Tag in der Geschichte – nicht nur in der ungarischen Geschichte, sondern gleichermaßen in der Geschichte der beiden deutschen Staaten. Ein bedeutender Tag. Aber dieser Tag entstand nicht aus dem Beschluss: „Machen wir am 19. August ein Picknick“. Warum ist gerade zu diesem Zeitpunkt, und warum gerade dort der Gedanke an ein Picknick an der Staatsgrenze entstanden? Das war nicht das Übliche, es war sogar beispiellos. Warum also nicht 1988, warum nicht in der Tschechoslowakei oder in Bulgarien? Warum beantragten 1989 40 Prozent mehr DDR-Bürger eine Reise nach Ungarn als im Jahr zuvor? Dazu kann ich mit dem realistischen Blick eines

Grenzwächters nur sagen, dass dem so war, weil es zu dieser Zeit in Ungarn in den Grundsätzen und in der Praxis der Grenzbewachung bereits tiefgreifende Veränderungen gegeben hatte.

Ursprünglich wollte ich nicht darüber sprechen, aber es wurde gewünscht, es solle zuerst um die Vorgeschichte gehen. Darum auch ein paar Sätze dazu. Wie hat sich der Abbau des elektrischen Signalsystems, volkstümlich gesagt des Eisernen Vorhangs, vollzogen? Wer hatte das initiiert? Wer hatte diese Entscheidung getroffen und wie? In den letzten Jahren haben sich viele dieses Verdienst zugeschrieben. Einmal las ich in der Zeitung, dass sich anlässlich des zehnten Jahrestages sehr viele Menschen melden würden, die sich als Initiatoren des Systemwechsels darstellten. In diese Reihe möchte ich mich nicht stellen. Die Grenztruppen haben 1987 einen Bericht über die Situation an der Grenze an das Innenministerium eingereicht. Darin wurde darauf hingewiesen, dass das elektrische Signalsystem ausgedient habe und zukünftig nicht mehr funktionieren würde. Wie Miklós Németh bereits ausführte, schlug es bereits bei Vögeln, bei Sturm, bei Regen, also bei allen mögliche Ursachen an. Die Grenzsoldaten rannten jede Nacht irgendeinem vermeintlichen Alarm hinterher. Die Frage lautete also: erneuern oder abreißen? In dem Bericht der Grenztruppen hieß es auch, dass das elektrische Signalsystem politisch, fachlich und moralisch überholt sei. Genau in diesen Worten.

Damals wurde die Frage aus Vorsichtsgründen von der Tagesordnung genommen und kam erst 1988 wieder zur Sprache. Zufällig genau zu dem Zeitpunkt, als Herr Pozsgay als Mitglied des Politbüros zu einem Besuch der Grenztruppen eingeladen war, damals trugen wir dasselbe Problem vor. Wir führten die Situation auch in der Praxis vor. Wie Herr Pozsgay bereits berichtet hat, wiederholte er am

Abend im Fernsehen, dass das elektrische Signalsystem politisch, fachlich und moralisch überholt sei.

Von nun an kam Bewegung in die Sache. Zunächst entstand im Februar '89 ein Entwurf des Politbüros, der im März von der Regierung beraten wurde. Am 2. Mai begann der Abbau des elektrischen Signalsystems. Außerdem wurden Grenzstreifen und Grenzzone aufgehoben. Nun konnte sich praktisch jeder ohne besondere Genehmigung der Grenze beliebig weit nähern. Ein weiterer wichtiger Aspekt muss hier erwähnt werden. Es ging auch um den Waffengebrauch an der Grenze, Herr Bella hat darüber bereits gesprochen. Auf dem Papier hatte sich das Recht zum Schusswaffeneinsatz zwar nicht geändert, das heißt auf Grenzverletzer hätte, wenn sie nach Anruf und Warnschuss nicht stehen blieben, weiterhin rechtmäßig geschossen werden können. Wir haben jedoch mit dem Innenministerium gemeinsam eine Anweisung herausgegeben, dass von der Schusswaffe nur dann Gebrauch zu machen sei, falls die Patrouille angegriffen wurde, das heißt wenn Gefahr für die körperliche Unversehrtheit oder Freiheit des Grenzers bestand.

Auch diese Lage hat dazu beigetragen, dass sich damals schon 150–160.000 DDR-Bürger in Ungarn aufhielten. Nach damaligen Erkenntnissen wollten etwa 10–20.000 von ihnen nicht in ihre Heimat zurückkehren. Im September waren es dann aber über 50.000, die das Land verließen. Die Lage der Grenztruppen gestaltete sich außerordentlich schwierig. Täglich versuchten mehrere hundert DDR-Bürger, die Grenze zu verletzen. Das Auftreten ihnen gegenüber war liberaler geworden.

Früher hatten wir jeden Festgenommenen der Polizei übergeben, die das weitere Verfahren abwickelte. Nun wurde den DDR-Bürgern ein Stempel in die Papiere gedrückt, der besagte, dass sie eine Grenzverletzung versucht

Diese Aufnahmen demonstrieren, wie brüchig und marode der „Eiserne Vorhang“ an der ungarischen Westgrenze – ganz im Gegensatz zur deutsch-deuschen Grenze – 1989 bereits war.

hatten. Eine halbe oder Stunde später trafen die Grenzer sie wieder. Später hörten wir auch mit dem Stempeln auf, denn es wurde gesagt, falls einige von ihnen doch heimkehren sollten und diesen Stempel im Pass hätten, werfe das kein gutes Licht auf sie. Also wurde entschieden, nur noch auf ein Extrablatt zu stempeln, das in den Pass eingelegt wurde und mit dem jeder später machen konnte, was er für richtig hielt. Auch die obersten Befehlshaber wussten nicht, was sie machen sollten. Die Polizei und die anderen Organe wälzten die meisten Probleme auf die Grenztruppen ab. Ob dies gewollt oder ungewollt geschah, sei dahingestellt, aber das war das Ergebnis. Der Grenzsoldat sah sich zweimal, dreimal täglich demselben Flüchtling gegenüber. Schließlich fragte er sich, was er dort noch solle und schaute weg. Es war für die Grenzer eine moralisch und disziplinarisch heikle Situation.

Noch ein Punkt spielt im Zusammenhang mit dem Picknick eine Rolle. Parallel zum Abbau des elektrischen Signalsystems lebten die Beziehungen zwischen den Partnerkommunen beiderseits der Grenze sprunghaft auf. Erntedankfeste, kirchliche und staatliche Feiertage wurden gemeinsam begangen. Wie man damals sagte, hätte man überall, wo irgendwann einmal ein Feldweg gewesen war, einen neuen Grenzübergang eröffnen sollen. Es gab Wochenenden, an denen vier, fünf, sechs oder sieben zeitweilige Grenzübergänge aufgemacht wurden. Manchmal wurden sie zu Grenzverletzungen benutzt, manchmal auch nicht. So erschien uns der Antrag, am 19. August solle eine Veranstaltung unter dem Titel Paneuropäisches Picknick stattfinden, nicht allzu außergewöhnlich. Natürlich gaben die Namen der Schirmherren der Sache eine gewisse Bedeutung. Wir stimmten ohne Zögern zu und erteilten gemeinsam mit dem Innenministerium die Genehmigung. Da die Symbolik auf Frieden, Freundschaft und menschlichen Zusammenhalt abzielte, verzichteten wir auf jede bewaffnete Absicherung.

Ich habe hier, wie wir es vorhin ausgemacht haben, über die Vorgeschichte des Picknicks gesprochen, besonders aus meiner eigenen Sicht und der der Grenztruppen. Zum Ereignis selbst und dessen Konsequenzen möchte ich gern später etwas sagen. Erst einmal danke ich Ihnen für Ihre Aufmerksamkeit.

Andreas Oplatka:

Auch ich bedanke mich sehr. Die Veranstalter hatten gesagt, dass wir bis 14.00 Uhr noch die eine oder andere Frage besprechen könnten. Daher möchte ich den hier anwesenden Politikern eine Frage stellen.

Vor einigen Jahren traf ich Miklós Németh in London in einer Bank. Wir hatten ein längeres Gespräch, während dessen er mir noch ausführlicher erzählte, wovon auch in dem Interview-Video die Rede war. Auch den Ausspruch Gorbatschows, „solange er in diesem Stuhl sitze, werde es kein '56 geben", zitierte er mir gegenüber. Aber er erwähnte noch einen weiteren Halbsatz, von dem hier nicht die Rede war. Und dieser halbe Satz lautete: „Solange ich hier bin, wird es kein neues '56 geben, auch wenn gewisse Kreise in Moskau in diese Richtung denken." Imre Pozsgay, István Horváth und Miklós Németh sagten: „Damals holten wir keine Genehmigungen mehr ein, darüber waren wir schon hinaus." Meine Frage lautet nun: Auf wen haben Sie geachtet? Auf welchen Kanälen? Und wer? Auf Parteiebene? Auf Regierungsebene? Wer und wie?

Imre Pozsgay:

Der Bericht von Miklós Németh ist glaubwürdig und entspricht völlig den damals gegebenen Orientierungen und dem Treffen mit Gorbatschow. Unser wirkliches Dilemma war: Wie sicher war Gorbatschows Stuhl? Denn von 1985 bis zum Putsch vom August '91 war Gorbatschow niemals in Sicherheit gewesen. Er kämpfte in erster Linie seinen eigenen Machtkampf und schob in diesem Zusammenhang einige Initiativen an. Das heißt, von dieser Seite her konnten wir uns niemals wirklich sicher fühlen. Es war in der jüngeren Sowjetgeschichte geradezu beispiellos, dass irgendeine Parteiaktivistin, eine Nina Andrejewa, in einer Leningrader Zeitung einen Artikel gegen den Generalsekretär schreiben konnte. Unser Dilemma war, dass wir entweder einen starken Gorbatschow an der Spitze einer geschwächten Sowjetunion haben würden oder eine noch starke Sowjetunion mit einem schwachen Mann an der Spitze. Dies ist das eine, das man unbedingt bedenken muss. Es gab keine Abstimmungen, keine Orientierungen. Interessant und für Gorbatschows verzweifelte Lage charakteristisch war auch, wie ambivalent er das Scheiden von János Kádár erlebt hat, obwohl er dabei nicht einmal mitentscheiden musste. Er hatte immer geglaubt, dass es ein Land gebe, das seinen Reformbestrebungen entsprach. An diesem Glauben hat er sein Handeln ausgerichtet. Mit dem Rückzug Kádárs destabilisierte sich dieses Land und riss ihm den letzten Trumpf aus der Hand, mit dem er seine Machtposition hätte stärken können. Das möchte ich unbedingt angemerkt haben. Dieser historische Rückblick gehört hierher. Ich glaube, dass auch der Jaruzelski-Putsch vom 13. Dezember 1981 darauf hindeutete, dass die Sowjetunion bereits nicht mehr in der Lage war, die Nachkriegsordnung von Jalta noch einmal mittels einer Intervention wiederherzustellen. Dies war es, was uns einige Zuversicht gab, und wir mussten nicht auf Gorbatschow blicken, um zu sehen, dass die Innovationsfähigkeit der Sowjetunion am Ende war und das Afghanistan-Abenteuer in eine komplette Niederlage führte. Das war sichtbar, und wir haben es gesehen. Völlige Gewissheit hatten wir natürlich nie, denn wir wussten zugleich aus der Geschichte, dass Russland seit Iwan III. auf innere Probleme mit äußerer Expansion reagierte.

Bitte gestatten Sie noch eine Reflexion. Ich habe den Bericht von General János Székely mit großer Aufmerksamkeit angehört und habe großes Verständnis für die Sicht eines Militärs auf derartige Ereignisse. Ich möchte nur die kleine, maliziöse Bemerkung hinzufügen, dass die Welt nie auf der Einhaltung von Regeln beruht hat. Bei der Tea Party in Boston im Jahre 1776 wurden eine ganze Reihe Zollbestimmungen und Grenzdokumente verletzt, aber so begann die Unabhängigkeit Amerikas. Das heißt, die Geschichte ist nicht die Folge eines regelkonformen Handelns, sondern oft genug die Folge von Taten, die die Regeln verletzen.

Andreas Oplatka:

Ich hatte gefragt, wie Sie damals Moskau beobachtet haben - durch wen und auf welchen Kanälen. Darauf habe ich noch keine Antwort bekommen. Ich könnte meine Frage auch so formulieren: Wer hatte während dieser Monate - wir reden vom Sommer und Frühherbst '89 - in Ungarn die Macht in der Hand? War sie zwischen Partei- und Regierungskreisen geteilt? Miklós Németh hatte deklariert, seine Regierung werde unabhängig von der Partei sein. Aber wer traf die Entscheidungen? Und wie? Herr Pozsgay, Sie gehörten beiden Kreisen auf höchster Ebene an.

Imre Pozsgay:

Natürlich beobachteten wir die Dinge in Moskau. Mir fällt zu dieser Frage eben ein, dass ich am 15. März 1988 eine Rede auf den Treppen des Nationalmuseums gehalten habe und dort in Paraphrase eines ungarischen Dichters sagte: „Schaut, um Euer Schicksal im voraus zu ahnen – auf Moskau!“ Damals vertrauten wir Gorbatschow noch. Das war auch der Anstoß für die Grenzöffnung sowie für meinen Besuch mit General Székely und István Horváth in Hegyeshalom. Als das bekannt wurde, fingen die feindseligen Kommentare der ostdeutschen Presse an. Aus der Sowjetunion gab es keine Reaktionen, aber wir hörten, dass die sowjetisch-ungarische Grenze befestigt würde. Man schloss also die Tür hinter uns. Das waren die ermutigenden Zeichen, die uns erreichten und die es zu lesen galt. In wessen Händen die Macht war? Nach welchem Jahr hatten Sie gefragt?

Andreas Oplatka:

Nach 1988/89 allgemein. Besonders 1989.

Imre Pozsgay:

1989 wurden Machtpositionen der Partei zugunsten einer administrativen Macht der Regierung abgebaut. Die Neubewertung von ‘56 hatte das Ansehen der MSZMP beschädigt. Davon hat sich die Partei als öffentliches Machtorgan praktisch nicht mehr erholt. Im März formierte sich dann der oppositionelle Runde Tisch, der am 19. April die MSZMP zu Verhandlungen aufforderte. Die Interimswahlen vom Sommer und ganz besonders die Beisetzung von Imre Nagy hatten gezeigt, dass das Volk sich auf die andere Seite gestellt hatte. Dasselbe Volk, das sich bisher nicht offen an politischen Aktionen beteiligt hatte, gestaltete die Beisetzung von Imre Nagy zu einer ganz offenen politischen Demonstration. Diese Anzeichen und Erscheinungen unterstrichen die Apathie der Führung der MSZMP und des Zentralkomitees. In diesem Sinne war sogar das Parlament lebendiger als das ZK, das irgendwie, wenn auch vielleicht nicht bewusst, spürte, dass seine Zeit abgelaufen und seine Rolle obsolet geworden war. Aus diesem Grund waren die Vorgänge im Land nicht mehr von solch historischer Tragweite, wie sie es 1988 oder 1985 gewesen wären. Dies ist das eine. Das andere ist: In der Partei hatte der Kampf um die Macht begonnen, wobei die Reformer neben diesem Kampf zugleich eine weitere Verringerung der Führungsrolle der Partei selbst forderten. Schließlich erreichten die Reformer und Reformkräfte, dass das ZK der MSZMP nach 40 Jahren im Februar ein Mehrparteiensystem ankündigen musste und im Mai die Nomenklatura aufhob. Das hieß, dass die Partei kein Recht mehr haben würde, aus ihrer Machtposition heraus die Personalentscheidungen im Land zu bestimmen. Das sind wichtige Ereignisse der Geschichte von 1989. Die Beisetzung von Imre Nagy habe ich ja bereits erwähnt. Grósz wollte die Beisetzung von János Kádár zur Selbstdarstellung benutzen. Man sollte sich an ihn als einen erinnern, der das Volk gratis per Bus nach Budapest zusammenkarrte, damit es sich von Kádár verabschieden könne. Ich wiederhole, dass die Lage bei weitem nicht klar war.

István Horváth:

Auf die Frage des Worthaltens möchte ich sehr kurz antworten. War János Kádár verlässlich? Seinen eigenen Prinzipien zufolge war er Internationalist und Freund der Sowjetunion. Deshalb passte er sich einerseits in bestimmten Grundfragen der sowjetischen Führung an, während er sich andererseits soweit wie möglich Spielraum zu verschaffen suchte, um die ungarischen Besonderheiten und Interessen zu verfolgen.

Gegen Ende der achtziger Jahre wurde der Spielraum für die Durchsetzung ungarischer, auch nationaler Interessen größer. Ungarn entschied sich für die Aufhebung des obligatorischen Russischunterrichts, genehmigte die Aufstellung von Denkmälern für im Zweiten Weltkrieg gefallene ungarische Soldaten, hob den 7. November als staatlichen Feiertag auf und traf weitere Entscheidungen, die die verstärkte Betonung nationaler Interessen bezeugten.

Zum Verhältnis von Partei und Regierung: Ich sage, dass die Veränderung auch hier als Prozess vor sich ging. Je weiter sich die Parteiführung auch strukturell umgestaltete, erstarkte die Regierung und konnte eigene Verantwortung übernehmen.

Andreas Oplatka:

Es ist genau 14.00 Uhr. Mein Amt ist es, hier ein Schlusswort vorzutragen. Einen einzigen Gedanken möchte ich dem Gesagten ganz kurz hinzufügen. Ich kehre an den Ausgangspunkt zurück: Ferenc Mészáros, Debrecen. Ein Gedanke, der bisher nicht erwähnt wurde, und den ich aus meiner liberalen Überzeugung heraus betonen möchte, nämlich: Auch historische Taten von großer Bedeutung beginnen damit, dass irgendwo irgendjemandem irgendetwas einfällt, und derjenige an seiner Idee festhält, und sie zu verwirklichen sucht. Irgendwo steht überall am Beginn großer Veränderungen tatsächlich die Initiative eines bewussten Staatsbürgers.

Von außen gesehen

János Rumpf
Forstingenieur

Gestatten Sie mir, dass ich Sie mit einem traditionellen Bergmanns- und Förstergruß begrüße: Gut Glück! Ich wünsche unserer nachmittäglichen dritten Sektionssitzung „gutes Glück". Gestatten Sie, dass ich mich vorstelle: Mein Name ist János Rumpf, ich bin Forstingenieur, deshalb habe ich mich dieses traditionellen Grußes bedient.

Als ehemaligem Mitorganisator ist mir die große Ehre zuteil geworden, während unserer Nachmittagssitzung die symbolische Funktion des Vorsitzenden zu übernehmen und das Podiumsgespräch zu eröffnen, das hoffentlich ebenso ergiebig sein wird wie das am Vormittag.

Unser Podium hat den Titel „Von außen gesehen", was man vielleicht so interpretieren kann: Wie ist die Lage Ungarns und Deutschlands im August 1989 von führenden ausländischen Staatsmännern und Politikern bzw. von renommierten, im Westen heute noch namhaften Journalisten gesehen worden?

Es ist uns eine große Ehre, als Teilnehmer dieses sich mit der Außensicht befassenden Gespräches begrüßen zu dürfen:

Lothar de Maizière, ehemaliger Ministerpräsident der DDR, der Sopron bereits mehrfach auf dienstlichen und privaten Reisen besucht hat; Erhard Busek, damaliger österreichischer Wissenschaftsminister, der im Ministerium Teilnehmer des oppositionellen Runden Tisches eine dreiviertel Stunde lang empfangen und einigen von uns sogar die Möglichkeit zu einer dreijährigen politologischen Weiterbildung in Wien angeboten hatte. Ich befand damals, obwohl ich an der Hochschule in Sopron ja das Fällen von Bäumen lehrte, dass in der Politik noch mehr Späne fielen, und blieb daher als vorsichtiger Zeitgenosse auf meinem Platz und unterrichte weiterhin die Aufzucht und das Fällen von Bäumen. Später, das ist noch anzumerken, wurde Erhard Busek Vizekanzler.

Herr Friedrich Bohl, ehemaliger deutscher Kanzleramtsminister.

Und die Journalisten:

Herr Andreas Oplatka von der „Neuen Zürcher Zeitung", der eine weitaus schwierigere Aufgabe als ich bekommt und auf heikle Fragen antworten soll.

Herr Paul Hefty von der „Frankfurter Allgemeinen Zeitung".

Herr Carl Gustaf Ströhm von der Zeitung „Die Welt".

Damit ist meine Rolle praktisch auch schon beendet, denn die schwierigen Aufgaben übertragen Vorsitzende gern an andere. Die Diskussion wird geleitet von Herrn Gyula Kurucz, dem Regionalpräsidenten des Weltverbandes der Ungarn.

Gyula Kurucz:

Heute rekonstruieren wir Schritt für Schritt die Ereignisse, die sich vor zehn Jahren zutrugen. Zunächst hörten wir, erstmals seit zehn Jahren in diesem Gesamtkontext, die Initiatoren und Veranstalter des Paneuropäischen Picknicks dazu, wie sich die Geschehnisse wirklich zugetragen haben. Wir hörten die österreichischen Zeugen und schließlich die Gestalter der damaligen ungarischen Politik, die darüber berichteten, wie sich die Dinge in ihrer Sicht ereigneten.

Nun öffnen wir das Tor nach Europa, in die Länder, die damals unmittelbar betroffen waren. Wir hören die prominenten Persönlichkeiten, die damals auf die Geschehnisse Einfluss hatten.

Zuerst hören wir Herrn Lothar de Maizière, den ersten frei gewählten Ministerpräsidenten der DDR, dann Erhard Busek, Vizekanzler Österreichs a. D.. Anschließen wird Herr Friedrich Bohl, Kanzleramtsminister der BRD a. D. Danach folgen drei prominente Journalisten, die sich jahrzehntelang den osteuropäischen Geschehnissen gewidmet haben: Andreas Oplatka von der „Neuen Zürcher Zeitung", Georg Hefty von der „Frankfurter Allgemeinen Zeitung" und Carl Gustaf Ströhm, damals Korrespondent der „Welt" und vor zehn Jahren hier präsent.

Unser Thema heißt „Von außen gesehen".

Ich bitte meine Gesprächspartner zuerst, ihre Kenntnisse von damals und ihre daraus folgenden Schlussfolgerungen zusammenzufassen. Ich bitte sie, uns ihre Meinungen mitzuteilen, damit wir, durch diese Erfahrungen reicher, unsere Ermittlungen nach der Wahrheit fortsetzen können.

Lothar de Maizière

ehemaliger Ministerpräsident der DDR

Lassen Sie mich mit einem Dank für die Einladung hierher nach Sopron beginnen. Der Name dieser Stadt wird für uns Ostdeutsche ewig mit dem Ereignis verbunden bleiben, dessen 10. Wiederkehr wir auf dieser Tagung begehen, nämlich der ersten Öffnung des Eisernen Vorhanges. Ich bin bereits das zweite Mal hier an diesem Ort. Das erste Mal besuchte ich Sopron noch als Ministerpräsident der DDR auf Einladung Ihres Ministerpräsidenten József Antall im Jahre 1990.

Damals waren die Ereignisse, die sich 1989/1990 vollzogen hatten, noch ganz frisch. Heute, mit dem Abstand von zehn Jahren, können wir bereits etwas nüchterner analysieren, wie es zu diesem Jahrhundertereignis kam.

Spätestens Ende der siebziger Jahre bzw. Anfang der achtziger Jahre war das gesamte sozialistische System in eine schwere Krise geraten. Stagnation und Starre kennzeichneten die Entwicklung oder besser gesagt Nichtentwicklung in den Ländern des sozialistischen Lagers.

Früher als andere Staaten erkannte Ungarn die Notwendigkeit zum Wechsel und versuchte, im Rahmen des Möglichen, eine vorsichtige Öffnung nach Westen. Dies war im Übrigen der Hauptgrund, weshalb wir Ostdeutschen so sehnsuchtsvoll nach Ungarn schauten und hier unseren Urlaub verbrachten.

Es waren nicht nur die schöne Landschaft, der Balaton und die liebenswerten Menschen, sondern auch der Hauch von Freiheit, der in diesem Lande bereits wehte.

Anders als hier in Ungarn erkannten bei uns in der DDR die Mächtigen die Zeichen der Zeit nicht und widersetzten sich jedweden Veränderungen. Selbst nach dem Machtantritt von Michail Sergejewitsch Gorbatschow, als Glasnost und Perestroika Einzug hielten, weigerte sich die greise Politbüro-Bürokratie der SED, entsprechend zu reagieren.

Jahrzehntelang hatte es bei uns geheißen: „Von der Sowjetunion lernen, heißt siegen lernen“.

Doch plötzlich sollte dieser Satz nicht mehr wahr sein. Im Gegenteil, Zeitschriften wie der „Sputnik“ wurden verboten, weil sie von den Reformversuchen der Sowjetunion berichteten. Unlängst hielt ich noch einmal ein solches Sputnik-Heft in Händen und war sehr erstaunt, wovor die Mächtigen damals zitterten.

Folge davon war eine zunehmende Entloyalisierung der Ostdeutschen gegenüber ihrem Staat – der DDR. Die einen zogen sich ins Private zurück und wurden Bestandteile der sogernannten Nischengesellschaft. Die anderen stellten Ausreiseanträge oder versuchten, unter Einsatz ihrer Gesundheit oder ihres Lebens – gar gewaltsam, die Grenze, den Eisernen Vorhang, zu überwinden.

Immer häufiger versuchten die Menschen, auch mit öffentlichkeitswirksamen Methoden wie Flugblattaktionen oder Botschaftsbesetzungen, ihrem Ausreisebegehren Nachdruck zu verleihen.

Große Hoffnungen hatten die Menschen auf die Wiener KSZE-Folgekonferenz im Januar 1989 gesetzt und erwartet, dass die DDR-Regierung entsprechend reagieren würde, das heißt, dass sie die Bedingungen der Ausreise sowie die Bedingungen der Besuchsreisen in die Bundesrepublik erleichtern würde.

Diese Hoffnungen wurden nicht erfüllt, was zur Folge hatte, dass immer mehr Menschen beschlossen, der DDR den Rücken zu kehren, weil sie für sich und ihre Familien in diesem Land keine Perspektive mehr sahen. Es waren hunderttausende Menschen, die auf gepackten Koffern saßen und gewissermaßen auf ein Wunder warteten.

Die Stimmung eskalierte, als am 7. Mai 1989 die letzten Kommunalwahlen nach altem Muster stattfanden. Tausende von Menschen hatten diesmal den Mut gefasst, nicht mehr wie bisher lediglich den Stimmzettel zu falten und in die Wahlurne zu werfen. Sie benutzten die Wahlkabinen und strichen einzelne Kandidaten oder die ganze Liste. Viele machten den Wahlzettel durch Aufschriften ungültig, um so zu zeigen, dass sie nicht mehr bereit waren, die Verhältnisse zu ertragen.

Umso größer war das Entsetzen, ja die Empörung, als die Menschen am Folgetag im „Neuen Deutschland“ zu lesen bekamen, dass die Kandidaten der Nationalen Front wieder mit über 99% gewählt worden seien.

Die Empörung machte sich in vielfacher Weise Luft. Sprunghaft stieg die Zahl der Ausreiseanträge an. Immer mehr Menschen beantragten sogenannte Reiseanlagen, um im Sommer 1989 ihren Urlaub in Ungarn zu verbringen. Dabei war auffällig, dass das Reisegepäck vieler, die nach Ungarn fuhren, durchaus nicht das von Urlaubsreisenden war, sondern Dinge im Gepäck waren, die man benötigt, wenn man ein Land für immer verlassen will.

Unabhängig davon, so haben wir Ostdeutschen erst viel später erfahren, hatten sich hier in Sopron und auch in Debrecen Initiativgruppen gebildet, die im August 1989 ein Paneuropäisches Picknick veranstalten wollten. Welch harmloser Name für einen Vorgang, der ein Fanal der Weltgeschichte werden sollte.

Tatsächlich wurde durch umsichtige Vorbereitung sowohl diesseits als auch jenseits des Eisernen Vorhanges erreicht, dass am 19. August 1989 die geplante Grenzöffnung, die harmlos erscheinen sollte, stattfand. Diese Gelegenheit wurde von zahlreichen DDR-Bürgern, die in Ungarn nach Möglichkeiten ihrer Ausreise suchten, genutzt, um nach Österreich und von dort in die Bundesrepublik Deutschland zu gelangen.

Wenngleich dieser 19. August 1989 nicht der Tag der offiziellen, der totalen Grenzöffnung war, muss dennoch gesagt werden, dass an diesem Tage die Büchse der Pandora geöffnet wurde, die nie wieder ganz zu schließen war.

Die Entwicklung der folgenden Wochen und Monate nahm so dramatische Formen an, dass – wiederum in Ungarn – am 10. September 1989 der Eiserne Vorhang endgültig geöffnet wurde.

Versuche der Machthaber der DDR, den Reisestrom nach Ungarn zu unterbinden, hatten nur teilweise Erfolg. Es folgten die Bilder der überfüllten bundesdeutschen Botschaften in Prag und Warschau bis hin zu jenem Tag, an dem in Berlin vom Osten her, und ich betone vom Osten her, die schändliche Mauer eingedrückt wurde - der 9. November 1989.

Wenn wir in den letzten Jahren den 9. November als den Tag des Falles der Mauer begingen oder feierten, war mir klar, dass dies nur möglich war, weil am 19. August 1989 in Sopron die Vorraussetzungen dafür geschaffen wurden.

Gyula Kurucz:

Danke, Herr de Maizière. Unser nächster Redner, Herr Erhard Busek, hat, Jahre vor seiner Ernennung zum Minister für Wissenschaft, Kontakt mit der ungarischen Opposition aufgenommen, daher hat er auch genauere Informationen über die Ereignisse. Ich selbst erinnere mich gut an das Jahr 1988, als die beiden Regierungen den „Tag der offenen Tore“ in Wien gefeiert haben, und wir Oppositionelle 200 Meter weiter mit den konservativen österreichischen Politikern - auch mit Herrn Busek - ein gemeinsames Fest hielten. Sie, Herr Busek, hatten vielseitige ost-mitteleuropäische Kontakte mit der Opposition. Sie hatten tiefen Einblick in die Ereignisse. Wie sahen Sie damals die Situation der Region?

Dr. Erhard Busek

Österreichischer Vizekanzler a.D.

Passiere ich heute häufig die Grenze zwischen Österreich und Ungarn, manchmal mit Schwierigkeiten, weil dies viele Menschen tun wollen, und das Schengen-Abkommen die Dinge nicht gerade erleichtert hat, so erinnere ich mich an jene Situationen vor 1989, in denen man sich mit weitaus größerem Bangen der damaligen Grenze näherte, weil eine andere Welt, ein anderes System und eine andere Situation dahinter lag. Nur einmal als Jugendlicher habe ich die ungarische Grenze ganz rasch überschritten, als in den Tagen der ungarischen Revolution 1956 – ich glaube es war der 1. November – mein Vater mit mir nach Győr fuhr, und wir eine für wenige Stunden nicht existente Trennlinie passierten, um die Zeichen dieses Aufbäumens ungarischen Freiheitswillens in Augenschein zu nehmen.

Auch daran erinnere ich mich, weil es zeigt, mit wie viel Schmerzen und Opfern der Weg erkauft wurde, wie viel Ausdauer notwendig war, damit wir heute von Grenzen der Freundschaft und Nachbarschaft sprechen können. Zwischen 1956 und 1989 lag eine lange Zeit. Es war ein Hoffen gegen die Hoffnung, denn im hintersten Winkel des Herzens meinte man immer, es müsse doch einmal anders werden, aber der Verstand signalisierte, dass die Chancen dafür gering waren. Dabei ist es doch selbstverständlich, mit den Nachbarn mitzufühlen, so wie ich es natürlich mit den Nachbarn in meinem Haus tue. So habe ich durch 1956 gelernt, dass wir Nachbarn in Mitteleuropa sind – verbunden nicht nur durch eine lange Geschichte, die den Jungen oft nichts sagt, sondern auch durch ein gemeinsames Schicksal in der Zukunft. Mein Interesse an Mitteleuropa wurde nicht durch familiäre Bindungen geweckt, sondern durch ein Erlebnis in der Nachbarschaft. Im „Prager Frühling“ begann ich mich für die Veränderungen zu interessieren, die auf der anderen Seite des Eisernen Vorhangs vor sich gingen und begann, mit Menschen meines Alters in Kontakt zu treten, um zu erleben, was etwa für eine junge Familie eine solche Situation bedeutete. Der Zufall wollte es, dass ich den August 1968 aus nächster Nähe in Prag miterlebte. Da nahm mein Weg nach Mitteleuropa seinen Ausgang. Aus dem „Paulus-Erlebnis“ in Prag wurde für mich Schritt für Schritt eine innere Verpflichtung. War es zunächst die Selbstverständlichkeit, mit Freunden in Kontakt zu bleiben und sie nicht zu vergessen, so wurde mit steigender politischer Funktion eine prinzipielle Aufgabe für mich daraus. Einige Male im Jahr fuhr ich nach Prag, versuchte Kontakte aufrechtzuerhalten und Gespräche zu führen. Zunächst hielt auch noch etwas vom Frühling an. Das Regime konnte nicht gleich mit allen Errungenschaften aufräumen, aber bereits im Herbst 1969 schien sich schleichend bleierne Luft über Prag und die Tschechoslowakei auszubreiten - nicht nur im übertragenen Sinn, denn die Stadt an der Moldau liegt wie in einer Schüssel, in der sich die Rauchschwaden der Industrie und der Kraftwerke verfangen. Schritt für Schritt erlebte ich, wie die Hoffnungen schwanden, Menschen allein deswegen krank wurden, sich gehen ließen oder im Alkohol Trost suchten. Viele Künstler und Intellektuelle suchten ihr Heil im Ausland. Nicht alle mussten sich wirklich retten, aber sie zogen die Möglichkeit, frei zu arbeiten ständigen Polizeibesuchen oder der vom Regime als Entwürdigung gedachten Tätigkeit als Heizer oder Fensterputzer vor. Ob sich das Regime der Eigenart dieser Strafbeschäftigungen wirklich bewusst war? Literarisch war das alles bei Kafka, Capek, Hášek und anderen vorweggenommen - samt der Lächerlichkeit einer solchen Strategie.

Die Aussichtslosigkeit aller Bemühungen war spürbar, die tragende Generation des Landes war erschöpft. Die Theaterstücke von Vaclav Havel - im Ausland aufgeführt - waren wohl Anlass, mit demonstrativem Applaus den mutigen Widerständlern des Geistes zu danken. Bei Besuchen in der Tschechoslowakei blieb es nicht. Da mir stets Neugierde zu eigen war, fuhr ich mit einer Gruppe von Politikern aus der Steiermark und Wien sowie mit

Journalisten einfach nach Krakau. Ich kam in ein Land, in dem mir nach kurzer Zeit klar wurde, dass eine tiefreichende Veränderung im Gange war. Von gesellschaftlicher Solidarität war die Rede, vom Wert der Arbeit und der Notwendigkeit, dem Menschen wieder Würde zu geben. Die Mischung aus atheistischen Intellektuellen, engagierten Priestern, weltgewandten Universitätslehrern und couragierten Arbeitern und Bauern, die sich an dem Diskurs beteiligten, war beeindruckend. Wir standen am Vorabend der Veränderung – Ende der siebziger Jahre –, die Bewegung „Solidarnosc" (Solidarität) war drauf und dran, sichtbaren Ausdruck zu finden.

Aus diesem Anfang ist viel entstanden, weil die Phantasie der polnischen Intellektuellen, die Sturheit der Arbeiter und Bauern und nicht zuletzt die Rolle des polnischen Papstes eine besondere Qualität erzeugt haben. Das historisch belastete Verhältnis zu den Russen als Produkt einer schwierigen Nachbarschaft tat ein Übriges. Hinzu kam die Mentalität der Menschen, die in der Nationalhymne mit ihrer Anfangszeile „Noch ist Polen nicht verloren ..." deutlich wird. Mythologie der Geschichte kann auch nützlich und hilfreich sein, vor allem, wenn sie Hoffnung gibt und nicht zu Größenwahn aufstachelt.

Von da an war mir die Notwendigkeit einer systematischen Vorgehensweise klar. Aufgrund von besonderen Kenntnissen und Zufällen war es mir möglich, in der Zeit des polnischen Kriegsrechts eine kleine Informationszentrale für das freie Europa zu bilden. Polen fand Interesse in der Öffentlichkeit – bei in- und ausländischen Medien. Die Vorträge einer Plattform, genannt „Club pro Wien", erregten Aufmerksamkeit. Dort sprachen viele, als sie noch nicht als Dissidenten, später Politiker, Literaten, Universitätsprofessoren etc. berühmt geworden waren. Kontakte zu Ungarn folgten, wobei dort die unbelastete Hinwendung zu Mitteleuropa – besonders durch Literaten wie György Konrád – die Verbindung erleichterte. Das Ökologieproblem, konkretisiert am Beispiel des Donaukraftwerks Gabcikovo-Nagymaros, tat ein Übriges. Die „lustigste Baracke im Ostblock“ ermöglichte vielfältige Aktionen, wobei das Regime manchmal unverständlich liberal, dann wieder dümmlich hart war. Die Regierung war hier gedanklich bereits am weitesten aus dem Ostblock ausgetreten; man merkte direkt, wie einzelne Minister und Parteisekretäre versuchten, sich in eine neue Ära hinüberzuretten. Der Weg führte mich auch nach Jugoslawien, zunächst nach Belgrad. In dieser Zeit war in allen anderen Teilrepubliken – abgesehen von den verdienstvollen Aktivitäten der slowenischen Schriftstellervereinigung und ihren Begegnungen in Vilenica – nichts zu verzeichnen. Über Zagreb etwa sagte man, dass Kroatien schweigt. Belgrad hingegen war lebendig, wobei damals schon zu bemerken war, dass sich demokratische und nationalistische Tendenzen die Waage hielten. Bald hörte man die Losung: „Zuerst Kosovo, dann Demokratie!“ Damit war bereits zu jenem Zeitpunkt erkennbar, was bis heute einer erträglichen Lösung im Wege steht.

Auf die in dieser Zeit üblichen Shakehands mit kommunistischen Regierungsmitgliedern und Parteifunktionären habe ich stets mit Freuden verzichtet, was meine moralische Legitimation nachher durchaus erhöht hat. Ich habe später auch darauf verzichtet, dem chinesischen Politiker Li Peng bei seinem Besuch in Wien die Hand zu geben. So groß kann das Wirtschaftsinteresse auch eines österreichischen Regierungsmitgliedes nicht sein, dass man das Massaker am Platz des Himmlischen Friedens in Peking vergisst, insbesondere dann, wenn man als Wissenschaftsminister die Freiheit der Universitäten, ihrer Lehrer und Studenten garantieren soll. Kaum einer der Österreicher, die mit freundlichem Lächeln über die roten Teppiche der früheren kommunistischen Regierungen geschritten sind, will sich im Übrigen heute noch daran erinnern. Geschichtsamnesie ist nicht nur ein Problem in der Erinnerung an die Nazizeit, sie ist auch für die Epoche des Kalten Krieges relevant. So mancher westlicher Demokrat hat in dieser Zeit den Charakter als unnützes Versatzstück an der Garderobe abgegeben.

Im April 1989 kam ich in die Regierung – mit dem schmerzlichen Nachteil, nun meine Aktivitäten einstellen zu müssen, denn als Regierungsmitglied kann man nicht Spähfahrten zu Dissidenten unternehmen und heimliche Aktionen für sie durchführen. Ab August dieses Jahres, beginnend mit dem Runden Tisch in Polen, fielen die kommunistischen Regierungen und mit ihnen das kommunistische System, um einer Veränderung Platz zu machen, die noch lange nicht abgeschlossen ist. Es war ein Geschenk des Himmels, jetzt jenen helfen zu können, die nun aus dem Untergrund und Protestbewegungen in die Regierungen und Parlamente einzogen. Ich habe aber vielfach nur Materielles vermitteln können, im Geistigen war ich ein Empfangender. Die Größe der Menschen, ihr Mut und ihre Ausdauer haben mir viel gegeben und sind ein Beispiel menschlicher Qualität, auf die dieses Jahrhundert stolz sein kann, denn es waren viele Gerechte unter ihnen.

Diese Begegnung mit Mitteleuropa in seinen verschiedenen Phasen zählt für mich zum Wertvollsten, was mir geschenkt wurde. Das Glück, das erlebt zu haben, kann mir niemand mehr nehmen. Ich habe Gott dafür zu danken.

Seit ich aus Regierung und Politik ausgeschieden bin, führe ich mit weniger Möglichkeiten und mehr persönlichem und zeitlichem Engagement diese Tätigkeit weiter. Der Osten ist für die Öffentlichkeit – leider auch für die Politik – nicht mehr so interessant. Es gibt keine Stacheldrähte zum TV-gerechten Durchschneiden mehr, keine Runden Tische und Demonstrationen, der Alltag freier Demokratien scheint eingekehrt zu sein. In Wahrheit sind es die „Mühen der Ebene", die jetzt aufgebracht werden müssen. Fast ein halbes Jahrhundert Kommunismus ist nicht von heute auf morgen aus den Hirnen und Herzen wegzuwischen; Gesellschaften sind wieder frei zu konstituieren, Wirtschafts- und Sozialsysteme zu gründen.

Europa lässt sich nicht im Nu wiederherstellen oder gar neu schaffen. Es muss erst wieder entstehen – und nun kommt der Mitte des Kontinents eine große Aufgabe zu. Sie muss ein festes Bindeglied sein, um Europa überhaupt zu konstituieren. Dieser Prozess ist nicht abgeschlossen, er muss erst vorangetrieben werden. Kooperation in der Politik, Integration in Wirtschaft und Sicherheit brauchen ebenso Zeit wie die Entwicklung demokratischer Traditionen. Manches hat sich inzwischen unumkehrbar zum Besseren gewandelt, doch vieles ist noch offen. Der wirtschaftliche Wandel hat in einigen Ländern des ehemaligen kommunistischen Archipels noch nicht einmal begonnen, die alten Strukturen funktionieren vielfach noch. „Old boys network" gibt es in den Firmenkonglomeraten genauso wie in Politik und Verwaltung. Weit schwieriger sind jedoch die notwendigen Veränderungen in Bildung, Wissenschaft und Kultur. Hier dauert es vielleicht Generationen, bis ein neues Fundament gelegt ist – der Westen hat hier am wenigsten Unterstützung geboten. Und Österreich? Mittel-, Ost- und Südosteuropa interessieren auch hier zur Stunde wenig. Unsere Regierung ist nicht der Motor der Osterweiterung, warnende Stimmen aus den Bundesländern haben mehr Echo. Wohl gibt es ein normales Verhältnis zu den veränderten Nachbarn, aber dass unser Schicksal wesentlich von deren guter Entwicklung abhängt, wird nicht so recht verstanden. Nach anfänglich lebhaftem Engagement der

Wirtschaft verflacht der Elan, spektakuläre Konkurse haben den Mut sinken lassen. Das „Österreich-zuerst-Geschrei" – eine sublime Form des Fremdenhasses – gibt vor, in der Aussperrung der Nachbarn die Zukunft des Landes zu sehen. Dass aber ein Verlust von Arbeitsplätzen nur durch ein Anheben des wirtschaftlichen und sozialen Niveaus in der Nachbarschaft verhindert werden kann, ist der allgemeinen Erkenntnis wenig zugänglich. Solidarität und Nächstenliebe sind ohnehin zu raren Einstellungen geworden, so dass der Populismus als Artikulation des Egoismus alle Chancen hat. Zu wenige stellen sich dem entgegen. Ich glaube, der rechte Augenblick „Kairos", so nennt es die christliche Lehre, für dieses Europa, von dem in Österreich immer geträumt wurde, ist gekommen. Hier wird die geographische Mitte zur ideellen Mitte, zu jenem ruhenden Punkt, den wir sehnsüchtig immer wieder suchen. Zu diesem Unterfangen sind viele ausgezogen – auch ich –, und dies macht auch den Sinn der Politik, nein, des Lebens aus. Schön ist es, das tun zu dürfen.

Die historische Wende war nicht ausgemacht.

Mich begeistern immer wieder jene politischen Analytiker und Zeitgeistdeuter, die mir jetzt in munteren Aufsätzen versichern, dass die Ereignisse von 1989 und der Folgejahre zu diesem Zeitpunkt einfach zu kommen hatten. Unter dem Motto „Ich habe es immer schon gewusst" werden Entwicklungen und Trends aufgezeigt, sozusagen im Nachhinein hochgerechnet, die zwangsweise zu dieser Entwicklung führen mussten. Mir ist unklar, ob es darum geht, die Geschichte als ein Ergebnis zwanghafter Entwicklungen darzustellen, um den freien Willen der Menschen und ihre Gestaltungskraft zu leugnen, oder ob nur einige ein wenig gescheiter als ihre Zeitgenossen sein wollen – und das im Nachhinein. Aber eigentlich interessiert mich das nicht. Viel interessanter ist die Frage, wie es wirklich dazu gekommen ist. Denn meines Erachtens konnte wohl kaum einer zwingend aus der Entwicklung ablesen, dass sich der Kommunismus aus dem Staub der Weltgeschichte machen und der Sowjetblock noch in diesem Jahrhundert der Vergangenheit angehören würde. Noch in den siebziger Jahren gab es bergeweise Literatur, die sich mit der Sowjetmacht auseinander setzte und sie als immer stärker werdende Bedrohung der freien demokratischen Welt darstellte.

Erinnern wir uns doch an die Situation: Bereits in den fünfziger Jahren war den Sowjets mit dem Sputnik ein beachtlicher technologischer Erfolg gelungen, der die bisherige Überzeugung des Westens, insbesondere der USA, Moskau wissenschaftlich und technisch haushoch überlegen zu sein, zunichte machte. Der Vietnamkrieg und vor allem seine psychologischen Folgen brachten den USA die erste große Niederlage; die Probleme ihrer politischen und moralischen Aufarbeitung und die Veränderungen in der Dritten Welt führten dazu, dass in Asien und Afrika entweder linksorientierte Regierungen an die Macht kamen oder sich Rebellenbewegungen etablierten, die reaktionäre Regierungen oft gefährdeten bzw. ablösten, oder dass aus der Verabschiedung des Kolonialismus in der Prägung des 19. Jahrhunderts neue Einflussgebiete der Sowjetmacht entstanden. Die Adressen sind bekannt: Mosambik und Angola, Zimbabwe und Äthiopien; Südjemen gehörte genauso dazu wie der arabische Raum mit seinen ständigen Spannungsverhältnissen. Kuba und Zentralamerika, besonders Nicaragua, wurden zur Spielwiese dieser weltpolitischen Auseinandersetzungen, die durchaus den Charakter von Stellvertreterkonflikten annahmen.

Während China heute das Objekt allgemeiner Bemühungen ist und als ein kommender starker Spieler auf dem Feld gilt, hatte es sich damals durch Kulturrevolution und

Viererbande mehr oder weniger aus der politischen Welt verabschiedet. Längst vergessen sind auch politische Entwicklungen und Bewegungen wie die der „non-aligned countries", der blockfreien Staaten. Welch stolze Berichte gab es doch über die Treffen der Staats- und Regierungschefs dieser über die Welt verbreiteten Gruppe! Wie prächtig glänzte die Marschalluniform von Josip Broz Tito, wie eindrucksvoll waren der indische Ministerpräsident Pandit Nehru und um einiges später seine Tochter Indira Gandhi!

Die westliche Welt war schon lange auf dem Weg, sich mit der Stärke des Sowjetblocks abzufinden. Da der Westen rein ideologisch-pragmatisch an die Dinge herangegangen ist, ließ er es bei einer Begrenzung der sowjetisch-kommunistischen Gefahr durch den Kalten Krieg bewenden, war aber aus naheliegenden Gründen an einer Entspannung interessiert. Chruschtschow hat dem durch die These von der Koexistenz und damit durch die Abkehr von einem wesentlichen Bestandteil der marxistischen Theorie, nämlich dem historischen Zwang zur kriegerischen Auseinandersetzung mit dem Kapitalismus und dem Endsieg der kommunistischen Revolution, auch entsprochen. Nicht zuletzt verdankt Österreich den Staatsvertrag, die praktische Umsetzung dieser chruschtschowschen Wende, dem Versuch, ein Signal der Idee der „friedlichen Koexistenz" mit dem Westen zu senden.

In der Konsequenz hat der Westen dies, insbesondere in Europa, auch anerkannt. Das Konferenzergebnis der Alliierten von Jalta und Potsdam 1945 war die Trennlinie der beiden Machtblöcke. Neben der Suezkrise war es diese Übereinkunft, die dazu führte, dass der Westen das Niederwalzen des Aufstandes von Budapest 1956 zur Kenntnis nahm, wie schon vorher den Aufstand vom 17. Juni 1953 in Ostberlin.

Die stillschweigende Akzeptanz der Breschnew-Doktrin

bei der Liquidierung des Prager Frühlings im August 1968 – Probleme innerhalb des Sowjetblocks werden intern gelöst – machte diese seinerzeitige Abmachung wieder sichtbar. Natürlich versuchte man Kleingeld dafür einzuhandeln. Nicht zuletzt sind die Helsinki-Akte, die Konferenz für Sicherheit und Zusammenarbeit in Europa (KSZE) und die Organization for Security Cooperation in Europe (OSCE) daraus entstanden; der Preis war aber zweifellos die Akzeptanz des Status quo nach dem Zweiten Weltkrieg.

Dabei will ich die Bedeutung dieser vertraglichen Konzessionen des Ostblocks gar nicht unterschätzen. Nicht zuletzt haben sie für die Juden in der Sowjetunion die Möglichkeit der Ausreise bedeutet, wobei in Erinnerung gerufen werden soll, dass Wien dafür eine durchaus großzügige Drehscheibe war; es musste einiges an Risiken in Kauf nehmen; Wien hat seine humanitäre Einstellung bewiesen.

Vielleicht war es auch das schlechte Gewissen, das dazu führte, dass sich die westlichen Staaten, vor allem die USA, in der Frage der Menschenrechte immer stärker engagierten. Die Beharrlichkeit der Politik, vor allem aber der freien Organisationen, der Nongovernmental Organizations (NGOs), die es der Politik nicht durchgehen ließen, keine sichtbaren Verbesserungen für die Menschen hinter dem Eisernen Vorhang zu erreichen, muss hier dankbar erwähnt werden. Auch wurden minimale Reiseerleichterungen möglich, ein Austausch von Gefangenen und Verfolgten fand statt, so manche Kulturbegegnungen führten dazu, dass man mehr Kenntnis voneinander erlangte – doch niemand dachte an eine prinzipielle geistig-kulturelle Auseinandersetzung mit dem Kommunismus und seinem politischen System, um damit vielleicht eine politische Aufarbeitung zu erzielen. Es ist aber auch deutlich darauf hinzuweisen, dass gerade die größere individuelle Freiheit, die sich im Westen durch die Jahre entwickelt hat, nicht ohne Konsequenzen für den Osten blieb. Es ist ein wachsender Druck durch Amnesty International, durch die Internationale Helsinki-Organisation, nicht zuletzt aber auch durch die christlichen Kirchen entstanden. Zahlreiche Initiativen und Organisationen haben sich gebildet, deren Träger die Bürger waren. Westliche Regierungen waren vom Osten leicht in Schach zu halten, denn man konnte sie ständig wirtschaftlich bedrohen und durch Einschränkung von Märkten weicher machen; freie Organisationen – Nongovernmental Organizations – waren einerseits weniger greifbar und hatten andererseits die Möglichkeit, mit den Mitteln der menschlichen Kommunikation über den Eisernen Vorhang hinweg Einfluss auszuüben.

Aber auch in der Politik gab es Entscheidungen und Leistungen, die einen Beitrag zur Entwicklung lieferten. Ich bin nach wie vor davon überzeugt, dass der berühmte „Doppelbeschluss" der NATO – die Nachrüstung nach letztem militärtechnischem Standard – einen wesentlichen Beitrag zur heutigen Entwicklung geleistet hat. Dass der Westen gerade in der für Demokratien so empfindlichen Frage des Militärs und der Rüstung in der Lage war, einer neuen Herausforderung auf der östlichen Seite Rechnung zu tragen, mag die Strategen im Kreml überrascht haben. Es gab Politiker, die sich dabei weniger von einer öffentlichen Meinung beeinflussen ließen, welche eher einer Abrüstung als Vorleistung für den Frieden das Wort redete. Der deutsche Bundeskanzler Helmut Schmidt war so einer, der sich, wie nach ihm Helmut Kohl, darüber im Klaren war, dass nur Festigkeit bei den kommunistischen Machthabern Eindruck macht.

Leicht war das nicht, denn es gab in den westlichen Demokratien viele Stimmen, die der Meinung waren, dass eine Abrüstung für den Frieden besser wäre, als den sowjetischen SS20-Raketen in Europa die Pershing-Raketen entgegenzustellen.

Es mag aber von Interesse sein, dass es zwei Polen waren, die an verschiedenen Orten und mit verschiedenen Strategien Voraussetzungen für neue Wirklichkeiten schufen. Zbigniew K. Brzeszinski, der Berater mehrerer US-Präsidenten, gehört ebenso dazu wie Karol Wojtyla aus Wadowice. Brzeszinski hat die weltpolitische Schwäche der USA aufgefangen und ihrer Position mehr Konturen verliehen. Die permanente Gefährdung durch eine neuerliche „splendid isolation" der westlichen Führungsmacht wurde durch ihn ebenso verhindert wie die totale Abwendung der USA von Europa und die gänzliche Hinwendung zum „Pacific basin", also zum asiatischen Raum.

Ganz unverständlich wäre es ja nicht gewesen, hätte sich die amerikanische Öffentlichkeit entschlossen, Europa einfach abzuschreiben. Es war dies eine Zeit, in der es in Europa eine ganz kräftige Bewegung gab, die den Amerikanern empfahl, sich von Europa zurückzuziehen („Ami go home!"). In der für Menschen so einfachen bipolaren Erklärungsweise hielt diese Bewegung die USA ebenso für einen Teufel, wie die Propagandisten des Kalten Krieges im Westen diesen lange Zeit in den kommunistischen Repräsentanten sahen.

Die USA hatten damals beträchtliche ökonomische Schwierigkeiten, während die Europäer nicht bereit waren, einen entsprechenden Anteil an den Kosten der Verteidigung zu tragen.

Das Werk des anderen Polen war völlig anderer Natur. Dass nach Jahrhunderten mit italienischen Päpsten ausgerechnet jemand aus dem Ostblock das höchste Amt in der katholischen Kirche angetreten hat, war allein schon eine entscheidende Wende. Seine Strategie, die Welt zu bereisen, aber auch seine nicht ideologisch geprägte Art und

Weise der Auseinandersetzung haben das Ihre dazu getan. Der klassenlosen Gesellschaft und dem Reich des Friedens auf Erden kommunistischer Prägung wurden nicht das Reich Gottes und die Totalität des Papsttums entgegengesetzt, sondern der Gedanke, dass Menschen „in der Wahrheit leben" wollen und ihnen „die Würde" wiedergegeben werden soll. Neben den Menschenrechten in der Version der Helsinki-Akte war es eine geistig-moralische Herausforderung, die die Sehnsüchte der Menschen im Sowjetreich traf und als Botschaft verstanden wurde.

Vielleicht ist darin der einzige geistig-kulturelle Wert zu sehen, der bisher an die Stelle des durch die entleerte kommunistische Ideologie entstandenen Vakuums getreten ist, wobei man nur hoffen kann, dass das auch genügt. Gerade hier ist die Rolle jener anzusiedeln, die heute unter den Begriff Dissidenten fallen, wobei ihre Stärke darin liegt, dass sie mit den Kräften ihres Intellekts, ihrer kulturellen Tätigkeit und künstlerischen Begabung wissentlich oder unwissentlich geistig-moralische Kategorien eingefordert haben. Es war auch wesentlich, dass diese Botschaft aus der Gesellschaft dieser Länder selbst kam, also nicht von außen hineingetragen wurde.

Bevor aber diese Veränderung politisch zum Tragen kommen konnte, gab es eine weltwirtschaftliche Entwicklung, die rückblickend aus dem Gesamtprozess nicht wegzudenken ist. Die Welt wurde wirtschaftlich polyzentristischer, als es nicht mehr allein die USA, Westeuropa und Japan gab, sondern beispielsweise die südostasiatischen „Tigerstaaten" hervortraten. Damit bestand für Europa nicht mehr nur eine amerikanische und eine japanische Herausforderung, wie es Jean-Jacques Servan-Schreiber formuliert hatte: Die Welt war größer geworden, die heute so diskutierte Globalisierung nahm ihren Anfang.

Ohne die Informationsrevolution wäre dies nicht möglich gewesen. Einer zeitgeschichtlichen Aufarbeitung harrt auch diese Revolution, die durch ein kleines Produkt der Wissenschaft und Technologie ausgelöst wurde, nämlich durch den Chip. Er hat die erste industrielle Revolution abgelöst, Arbeitsplätze verändert, Information wirklich global verfügbar gemacht und uns in den Weltraum geführt; die Grenzen der Nationalstaaten, ja der Kontinente sind dadurch längst relativiert, und keine Regierung, auch nicht die totalitärste, ist mehr in der Lage, alle Menschen von den Informationen, die von außen kommen, abzuschirmen.

Durch diese Entgrenzungen werden auch andere Grenzen verwischt. Militärtechnik und Informationstechnologie sind derart ineinander verwoben, dass man kaum mehr feststellen kann, wo die eine aufhört und die andere beginnt. Der Faktor Zeit hat eine andere Dimension erhalten, Gleichzeitigkeit ist wirklich möglich geworden, auch wenn wir Menschen noch weit davon entfernt sind, dies wirklich bewältigt zu haben.

Wesentlicher Faktor der heutigen Situation ist wohl die Tatsache, dass der Sowjetblock mit dieser Entwicklung nicht mehr mitgekommen ist. War es schon für die USA und Westeuropa schwierig, so stand ihr der COMECON fassungslos gegenüber. Die Globalisierung führte zum Entstehen eines weltweiten Marktes, der wieder von der Selbstständigkeit der Finanzmärkte gekennzeichnet ist. Das kommunistische Wirtschaftssystem wusste darauf keine Antwort. Dass der verlorene Afghanistankrieg psychologisch das Seine dazu tat, steht außer Frage. Ronald Reagans Welt war die Verkündigung von „Star Wars“ – eine Welt, in der die Elektronik sich selbständig machte und in einem eigentlich groß angelegten Bluff im bipolaren System der Welt den Ostblock auf die Plätze verwies. Die Umstellungen wurden dort nicht mehr verkraftet, die veralteten, ja vergreisten kommunistischen Führungssysteme konnten darauf nicht mehr reagieren. Wirtschaftlich und politisch gesehen blieb der Ostblock im „Gusseisernen Zeitalter" hängen, die Technologie konnte nicht mehr mithalten. Tschernobyl wurde zum Symbol des Versagens, gleichzeitig aber auch der Gefährdung.

Die Hinwendung der Welt zu den Problemen der Natur, des Lebens und Überlebens fand im Ostblock gleichfalls keine Resonanz. Die internationale Ökobewegung war eine zusätzliche Herausforderung, die den oppositionellen Kräften Argumente lieferte, den Raubbau an Natur und Bodenschätzen im Osten sichtbar zu machen. Gabcikovo-Nagymaros wurde dafür ebenso zum Symbol wie Tschernobyl. Die Umleitung der Donau in ein künstliches Flussbett, das etliche Meter über dem normalen Niveau liegt, ein Wasserkraftwerk, das nach dem System der WC-Spülung funktioniert, und eine Staumauer unweit der legendären Königsburg von Matthias Corvinus blieben in Ungarn - weniger in der Slowakei - als Zeichen einer Gefühllosigkeit, ja Unfähigkeit, der Natur zu begegnen nicht unbemerkt. Die Diskussion um die Trinkwasserreserven der ungarischen Hauptstadt tat ein Übriges dazu. Die technische Rückständigkeit wurde am Reaktorunfall von Tschernobyl sichtbar; die Selbstverständlichkeit, mit der hier ein Regime Menschen opferte, um die Gefahr zu begrenzen, zeigte die Brutalität, mehr noch die Ausweglosigkeit, in der sich Gorbatschow und seine Partei befanden. Weniger bemerkt wurde das Pharaonenwerk von Nicolae Ceausescu in Rumänien, der einen Kanal von der Donau zum Schwarzen Meer graben ließ, um das Donaudelta zu umgehen und den Schifffahrtsweg zu verkürzen. Es mag symbolisch sein, dass der Damm von Nagymaros nicht mehr gebaut wurde, die Gefahrenbegrenzung von Tschernobyl ein ständiges Problem bleibt und der Kanal des „Conducator" langsam versandet. Diese Entwicklung ist bezeichnend für die sichtbar gewordene Unfähigkeit, technisch-wissenschaftlich mit den anderen Teilen der Welt mitzuhalten.

Es war schon dem kommunistischen Planwirtschaftssystem zu eigen, nicht jenes Finanzkapital ansammeln zu können, das notwendig gewesen wäre, um der Globalisierung entsprechend zu begegnen. Ein Grund dafür war, dass zur Beruhigung der Massen doch hin und wieder einiges in den Konsum gesteckt werden musste; und die Konsumwünsche ließen sich nur durch teure Devisenzahlungen an den Westen befriedigen. Die Anpassung von Bildung und Ausbildung im System des Sowjetblocks blieb dabei auf der Strecke. Die Bürokratisierung, die verdeckte Arbeitslosigkeit durch Beschäftigung auch ungeeigneter Personen im Wissenschafts- und Forschungsbetrieb sowie die Zentralisierung dieser Einrichtungen führten dazu, dass weder ökonomisch-technologisch noch militärisch-strategisch und schon gar nicht ökologisch, sozial und humanitär mit der globalen Entwicklung Schritt gehalten werden konnte. Hier hatte die westliche Demokratie weitaus größere Stärken, einer individualistisch-postmodernen Welt zu begegnen. Auf eine eigentümliche Weise war das Produkt der Oktoberrevolution, die ehemals die Welt so sehr verändert hatte, veraltet – und sah auch so aus. Dabei hat es an Versuchen zur Rettung des Systems nicht gefehlt. Im Westen hat sich Michail Gorbatschow zu einer legendären Figur entwickelt, weil er mit Perestroika und Glasnost Zeichen gesetzt hat, die letztlich dazu führten, dass es zu einer ungeheuren Entspannung in der Welt kam. Daher mag die Popularität des letzten Generalsekretärs der KPdSU, die sich in stürmischen Demonstrationen mit „Gorbi, Gorbi!"-Rufen äußert, berechtigt sein. In der früheren Sowjetunion selbst ist er ein Verfemter. Dass er von den ehemaligen Kommunisten nicht geschätzt wird, ist verständlich; dass auch jene ihn ablehnen, die von seinen Veränderungen profitiert haben, mag hingegen auf den ersten Blick verwundern. Er ist jedoch in diesen Ländern der Repräsentant eines Systems, das nicht nur viel Schuld auf sich geladen hat, sondern auch in seinem Versuch, sich selbst zu reformieren, noch größeres Elend bewirkt hat.

Dabei war sich Gorbatschow im Klaren, dass die Veränderung schnell geschehen müsse. Mit beachtlichem Druck und noch größerem persönlichem Einsatz versuchte er, diese innere Wandlung des kommunistischen Systems durchzusetzen. Zu lange war unter Breschnew und den dann rasch aufeinanderfolgenden Generalsekretären mit kurzer Amtsdauer das System versteinert. Die Ironie der Geschichte will es jedoch, dass sich Gorbatschow selbst das Urteil gesprochen hat – der legendäre Ausspruch „Wer zu spät kommt, den bestraft das Leben“, der auf Honecker und die DDR gemünzt war, hat ihn selbst getroffen. Persönlich bin ich davon überzeugt, dass er auch bei größerem Tempo nicht mehr rechtzeitig angekommen wäre. Für eine wirksame Perestroika mangelte es schon längst an allen dafür notwendigen Mitteln und Instrumenten. Glasnost bewirkte keine selbsttätige Demokratisierung und neue Selbstorganisation der umstrukturierten Gesellschaft, sondern erschöpfte sich nach alter kommunistischer Praxis in öffentlichen Abrechnungen mit dem Terror der Vergangenheit.

Waren im heutigen Russland die Ansätze einer zivilen Gesellschaft gar nicht vorhanden, so war es auch in den mittel- und osteuropäischen Ländern trotz komplexerer Gesellschaftsstrukturen zu spät, weil – siehe Prager Frühling – eine Zivilgesellschaft mit dem Sozialismus kollidieren muss. Das System des „realen Sozialismus“ ist prinzipiell nicht reformierbar und hat sich letztlich selbst falsifiziert –

ein Umstand, den die Träumer der 68er-Generation und folgende selbst heute nicht zur Kenntnis nehmen wollen und dessen historische Aufarbeitung bis jetzt verweigert wird.

Dabei ist es einfach: Glasnost oder das Prinzip demokratischer Öffentlichkeit und gesellschaftlicher Autonomie können den Sozialismus nicht stärken oder gar retten, sondern entziehen ihm eine wesentliche Grundlage, ohne die er nur noch schlechter funktionieren kann als zuvor. Einmal mehr hat es sich historisch erwiesen, dass große Ideen an sich selbst und da wieder an den Kleinigkeiten scheitern.

Schadenfreude des Westens und der freien Demokratien ist aber nicht angebracht. Es steht außer Frage, dass der Kommunismus bzw. der Realsozialismus an seiner durchgehenden Primitivität gescheitert ist. Es mag sogar faszinieren, wie lange die Illusion der „klassenlosen Gesellschaft" als Herausforderung gegolten hat, obwohl sie sich längst überlebt hatte und als gescheitert erkennbar war. Verblüffend auch wie viele Intellektuelle des Westens eben dieser Faszination erlegen sind oder immer wieder damit kokettiert haben.

Viel wichtiger aber als diese Schuldzuweisungen ist die Erkenntnis, dass in dieser Naivität auch heute eine Gefahr für uns besteht. Der Zusammenbruch des Kommunismus und des Sowjetsystems bedeutet keineswegs einen triumphalen Sieg der westlichen Gesellschaft, der Demokratie und der freien Marktwirtschaft – im Gegenteil: Er hat zugleich die Schwächen unseres Systems, den gegenwärtig immer stärker werdenden Mangel an Solidarität und Willen zur Zukunft bloßgelegt. In Analogie zum Scheitern des Kommunismus und des Sowjetblocks kann man durchaus als Gefahr erkennen, dass wir nicht an der Komplexität unserer Gesellschaft scheitern, sondern an den primitiven Antworten auf komplexe Fragen.

Darin ist auch die Gefahr der diversen populistischen Richtungen auf dem demokratischen Parkett zu sehen, die auf die schwierigen Fragen der Zukunftsbewältigung, der Arbeitslosigkeit, der Globalisierung, der technisch-wissenschaftlichen Zivilisation und der Informationsgesellschaft mit primitiven Vereinfachungen antworten. Wären komplexe Probleme so einfach zu lösen, dann wären sie längst gelöst.

Die europäische Integration, im Bereich der Grundstoffindustrie begonnen, aber als friedensstiftendes Element zwischen Frankreich und Deutschland erfunden, verstanden und begriffen, hat zu einer nachhaltigen Veränderung der europäischen Landschaft geführt. Das NATO-Sicherheitssystem hat nicht nur den so oft kritisierten Militärblock geschaffen, sondern, etwa im Fall von Griechenland und Türkei, dazu beigetragen, dass es trotz der Spannungen zwischen den beiden Ländern nicht zum Ausbruch eines Krieges gekommen ist. Sind früher große Mächte - wie etwa Österreich-Ungarn, das Osmanische Reich oder Hitlers Drittes Reich - zerfallen, so hat dies zu ungeheuren Auseinandersetzungen mit Hekatomben von Toten geführt. Das Auseinanderbrechen der Sowjetunion hat bis auf kleinere, wiewohl schmerzhafte Konflikte wie im Kaukasus noch keine solche Konsequenz gehabt - und wird sie hoffentlich auch weiterhin nicht haben. Einzig und allein der Zerfall von Tito-Jugoslawien führte, wohl nicht zuletzt durch die Ungeschicklichkeit der Europäer im Umgang mit diesem Problem, zu den kriegerischen Auseinandersetzungen in Bosnien, Kroatien und Kosovo.

Für Mittel-, Ost- und Südosteuropa sind allein in der historischen Analyse genügend dringende Fragen verpackt. Als ein Argument mehr für die Dienstbarmachung geschichtlicher Erfahrungen darf die Tatsache angesehen werden, dass die Nationalitätenpolitik der alten Monarchie heute in vielen Fällen herangezogen wird, um die wieder aufgetauchten Minderheiten- und Volksgruppenfragen in diesem Raum zu behandeln und einer Lösung näher zu bringen. Dabei handelt es sich nicht um eine wie immer geartete Form der Nostalgie, sondern die Verwertung schon einmal gemachter Erfahrungen.

Die europäische Situation bietet ein weites Feld, um Geschichte für die Zukunft nutzbar zu machen. 1989 ist nicht vom Himmel gefallen. In der Eile der Zeit sind wir dabei, manches wieder in Vergessenheit geraten zu lassen. Vieles wird überhaupt nicht mehr verstanden und ist auch wohl vor 1989 im Westen nicht verstanden worden. Mich fasziniert, dass einige Politiker mit sehr wenig historischem Wissen für die EU, für die OSZE oder die UN etwa in Südosteuropa antreten, um dort Verantwortung für die Gemeinschaft der Europäer zu übernehmen und Frieden zu stiften. Manchmal ist es politische Eitelkeit oder die Sehnsucht nach einem außenpolitischen Erfolg im eigenen Land, die zur Übernahme solcher Funktionen führt. Eine wirkliche europäische Ausbildung für diese Aufgaben gibt es noch nicht. Ob da nicht Spurensicherung Voraussetzung ist, um Spuren in die Zukunft ziehen zu können?

Es wird oft Klage darüber geführt, dass es viele neue Grenzen im neuen Europa gibt. Die Desintegration vieler Länder, das Aufbrechen alter Probleme, die von vielen als neu empfunden werden, die Frage des Respekts der Nationen voreinander und des Schutzes der Minderheiten hat auf den ersten Blick neue Grenzen entstehen lassen. In Wirklichkeit ist diese Desintegration eine Voraussetzung zur Integration. Die Menschen wollen in ihren unterschiedlichen Befindlichkeiten respektiert werden, sich selbst finden und darauf ein Verhältnis zum Nachbarn aufbauen. Ich glaube, dass wir das Bild der Grenzen vermeiden und statt dessen von Brücken reden sollten. Die Brücke von Andau war 1956 ein Symbol, um Menschen die Flucht aus dem kommunistischen Terror zu ermöglichen. Die Brücken in die Zukunft müssen ein Symbol für das kommende Europa sein. Erst wenn es uns gelingt, über die Grenzen Brücken zu bauen, die Grenzen abzusenken, ja schließlich zum Verschwinden zu bringen, werden wir erkennen, dass wir nur in einem gemeinsamen Europa eine gute Zukunft finden können.

Gyula Kurucz:

Ich danke Ihnen, Herr Busek, für die ausführliche Darstellung zu unserer östlichen bzw. mitteleuropäischen Geschichte.

Herr Bohl, Sie waren 1989 an der Seite von Helmut Kohl parlamentarischer Geschäftsführer der CDU. Sie hatten Informationen aus erster Hand, Sie sollten viel über die vertraulichen Verhandlungen über die Grenzöffnung wissen.

Friedrich Bohl

Kanzleramtsminister a. D.

Politische Ereignisse sind selten monokausal zu erklären. Deshalb sind auch die Gründe und Ursachen für das Ereignis, dessen 10-jähriger Wiederkehr wir in diesen Tagen gedenken, sehr vielschichtig. Mit Sicherheit aber sind sie weder Zufall noch Notwendigkeit gewesen.

Einer der damaligen Hauptakteure, der deutsche Bundeskanzler Helmut Kohl, teilte immer die Auffassung des Philosophen Karl Popper, nach der der Mensch nicht bloßer Spielball anonymer Geschichtsprozesse ist, sondern zu der verantwortlichen Gestaltung historischer Entwicklungen befähigt und berufen ist.

Der ehemalige deutsche Reichskanzler Otto von Bismarck, der die deutschen Geschicke im letzten Drittel des vergangenen Jahrhunderts lenkte, sprach einmal davon, dass kluge Politik zur rechten Zeit den vorbeiwehenden Mantel der Geschichte beherzigen und entschlossen eingreifen müsse. Das haben - Gott sei Dank - viele politisch Verantwortliche in den Jahren der epochalen Veränderungen um 1989/1990 getan - und zwar in West und Ost.

Wir wussten alle, dass sich der Kommunismus ab Mitte der 80er Jahre in einer schweren Krise befand - vor allen Dingen wirtschaftlich. Das marode kommunistische System steckte Milliarden in die Rüstung und gab Milliarden für eine Bürokratie aus, die Wirtschaft und Bürger kontrollieren sollte. Das wurde zu teuer und überstieg die wirtschaftlichen Möglichkeiten. Mit anderen Worten: Der Kommunismus war unfähig geworden, dem weltweiten Fortschritt - insbesondere auf technologischem Gebiet - gerecht zu werden und den wachsenden der Ansprüchen seiner Bürger zu entsprechen.

Die Berufung von Michail Gorbatschow zum Generalsekretär der KPdSU im Jahre 1985 kam sicher nicht von ungefähr, sondern war Ausdruck dieses desaströsen inneren Zustandes. Glasnost und Perestroika waren der Versuch einer entsprechenden Reformpolitik im Inneren, ebenso wie die einsetzenden Abrüstungsverhandlungen mit dem Westen im Äußeren. Dass dieser Reformprozess soviel Eigendynamik bekam und letztlich für die Initiatoren außer Kontrolle geriet, war damals aus westlicher Sicht nicht vorhersehbar.

In Deutschland und Westeuropa war es durch eine Politik der Festigkeit gegenüber dem Ostblock - ich denke an den umstrittenen und auch umkämpften NATO-Nachrüstungsbeschluss von 1983 - und eine Intensivierung der europäischen Integrationspolitik gelungen, wirtschaftliche und politische Stabilität zu schaffen. Das werdende Europa wurde weltweit attraktiv und interessant, weil es sichtbar Freiheit und Wohlstand seiner Bürger ermöglichte. Das war auch ein Signal für Mittel- und Osteuropa.

Nachdem mit der Durchsetzung des NATO-Nachrüstungsbeschlusses klar wurde, dass der Westen nicht in die Knie gehen würde, zielte die Politik von Bundeskanzler Helmut Kohl darauf ab, den weltpolitischen Veränderungsprozess in Deutschland und Europa zu befördern. Ich bin heute noch dankbar, dass ich an dieser Politik – damals 1989 noch als erster parlamentarischer Geschäftsführer der CDU/CSU-Mehrheitsfraktion im Bundestag – ein wenig mitwirken durfte.

Helmut Kohl wollte also angesichts der sich verändernden weltpolitischen Lage Bewegung in die Ost-West-Beziehungen bringen und damit auch neue Chancen für die Sache der Deutschen erlangen. Das bedeutete natürlich weder eine Politik der Abkoppelung vom Westen noch politisch illusionär zu werden.

Selbstverständlich wurden die deutschlandpolitischen Grundsatzpositionen deutlich – und zwar deutlicher als in den siebziger Jahren der sozialliberalen Bundesregierung – hervorgehoben. Sie lauteten:

Betonung des Wiedervereinigungsgebotes des Grundgesetzes;

Beibehaltung der Zentralen Erfassungsstelle der deutschen Länder-Justizverwaltung in Salzgitter für DDR- und SED-Unrechtshandlungen;

Ablehnung der Anerkennung einer zweiten deutschen Staatsbürgerschaft;

Deutliche Ablehnung der Geraer Forderungen von Erich Honecker.

Das war ein Grundpfeiler der Deutschlandpolitik Helmut Kohls.

Äußerst wichtig war es aber für Bundeskanzler Helmut Kohl auch, dass mehr Landsleute aus der DDR zu Besuch in den Westen kommen konnten. Früher war das nur Rentnern vorbehalten. Dies wurde zu einem anderen Grundpfeiler seiner Deutschlandpolitik, den er sich finanzielle Hilfe für die DDR ebenso kosten ließ wie einen offiziellen Besuch des SED-Generalsekretärs Honecker 1987 in Bonn mit allen protokollarischen Ehren. Gerade dies war Helmut Kohl sehr, sehr schwer gefallen.

Helmut Kohl erreichte sein Ziel: 1987 waren es allein fünf Millionen Besucher, darunter eine Million jüngerer Menschen. Das bedeutete, dass Millionen Deutsche aus der DDR die Bundesrepublik aus eigener Anschauung kennen lernen konnten. Diese Menschen glaubten nicht mehr länger der feindseligen SED-Propaganda zu Hause. Diese Besuche waren auch ein äußerst wertvoller Baustein für das Bewusstsein, dass die Deutschen in Ost und West eine Nation waren und blieben.

Dieser Kurs der Bundesregierung unter Helmut Kohl, den man als eine gelungene politische Mischung von Festigkeit gegenüber dem Kommunismus und Förderung des Willens der Menschen nach Veränderung bezeichnen kann, war in der alten Bundesrepublik nicht unumstritten.

Die damalige SPD-Opposition sah die deutsche Frage nicht mehr als offen an. In einem gemeinsamen Grundwertepapier von SPD und SED im Jahre 1987 bescheinigten sich beide Seiten Reformfähigkeit, da sie aus dem Geiste der Aufklärung kämen. In dem Dokument hieß es sogar weiter, keine der beiden Seiten dürfe der anderen ihre Existenzberechtigung absprechen. Ziel der Zusammenarbeit sei es, den Frieden in Europa neu zu gestalten.

Diese unwürdige Haltung zur deutschen Frage wurde auch sichtbar an der erbärmlichen Kritik an US-Präsident Ronald Reagan, der 1987 Deutschland besuchte und dabei zur 750-Jahr-Feier nach Berlin kam, wo er vor dem Brandenburger Tor Michail Gorbatschow eindrucksvoll aufforderte, die Mauer niederzureißen. Was musste sich damals Ronald Reagan an wütenden Kommentaren alles anhören! Aber das ist – Gott sei Dank – inzwischen Geschichte und überholt. Es ist jedoch nicht vergessen.

Wenden wir uns jetzt den entscheidenden Ereignissen des Jahres 1989 zu. Wir alle wissen heute, dass die Entwicklung, die letztlich zur deutschen Einheit im Jahre 1990 führen sollte, in Ungarn die entscheidenden Impulse erhalten hat. Dafür gebührt allen damals Verantwortlichen noch heute großer Dank. Wie war damals aus unserer deutschen Sicht die Lage?

Zu Beginn des Jahres 1989 stieg erkennbar die Unzufriedenheit in der Bevölkerung der DDR. Die manipulierten Kommunalwahlen vom Frühjahr 1989, die wachsenden wirtschaftlichen Schwierigkeiten und die – im Vergleich zu Ungarn und Polen – ausbleibenden Reformen führten zu offenen Unmutsbekundungen – und das trotz eines ständig vergrößerten und verfeinerten staatlichen Unterdrückungsapparates.

Die Zahl der Ausreisewilligen stieg seit Beginn des Jahres 1989 sprunghaft an. In Ost-Berlin suchten seit Mitte Juli Deutsche, denen die Ausreise verweigert worden war, Zuflucht in der Ständigen Vertretung Bonns. Am 8. August musste diese bis auf weiteres für den Publikumsverkehr geschlossen werden. Inzwischen hatten dort 130 Personen Zuflucht gesucht. Ein Aufenthalt weiterer Personen unter menschenwürdigen Bedingungen war nicht mehr gewährleistet.

Dies war eine besonders schwierige und heikle Phase, weil die deutsche Bundesregierung auf keinen Fall von ihrem Kurs abgehen konnte. Sie wollte weiterhin – bei Wahrung ihrer deutschlandpolitischen Grundposition – die pragmatische Politik der kleinen Schritte im Sinne menschlicher Erleichterung fortsetzen und folglich auch eine angemessene humanitäre Lösung der Probleme ausreisewilliger Deutscher in der DDR.

An dieser Stelle muss leider erwähnt werden, dass die sogenannte Botschaftsflüchtlinge in Ost-Berlin und anderswo in der deutschen Öffentlichkeit nicht ungeteilte Sympathie genossen. Ich fand es beschämend, dass ihnen – wo auch immer und von wem auch immer – vorgehalten wurde, sie kämen nur aus wirtschaftlichen Gründen. Sie „störten". Es war gut, dass sich die Bundesregierung unter Helmut Kohl einer solchen Stimmung von Anfang an entschlossen entgegenstellte.

Das Anschwellen des Flüchtlingsstromes wurde von einem zunehmenden Realitätsverlust der DDR-Führung bei gleichzeitigem Erhöhen der propagandistischen Anstrengungen begleitet. Zum 28. Jahrestag des Mauerbaus, am 13. August 1989, war im SED-Zentralorgan „Neues Deutschland" zu lesen, dass sich die zunehmende Wirtschaftskraft der DDR als solides Fundament für wachsenden Lebensstandard, soziale Sicherheit, Vollbeschäftigung, hohes Bildungsniveau und kostenlose Gesundheitsfürsorge erweise.

Vollends aus dem Ruder lief Erich Honecker selbst, als er Vorzüge des DDR-Sozialismus pries und dabei hinzufügte: „Den Sozialismus in seinem Lauf hält weder Ochs noch Esel auf." Honecker und seine Freunde bunkerten sich sichtbar ein, der DDR-Staat war erkennbar in der Defensive.

Dieser Befund war aus westdeutscher Sicht eingebettet in die weltpolitische Entwicklung und die Ost/West-Beziehungen, wie sie sich im Laufe des Jahres 1989 gestaltet hatten. Der Schlüssel zur Lösung der offenen deutschen Frage lag dabei natürlich weiterhin in Moskau. Deshalb war auch der Deutschland-Besuch von Michail Gorbatschow vom 12. bis 15. Juni 1989 für die weitere Entwicklung aus unserer Sicht von größter Bedeutung.

Michail Gorbatschow hatte im Oktober 1988 in Moskau noch zu Kohl gesagt, dass die beiden deutschen Staaten zu den Realitäten gehörten, die infolge des 2. Weltkrieges geschaffen worden seien; die Geschichte könne aber nicht umgeschrieben werden. Der Besuch in der Bundesrepublik trug hingegen zu einem veränderten Denken Gorbatschows über Deutschland bei.

Überall in der Bundesrepublik wurde er mit großer Herzlichkeit aufgenommen; es schlugen ihm sogar Sympathie- und Freundschaftsbekundungen entgegen. Eine regelrechte „Gorbimanie" erfasste unser Land. Gorbatschow selbst zeigte sich Helmut Kohl gegenüber äußerst gerührt und meinte schmunzelnd, er habe sich auf dem Bonner Marktplatz wie auf dem Roten Platz in Moskau gefühlt.

Genau so wichtig waren aber auch weitere politische Ergebnisse dieses Besuches für die kommende Entwicklung.

Zum einen kamen sich Helmut Kohl und Michail Gorbatschow menschlich näher und fassten Vertrauen zueinander. In seinem Buch „Ich wollte Deutschlands Einheit" beschreibt Helmut Kohl die Gespräche beider in sehr intensiver und eindrucksvoller Weise. So besprachen sich beide einmal mitternachts, im schönen Park des Bundeskanzleramtes auf der Mauer zum Rhein sitzend. Diese Vertrauen zwischen Kohl und Gorbatschow sollte für den weiteren Weg zur deutschen Einheit noch besonders wichtig und wertvoll werden.

Zum anderen erklärte Gorbatschow am Ende seines Besuchs den Kalten Krieg zwischen der Sowjetunion und der Bundesrepublik Deutschland für beendet und sprach von einer neuen Qualität der bilateralen Beziehungen. In der gemeinsamen Erklärung beider Regierungen hieß es dann sogar, dass jeder Staat in Europa das Recht habe, das eigene politische und soziale System frei zu wählen.

Das war international eine politische Sensation; für die DDR- und SED-Größen war es sicherlich ein extremer Affront. Vor allen Dingen war es aber ein Signal großer Hoffnung für die deutschen Landsleute in der DDR. Damit war ein politisches Programm vorgezeichnet, auf das man sich nicht nur berufen konnte, sondern das auch umgesetzt werden wollte – Schritt für Schritt.

Schon im Juli widerrief der Warschauer Pakt im Schlusskommuniqué von Bukarest die Breschnew-Doktrin, mit der die Sowjetunion für sich bis dahin ein Interventionsrecht in den kommunistischen Bruderländern beansprucht hatte. Jetzt hieß es, dass jede Einmischung in die inneren Angelegenheiten anderer Staaten unannehmbar sei. Die Übereinstimmung mit der Juni-Erklärung in Bonn war unübersehbar.

Alle diese Ereignisse waren ursächlich für das weitere Anschwellen der Zahl der Ausreisewilligen und Flüchtlinge. In Ungarn erhielt die Entwicklung am 28. Juni 1989 aber einen besonderen Impuls. Das an diesem Tag stattfindende Durchschneiden des Stacheldrahtes an der österreich-ungarischen Grenze durch die beiden Außenminister Gyula Horn und Alois Mock vor den Augen der Weltöffentlichkeit war für viele in der DDR ein Signal zum Aufbruch.

Viele wollten die Gunst der Stunde nutzen und fürchteten ein baldiges Ende der Gorbatschow-Ära. Wir wussten, dass es viele in der DDR nach dem 13. August 1961 sehr bereut hatten, nicht vor dem Mauerbau gegangen zu sein. Den Kindern sollte dies nicht ebenfalls passieren. Die Folge war, dass die schon große Zahl der Ferienreiseanträge in der DDR für Ungarn weiter signifikant anstieg; die große

Flucht über die grüne Grenze nach Österreich begann.

Eine Gemeinde meines Wahlkreises ist die Partnerschaftsgemeinde von Deutsch-Kreutz im österreichischen Burgenland, direkt an der Grenze. Auf diese Weise habe ich schnell erfahren, was sich dort abspielte. Die Hilfsbereitschaft unserer Freunde im Burgenland gegenüber unseren flüchtenden Landsleuten aus der DDR ist bis heute unvergessen. Die Burgenländer haben sie nachts über die Grenze gelotst, ihnen Unterkunft gegeben und sie am nächsten Tag zur deutschen Botschaft gebracht. Nicht wenige haben dafür ihren Urlaub geopfert. Für diese großartigen Zeichen der menschlichen Solidarität werden wir immer dankbar sein. Dankbarkeit ist die Erinnerung des Herzens.

Inzwischen hielten sich Mitte August 1989 mehr als 200.000 Deutsche aus der DDR in Ungarn auf. Am 13. August 1989 reiste Staatssekretär Sudhoff vom Auswärtigen Amt zu Gesprächen mit Außenminister Gyula Horn über die Flüchtlingsproblematik nach Budapest. Wie wichtig war doch angesichts dieser Situation, dass die Bundesregierung unter Helmut Kohl an der einen deutschen Staatsbürgerschaft festgehalten hatte! Hätten wir die DDR-Staatsbürgerschaft akzeptiert und damit unsere Mitbürger quasi ausgebürgert – wie von der seinerzeitigen Opposition verlangt –, wir hätten unsere Obhutspflicht für sie gar nicht wahrnehmen können.

Die Ungarn aber hätten sich bestimmt mehr als gewundert, wieso wir uns für DDR-Bürger und ihre Ausreise einsetzten. Staatssekretär Sudhoff wäre wahrscheinlich gar nicht empfangen worden. Auch der Gedanke, dass diese Deutschen möglicherweise als Ausländer einen Antrag auf politisches Asyl bei uns hätten stellen müssen, war geradezu makaber.

Am 18. August 1989 musste die Deutsche Botschaft in Budapest wegen Überfüllung – so wie in Ost-Berlin –

schließen. Die Lage spitzte sich dramatisch zu. In dieser Situation hatte der 19. August 1989 eine enorme Bedeutung.

Das Paneuropäische Picknick von Sopron und seine Folgen können in ihrer psychologischen und politischen Wirkung für den weiteren Gang der Ereignisse gar nicht hoch genug eingeschätzt werden. Den damaligen Verantwortlichen – insbesondere Otto von Habsburg – und dem Ungarischen Demokratischen Forum gebührt heute noch ganz besonderer Dank für dieses große Ereignis.

Man kann die Wirkung wohl kaum besser wiedergeben als die Bild-Zeitung vom 20. August zu zitieren: „Sie drückten das hölzerne Tor auf, hakten sich unter, sangen *we shall overcome* und stürzten in die Freiheit! Rund 700 DDR-Bürger rannten am Sonnabend einfach über die ungarische Grenze nach Österreich. Es war die spektakulärste Massenflucht von Ost nach West, die es je gegeben hat. Nach dem Durchbruch weinten viele Menschen, fielen sich in die Arme, einige knieten nieder und küssten die Erde."

Eine große Welle der Erregung, des Dankes und der Zuversicht erfasste ohne Zweifel unser Volk. Das war nicht nur ein mediales Ereignis. Ich selbst will nicht verheimlichen, dass ich – als ich von den Ereignissen in Sopron im Autoradio völlig überrascht und aufgewühlt hörte – angehalten und Gott gedankt habe.

Die Massenflucht von Sopron hatte Signalwirkung für die Ausreisewilligen in Ungarn und die noch Unentschlossenen in der DDR. Noch einmal machten sich – die Sommerferien waren weit vorüber – Zehntausende nach Ungarn auf. Der ungarische Malteser-Hilfsdienst und das Rote Kreuz bauten riesige Zeltlager auf. In der Bundesrepublik wurden Spendenkonten für die ungarischen Hilfsdienste eingerichtet.

Mit den Ereignissen von Sopron war das Gegenteil von

dem entstanden, was die Kommunisten vielleicht erhofft haben mögen. Es war nicht überhöhter Druck abgelassen worden mit der Folge wieder einsetzender Normalität. Nein, es entstand eine gewaltige Spannung und eine ungeahnte Sogwirkung. Das Tor war aufgestoßen. Die Entwicklung erreichte eine neue, unbekannte Dimension. Ganz Deutschland schaute nach Ungarn.

Aber auch zu diesem Zeitpunkt im August glaubten wir in der Bundesrepublik Deutschland ebenso wenig an das totale und unwiderrufliche Zusammenbrechen des Kommunismus wie nach dem 10. September 1989, als die ungarische Regierung alle Deutschen aus der DDR aus Ungarn ausreisen ließ. Die Hoffnung und Zuversicht kam eigentlich erst nach dem Fall der Berliner Mauer am 9. November 1989 auf, aber auch damals nur langsam und bei den Optimisten.

Doch auch international sah es nicht viel anders aus. Man wusste zwar, dass die Dinge sehr in Bewegung waren, aber etwas genaues wussten die wenigsten. Ich wundere mich über die, die heute behaupten, sie hätten es schon immer gewusst.

So fand Ende September 1989 die große Jahrestagung der Parteien der IDU (International Democratic Union) in Tokio statt, an der auch der damalige US-Vizepräsident Quayle und die damalige britische Premierministerin Thatcher teilnahmen. Kollege Busek vertrat die ÖVP und ich hatte die Ehre, die CDU zu vertreten, da Bundeskanzler Helmut Kohl erkrankt war. Bei dieser Tagung - Kollege Busek wird das sicher gerne bestätigen - war der nahende Zusammenbruch des Kommunismus und die kommende deutsche Einheit jedenfalls kein Thema.

Allerdings ist die weitere Entwicklung zur deutschen Einheit nicht Gegenstand unserer heutigen Betrachtungen. Die dramatischen Ereignisse in der Prager Botschaft im

September/Oktober 1989, der denkwürdige Besuch von Michail Gorbatschow der DDR Anfang 1989 zum 40. Jahrestag der Staatsgründung („Wer zu spät kommt, den bestraft das Leben"), der Fall der Berliner Mauer am 9. November 1989, die wichtigen zehn Punkte von Helmut Kohl am 25. November 1989, die berühmte Kaukasus-Reise und vieles andere mehr sollte noch folgen.

Aber wie ungewiss und keineswegs sicher vorbestimmt dieser Weg zur deutschen Einheit war, das beschreibt Helmut Kohl in seinem schon erwähnten Buch mit folgenden Worten: „Als wir uns im Herbst 1989 auf den Weg zur Einheit machten, war dies wie vor einer Durchquerung eines Hochmoores: Wir standen knietief im Wasser, Nebel behinderte die Sicht, und wir wussten nur, dass es irgendwo einen festen Pfad gab. Wo er genau verlief, wussten wir nicht. Wir tasteten uns Schritt für Schritt vor und kamen wohlbehalten auf der anderen Seite an. Ohne Gottes Hilfe hätten wir es wohl nicht geschafft."

Lassen Sie mich an dieser Stelle noch einmal - auch im Hinblick auf die Bewilligung zur Ausreise unserer Landsleute am 10. September 1989 und die Hilfsbereitschaft so vieler Ungarn - ganz herzlich für die große Menschlichkeit danken, die unser Volk von Ungarn erfahren hat. Dies wird mein Land nie vergessen, und deshalb freuen wir uns auf die neue Gemeinsamkeit in der NATO und in der Europäischen Union.

Vor wenigen Tagen habe ich als Abgeordneter mein neues Büro in Berlin bezogen; der Deutsche Bundestag tagt dort ab September diesen Jahres. Für mich war bei meinem 1991 erfolgten Votum für Berlin als Sitz von Parlament und Regierung ein sehr wichtiges Motiv die besondere Verpflichtung der Deutschen, die Errungenschaften der Einigung Europas - Frieden, Freiheit, Wohlstand - nicht auf Westeuropa zu beschränken, sondern sie auf unsere

Freunde und Nachbarn jenseits des ehemaligen Eisernen Vorhangs auszudehnen und dort fest zu verankern.

Dass diese Verpflichtung von Berlin aus wirkungsvoller, bewusster und einfühlsamer wahrgenommen werden kann, schien und scheint mir offenkundig zu sein. Wie könnte es auch 80 km von der polnischen Grenze entfernt anders sein? Heute daran zu erinnern, ist mir ein großes Bedürfnis.

Lassen Sie mich mit einer persönlichen Begebenheit schließen, die ich im Einverständnis mit meinem Sohn schildere. Als ich mit meinem damals 15-jährigen Sohn im November 1988 in Ost-Berlin Unter den Linden auf das Brandenburger Tor – damals verbarrikadiert, zugemauert und mit dem berüchtigten Todesstreifen umgeben – zuging, sagte ich spontan zu ihm: „Hier werden wir beide eines Tages gemeinsam durchgehen."

Mein Sohn bezweifelte die Weitsicht meiner Worte, und ich will gerne einräumen, dass auch ich ein wenig mehr zweifelte, als ich vorgab. So richtig vorstellen konnte man sich das damals eben nicht. Aber ein Jahr später war es wirklich möglich. Mein Sohn und ich sind voller Glück und Dankbarkeit Ende 1989 durch das offene Brandenburger Tor gegangen.

Unser Land ist mit der Verlegung des Parlaments- und Regierungssitzes nach Berlin an den zentralen Ort der deutschen Geschichte zurückgekehrt. In Berlin wurde die 1. deutsche Republik ausgerufen, aber auch der totale Krieg. Berlin steht für den 17. Juni 1953, den 13. August 1961 und den 9. November 1989. In Berlin ist sowohl der Nationalsozialismus wie auch der Kommunismus gescheitert. Die Freiheit aber hat in Berlin gesiegt – ohne die Massenflucht in Sopron hätte alles anders kommen können. Aber Sopron hat stattgefunden.

Gyula Kurucz:

Danke, Herr Bohl.

Meine Damen und Herren, nach der Runde der Politiker sollen nun die Journalisten an die Reihe kommen. Herr Andreas Oplatka ist von der berühmt objektiven „Neuen Züricher Zeitung". Seine Objektivität ist deswegen eine besondere Leistung, da er in Budapest geboren ist, und er seine Heimatstadt wegen der Invasion der sowjetischen Heere in 1956 verlassen musste. Soviel Voreingenommenheit braucht man aber sicher zur Objektivität.

Andreas Oplatka

Publizist, Neue Zürcher Zeitung

Ich will versuchen mich daran zu halten, was die Vorgabe ist: Wie wurden Ungarn und das Jahr 1989 allgemein von außen gesehen. Die erste Frage dabei ist natürlich gleich die folgende: Von wem gesehen? Eine Antwort könnte lauten: von der westeuropäischen Öffentlichkeit. Eine zweite Antwort könnte heißen, und an die muss ich mich wohl halten: von den professionellen politischen Beobachtern der Region, zu denen ich mich, in aller Bescheidenheit, auch zähle.

Aus dieser Sicht müsste ich nun als erstes festhalten, dass wir von außen nicht primär Ungarn wahrnahmen, sondern vor allen Dingen ein anderes Land, nämlich Polen. Über Polen ist hier im Verlauf dieser Tagung kaum etwas gesagt worden, und ich glaube, dies müssen wir korrigieren. Dass Polen bei der osteuropäischen Entwicklung eine enorme Rolle spielte und im Mittelpunkt des Interesses stand, dies gehört zur historischen Wahrheit, wenn wir uns an das Jahr 1989 erinnern. Besser gesagt, Polen spielte diese Rolle bereits 1980/81, zu der ersten großen Zeit der Solidarnosc, dann während der nachfolgenden Periode, da die Gewerkschaft in den Untergrund ging, und schließlich 1989, als sie zumindest partiell freie Wahlen erzwang. Das Bild welches sich darbot, glich dem in Ungarn, man sah eine kommunistische Partei, die offensichtlich ausgebrannt und am Ende war. Eines verstand man damals auf westlicher Seite allerdings nicht, ich denke, wir verstehen es bis heute nicht richtig: Was hatte die Polnische Vereinigte Arbeiterpartei dazu veranlasst, nachzugeben und in die teilweise freien Wahlen einzuwilligen?

Der Ausgang der Wahlen im Frühsommer in Polen, mit dem die kommunistische Partei förmlich vom Tisch gewischt wurde und „die Solidarität" im Repräsentantenhaus wie im Senat einen Triumph feierte, wonach dann bald die erste nicht kommunistische Regierung gebildet wurde, war ein gewaltiges Ereignis, das die Außenwelt mit Recht in seinen Bann schlug. Kurz, ich darf neben unserer Konzentration auf Ungarn – das hat mit unserem Thema und Standort zu tun – doch auch daran erinnern, welches Gewicht damals Polen zukam. Das ist im Übrigen voll verständlich, wenn man Polens geopolitische Lage zwischen der damaligen Sowjetunion und Deutschland in Rechnung stellt, sowie auch sein flächen- und bevölkerungsmäßiges Gewicht. Dass ich hier an die Bedeutung dieses Landes erinnere wird den Ungarn, die mit Polen stets traditionell eng verbunden waren, gewiss nicht weh tun. Bei der gleichzeitigen Beobachtung Ungarns und Polens tauchte im Westen damals schon die Frage auf: Wieso sind es wieder diese beiden Länder, die – wie schon anno 1956 – sofort an der Spitze von Selbstbefreiungsbewegungen stehen und einen Schwächeanfall der Sowjetunion als erste nutzen? Damals wurden historisch-politische Überlegungen angestellt, dies war, wie ich mich erinnere, auch eines der Themen jenes Sommers.

Was nun Ungarn angeht, so sah man im Westen die Grenzöffnung natürlich als eine Wegmarke von historischer Bedeutung. Zugleich sah man sie aber auch als Teil eines Prozesses, einer Entwicklung, die man in Ungarn bereits Anfang 1989 wahrgenommen und seither mit Aufmerksamkeit verfolgt hatte. Selbstverständlich weiß ich, dass die gleiche Entwicklung in Ungarn auf wesentlich frühere Zeiten zurückgeht. Otto von Habsburg hat ganz gewiss Recht, wenn er in seinem Vortrag hier die gleiche Linie schon mit der Erwähnung des Volksaufstandes von 1956 zu ziehen begann. Sichtbar für alle Beobachter sowie die breitere Öffentlichkeit wurde dieser emanzipatorische Vorgang aber erst Anfang 1989. Ich denke da vor allem an die Demonstration der Opposition am 15. März 1989 in Budapest und an ihre Begleitumstände. Diese waren solcher Art, dass die westlichen Medien zu erwägen begannen, Ungarn sei offensichtlich im Begriff, aus dem sowjetischen Block auszuscheren. Als ein Teil dieses Vorgangs und als einen Höhepunkt erlebte man dann den ungarischen Entscheid, die Grenze zu öffnen. Dies war zugleich ein Bekenntnis Ungarns zu freiheitlichen, rechtsstaatlichen und eben auch westlichen Werten. Da deklarierte die ungarische Regierung, dass humanitäre Verpflichtungen und Konventionen für sie Vorrang vor zwischenstaatlichen Verträgen aus obskuren kommunistischen Zeiten hätten.

Was nun mich angeht – aber andere Redner bei dieser Tagung scheinen Ähnliches zu sagen –, was also mich angeht, so gestehe ich guten Gewissens, dass ich damals nicht gewusst und nicht geahnt habe, zu welchen Folgen die Grenzöffnung in Ungarn innerhalb kurzer Zeit führen würde: bereits nach zwei Monaten zum Einsturz der Mauer in Berlin und zur Wiedervereinigung Deutschlands in einem weiteren Jahr. Wenn jemand damals diesen Zusammenhang erkannte und das Kommende voraussah –

alle Achtung, ich lasse mich gern überzeugen. Miklós Németh scheint in diesem Sinne Andeutungen gemacht zu haben. War dem so, so bewundere ich Némeths politisches Talent, über welches ich als Außenstehender ganz gewiss nicht verfüge. Gesagt sei damit, dass unser Blick sich damals, im Augenblick der Grenzöffnung, doch im wesentlichen auf Ungarn beschränkte.

In diesem Sinne stimme ich Herrn Erhard Busek voll und ganz zu, wenn er sagt, wir seien damals auf das Kommende nicht vorbereitet gewesen. Wenn ich eine kleine persönliche Erinnerung bemühen darf: Ich nahm in Zürich Ende August 1989 an einer Diskussion des Schweizer Fernsehens teil. Die DDR-Flüchtlinge stauten sich zu dem Zeitpunkt bereits in Ungarn. Sie bildeten auch das Thema der Fernsehdebatte. Einer der Teilnehmer war nun der Ostberliner Korrespondent einer Schweizer Zeitung. Ihm stellte man die Frage: „Herr Soundso, ist es richtig, dass aus der DDR weitere Hunderttausende flüchten möchten und, dass als Folge das Land bald einmal einen ernsthaften Mangel an qualifizierten Arbeitskräften verspüren würde. Und dass auf diese Art die ganze DDR in ihrer Funktionsweise derart beeinträchtigt wäre, dass die Existenz dieses Staates überhaupt in Frage gestellt werden könnte?" Die Antwort des Kollegen lautete schlicht: „Das ist Blödsinn." Denn, so seine Erklärung, die überwiegende Mehrheit in der DDR wisse sehr wohl, was ihr dieser Staat an sozialer Sicherheit biete, sie schätze und beanspruche diese Leistungen; die Flüchtlinge seien eine Ausnahme. Und nun muss ich Ihnen selbstkritisch sagen, dass es in dieser Diskussionsrunde nicht viele oder besser kaum einen gab, der mit der zitierten Meinung des Ostberliner Kollegen hart ins Gericht gegangen wäre. Man nahm sie zur Kenntnis, allenfalls tat man das mit etwas Skepsis. Aber sehr sicher war man nicht im eigenen Urteil – soviel also zu unserem damaligen Kenntnisstand.

Und da wäre eine andere Erinnerung. Ein Jahr später nahm ich in Coburg an der Jahrestagung der Deutschen Gesellschaft für Osteuropakunde teil. Der Kongress hätte nach der Idee der Veranstalter in einer Stadt möglichst nahe zur DDR-Grenze stattfinden sollen. Zum Zeitpunkt, da der Kongress dann tatsächlich über die Bühne ging, gab es keine Grenze und keine DDR mehr. Diese Gesellschaft vereinigt nun vor allem Universitätsprofessoren vieler verschiedener Disziplinen, Historiker, Juristen, Ökonomen und Politologen; auch Diplomaten gehören zu den Mitgliedern, und selbst der eine oder andere „hergelaufene" Journalist ist dabei. Eines allerdings vereint all diese Leute: Sie widmen ihr Berufsleben dem Studium Osteuropas. Und nun war der erste Vortragende ein Professor von einer süddeutschen Universität. Er ging auf das Podium, schob sein Manuskript zur Seite, schaute sein Publikum an und sagte: „Meine Damen und Herren, bevor hier ein Wort fachlicher Art fällt, müssten wir uns vielleicht einmal fragen: Was ist falsch mit unserer Wissenschaft? Denn wir alle, legen wir doch die Hand aufs Herz, haben diese Entwicklung nicht vorausgesehen." Daran anschließend folgte eine lange und gründliche Diskussion. Deren Verlauf und Argumente will ich hier vor ihnen nicht wiederholen, bloß soviel hinzufügen, dass im gleichen Verein die gleiche Diskussion mitsamt den gleichen Fragen und Vorhaltungen zwei Jahre später, nach dem Zusammenbruch der Sowjetunion, ebenso stattfand. Den Kollaps der UdSSR hatte natürlich auch niemand vorausgesehen.

Und nun zurück zu Ungarn und zum Sommer 1989. In dieser Hinsicht darf ich jetzt vielleicht als ein westlicher Journalist ungarischer Herkunft sprechen, als jemand, der eben in Budapest geboren ist. Ich denke, dass man auf Ungarn damals stolz sein durfte. Ich glaube, dass man auf die damalige Tat auch heute noch stolz sein darf. Als Fazit würde ich meinen, dass sich Ungarn in der zweiten Hälfte des 20. Jahrhunderts mit zwei Daten und Taten – 1956 und 1989 – wieder sehr viel Prestige erworben hat. Prestige in den Augen westlicher Nationen, auch jener Mächte, die Ungarn in der ersten Hälfte des gleichen Jahrhunderts recht ungnädig behandelt hatten. Blicke ich auf den Weg zurück, den Ungarn in den letzten zehn Jahren hat zurücklegen können, auf die nun erworbene Nato-Mitgliedschaft, so ist es zum einen gewiss die Leistung des Landes, die diese Ergebnisse, diese Annäherung an den Westen ermöglicht hat. Zum anderen aber hat das Wohlwollen, das Ungarn von westlicher Seite entgegengebracht wird, ebenso zweifellos mit den beiden Daten 1956 und 1989 zu tun.

Und nun ein kurzes Schlusswort, wobei ich – bei allem Einverständnis – darauf eingehen und antworten möchte, was Herr Busek hier über das kurze politisch-historische Gedächtnis der jungen Generation gesagt hat. Nun, mein Bruder, etwas älter als ich, ist Professor an der Eidgenössischen Technischen Hochschule in Zürich. Und da wir Ungarn von einem sehr flachen Land herkommen, sind also Seilbahnen und Drahtseile seine Spezialität. Dabei sind anscheinend die Seilbefestigungen ein schwieriges technisch-mathematisches Problem. Mein Bruder pflegt nun, wenn er auf diese Frage kommt, seinen Studenten bei der Vorlesung Aufnahmen von Seilbefestigungen verschiedenster Art zu zeigen. Jetzt fragen Sie sich, was ich mit dieser Geschichte will. Ich komme gleich dazu. Wir haben im Jahr 1989 und später 1991 für meinen Bruder emsig Fotos von gestürzten sowjetkommunistischen Statuen gesammelt, von Lenindenkmälern, die man in Riga oder in Bukarest vom Sockel gezerrt, bronzenen Leninfiguren, denen man Drahtseile um den Hals gelegt und mit irgend einem schrecklichen Knoten festgebunden hatte. Sie werden sich alle an diese Aufnahmen erinnern. Diese Bilder unter anderem führte mein Bruder eine Zeitlang seinen Studenten vor und sagte bei Lenins Anblick: „Bitte, wie ich ein Seil befestige, das kommt eben auch darauf an, zu welchem Zweck ich das Seil verwenden will.“ Letztes Jahr passierte ihm nun, dass er eine solche Leninstatue mit dem Strick um den Hals zeigte, worauf einer der Studenten sich erhob und sagte: „Könnten Sie uns den politischen Zusammenhang erklären?“

Und nun würde ich diese Äußerung doch eher ein wenig von der komischen Seite her sehen, statt sie allzu tragisch zu nehmen. Da war ein Geschichtslehrer am Gymnasium mit seinem Stoff wieder einmal nicht fertig geworden, war vielleicht beim Dreißigjährigen Krieg oder allenfalls bei Waterloo stecken geblieben, statt bis in die Gegenwart vorzustoßen; zu mehr, zu Modernerem hat es vor der Matura nicht mehr gereicht. Ich meine aber, dass diese junge Generation das ihr Fehlende mit der Zeit selber nachholen, die nötigen Kenntnisse erwerben wird. Vielleicht hat es auch seine gute Seite, wenn die unmittelbar nach uns Kommenden die soeben zu Ende gegangenen schreckliche Zeit erst etwas später aus ihrer eigenen Geschichtslektüre kennen lernen und nicht aus Schulbüchern. Wenn man sie ihnen nicht unbedingt als Teil obligatorischen Schulwissens beibringt. Ich bin recht zuversichtlich, dass es in dieser Hinsicht keine Wissenslücke geben wird. Dies allerdings unter der Voraussetzung, dass sich unsere Politiker im Westen um Ost- und Ostmitteleuropa kümmern. Und sich nicht damit abfinden, dass Europa zwei Hälften hat, eine reiche und eine arme, und dass die letztgenannte uns nichts angeht. Sollte sich nämlich bei den Politikern Unkenntnis Ostmitteleuropas und der jüngsten osteuropäischen Geschichte etablieren, dann wird es um einiges schwieriger sein, diese Lücke zu füllen.

Gyula Kurucz:

Danke Herr Oplatka. Wir können ziemlich stolz sein, dass solch profilierte westliche Journalisten an unsere Heimat gebunden sind. Ähnlich ist es mit Herrn Hefty, der genauso gut unsere Sprache spricht und sich seit Jahrzehnten genauso objektiv bei der „Frankfurter Allgemeinen Zeitung" unseren Problemen widmet.

Wie haben Sie damals die Ereignisse gesehen und was ist nun Ihre Meinung über die Zeit?

Georg Hefty

Frankfurter Allgemeine Zeitung

Ich möchte den hier in den letzten eineinhalb Stunden gesetzten Akzenten etwas widersprechen. Es kann eigentlich keine Rede davon sein, dass die Leute, die mit der Geschichte etwas zu tun hatten, von der Entwicklung überrascht waren. Der Reihe nach: Ich bin auf dem richtigen Weg, wenn ich sage, dass die Menschen in der DDR überrascht waren, aber in der DDR verhielt sich sowohl die Staatsführung als auch die Bevölkerung ganz anders als in Ungarn. Dass die Menschen in der DDR von der Geschichte überrascht wurden, ist noch kein Beweis dafür, dass die Leute in Ungarn überrascht worden wären. Ob die Bevölkerung in Deutschland insgesamt überrascht wurde, kann ich nicht beurteilen, weil ich da etwas befangen bin. Ich habe seit 1986 versucht, den Lesern unserer Zeitung die kleinsten Einzelheiten jeglicher Veränderungen in Ungarn zur Kenntnis zu bringen. Wahrscheinlich mit mangelndem Erfolg, aber das ist Journalistenlos. Es gab zwischen 1986 oder 1985 und 1989 eine ungeheuer glückliche Konstellation. In Bonn regierte eine konservative oder christlich-demokratisch-liberale Regierung, die den Vorteil hatte, dass sie sich mit Osteuropa intensiver beschäftigt hatte als die Regierung vorher. 1981/82 hat die ungarische Regierung unter Führung Kádárs einen Vorstoß unternommen, sich ein bisschen dem Westen anzuschließen. Man wollte diesen Schritt nicht tun, ohne die Meinung des damaligen Bundeskanzlers Helmut Schmidt kennen zu lernen. Daraufhin reiste Kádár selbst nach Bonn und stellte Schmidt auf dem Weg über einen Flur die entscheidende Frage: „Was sagt Deutschland dazu, wenn wir uns ein bisschen dem Westen annähern?“ Worauf Schmidt erwiderte: „Reizt bitte die Sowjetunion nicht.“ Damit war das Thema für Ungarn für die nächsten Jahre erledigt. Nach 1985 war es ganz anders, denn da gab es einen Bundeskanzler Kohl, und im Bundeskanzleramt gab es einen Mann namens Teltschik, der sich für diese Gegend ungeheuer interessiert hat und diese Gegend auch liebevoll behandelt hat. Teltschiks Kontakte nach Ungarn haben dazu geführt, dass Leute wie Pozsgay sich in Bonn verstanden fühlten. Dass Politiker wie Németh, mindesten sieben bis acht Monate bevor sie in Ungarn Ministerpräsidenten wurden und damit eigentlich das Politbüro überraschten, in Bonn bereits das Signal gesetzt hatten, dass sie die nächste Regierung stellen würden, gehört auch hierher. Bonn war in vielen Dingen der ungarischen Entwicklung besser informiert als das ungarische Politbüro. Und deswegen kann von Überraschung überhaupt keine Rede sein.

Was sich in Ungarn von 1985 an vollzog, das heißt also mit den ersten nicht ganz unfreien Wahlen, das war die Zeit als Pozsgay die Leitung der Volksfront übernahm und aus der Volksfront heraus merkwürdige Vorstellungen von einer anderen Politik vortrug und seine Hand schützend über ungarische Zeitungen hielt, vor allem über Magyar Nemzet, und damit auch die Stimmung im Lande beeinflusste, das war eine günstige Konstellation. Sie führte letztendlich dazu, dass man sich 1989 überhaupt nicht anders verhalten konnte, als man sich verhalten hat. All die Befürchtungen, all die Spekulationen, was wäre gewesen, wenn die ungarische Polizei auf die Flüchtlinge geschossen hätte, wenn die ungarische Grenzpolizei geschossen hätte, wenn die Russen interveniert hätten etc., all diese Befürchtungen zeugen eigentlich von einer Unkenntnis dessen, was im Lande ablief.

Wenn man sich überlegt, dass Viktor Orbán, der heutige Ministerpräsident, am 16. Juni 1989 in aller Öffentlichkeit, was seit 1956/57 nicht mehr geschehen war, den Abzug der sowjetischen Truppen aus Ungarn verlangen konnte, und er am nächsten Tag nicht festgenommen wurde, dann merkt man, welcher Wandel auf den Weg gebracht worden war.

Sopron war nicht eine Überraschung, sondern war die Fortsetzung einer Linie, die lange angelegt war, und die von den Parteichefs und anderen Politikern gezogen wurde. Man muss hier auch Kádár nennen, auch Grósz und dann den Ministerpräsidenten Németh, vor allem aber den hier anwesenden Staatsminister Pozsgay. Sie haben den Wandel der ungarischen Gesellschaft und den Wandel der ungarischen Politik über Monate und Jahre bewirkt. Die DDR-Bürger haben das im Gegensatz zu den Westbürgern gemerkt. Es gab eine kleine Episode. Herr Pozsgay war im Mai 1989 in der ungarischen Botschaft in Bonn. Dort sah man bei dieser Gelegenheit viele merkwürdige Gestalten, die die Botschaft weder vorher noch nachher je betreten haben. Nach der Rede Pozsgays wurde eine Frage gestellt, eine einzige aus dieser Gruppe heraus, und die lautete: „Was machen Sie, wenn deutsche Flüchtlinge nach Ungarn kommen?" Daraufhin sagte Pozsgay, was er hier heute früh schon einmal gesagt hat, es sei nicht die Aufgabe Ungarns, die Grenze anderer Staaten zu verteidigen. Daraufhin leerte sich der Saal. Die Leute haben allein auf diese eine Antwort gewartet und ich glaube, dass diese Leute dazu beigetragen haben, den Strom der Touristen aus der DDR nach Ungarn zu beschleunigen. Für mich als Außenstehenden bedeutet das, dass es zwei Netzwerke gab. Auf der einen Seite gab es das ungarische Netzwerk zwischen Pozsgay und – in einem ganz anderen Sinne – zwischen Horn und Németh. Auf der anderen Seite gab es ein Netzwerk von Leuten, die man damals Fluchthelfer und ähnliches nannte, die also gute Kontakte in die DDR hatten. Diese beiden Netzwerke haben so zusammengearbeitet, dass nicht nur Sopron möglich wurde, sondern am Ende das kommunistische System zusammenbrach.

Wen das überrascht hat, der ist eigentlich selber Schuld gewesen.

Gyula Kurucz:

Danke, Herr Hefty. Ich denke ähnlich über die Ereignisse. Ich habe viele Dokumente aus der Zeit über das Thema gelesen, habe mit vielen Zeugen gesprochen. Überall tauchten Elemente auf, die sehr zum Nachdenken anregen.

An einer Stelle geht es etwa um 150 DDR-Flüchtlinge. Sie warten still, diszipliniert in einem Maisfeld. Dann auf ein Zeichen (Sektkorken oder Taschenradio) strömen sie gleichzeitig zur Grenze und durchbrechen das Tor. Die Grenzwächter sagen, selbst für Ortskundige sei es schwer, dieses Tor zu finden und sie, 150 Menschen zusammen, die aus Budapest gekommen sind, finden es trotzdem sofort. In anderen Aufzeichnungen handelt es sich um Busse, die aus Budapest losfahren und ohne Probleme, ohne aufgehalten zu werden, hier eintreffen. Meiner Meinung nach musste es – hinter den scheinbar spontanen Geschehnissen – mehrere planende Zentren geben, wo alle nötigen Informationen vorlagen und die Dinge gesteuert wurden. Meiner Meinung nach waren im Hintergrund sehr konkrete politische Interessen versteckt. Aber darüber noch später.

Jetzt kommt wieder ein Augenzeuge, Herr Ströhm, der damals als Reporter für „Die Welt" hier anwesend war und viel zu berichten hat.

Carl Gustaf Ströhm

1989 Korrespondent für „Die Welt" und Redakteur des kroatischen Fernsehens

Vor zehn Jahren traf ich den Organisator des heutigen Symposiums, Herrn László Nagy, auf einer Wiese zwischen Stacheldraht und Wachtürmen direkt an der Grenze. Rings um uns hatte sich eine ungeheuere Menge von Leuten versammelt, die sich in Richtung Österreich wälzte. Ein junges Pärchen aus der DDR geriet in Streit, und das Mädchen schrie mit sächsischem Akzent ihren Freund, Verlobten, oder Ehemann an: „Du läufst in die falsche Richtung, Österreich ist dort links drüben, du bist doch wahnsinnig, geh doch sofort hier links rüber..." Es herrschte also ein allgemein aufgeregte Stimmung. Auf den Wachtürmen kletterten Zivilisten herum, dazwischen sah man ungarische Soldaten, und ich fragte Herrn Nagy, der damals noch, wie wir alle, zehn Jahre jünger war als heute, und der mit größter Unbekümmertheit dort Rede und Antwort stand: „Wie wird das jetzt weitergehen?" Darauf gab er mir eine echt ungarische Antwort: „Entweder wir sind morgen an der Regierung, oder wir sitzen alle im Gefängnis." Das war so im Spaß dahingesagt, aber es war nicht nur Spaß. Ich möchte hier doch im Gegensatz zu manchen deterministischen Meinungen betonen, dass die Stimmung nicht so war, dass man sagte, das ist eine gemähte Wiese und hier kann nichts mehr passieren. Es herrschte gespannteste Stimmung und niemand ahnte, was sich daraus entwickeln würde. Ein zweites Bild aus jener Zeit: Ich fuhr damals mit meinem Wagen kreuz und quer hier in der Gegend herum, grade hier in Sopron, weil ich beobachten wollte, wie die DDR-Flüchtlinge über die grüne Grenze gingen. In der Nähe des Széchenyi Schlosses (das in Richtung Győr liegt), gibt es eine Stelle, Kapuvár glaube ich, wo die Grenze ganz nah an der Straße entlang führt – dort passierte Folgendes. Es blieben immer Autobusse stehen, dann sprangen aus ihnen dutzende Leute heraus, Frauen mit Kindern, Männer mit Reisetaschen, rannten über die Straße in Richtung Österreich und verschwanden dort. Auf einem Parkplatz sah ich plötzlich ein Ehepaar auf Mopeds mit DDR-Kennzeichen. Auf Mopeds, das muss man sich mal überlegen, die waren aus der DDR mit dem Moped nach Ungarn gekommen! Sie ließen die Mopeds dort stehen. Die Frau zog zwei kleinen Buben, die damals vielleicht so sieben oder acht Jahre alt waren, trotz größter Sommerhitze vier Wollpullover übereinander an. Da war mir klar: Diese Familie will über die grüne Grenze und weiß nicht, wie lange das dauern wird. Die Eltern wollten, dass die Buben für die Nacht warm genug angezogen sind. Ich habe sie dann angesprochen und sie bestätigten, dass sie nun über die Grenze gehen würden. Später habe ich sie dann in Österreich wiedergetroffen; die Grenzüberquerung war ihnen gelungen. Manchmal ist das Leben wie ein Film, der beste Regisseur könnte sich das nicht ausdenken. Ein Mercedes, damals neuester Bauart, mit einem gewaltigen deutschen Wohnmobil und Baden-Württembergischer Autonummer fuhr auf den Parkplatz, eine Dame stieg aus und führte einen Pudel an den Straßenrand. Sie sah die Menschen aus der DDR, die dort über die Straße huschten, und sagte dann zu mir: „Ja, um Gottes Willen, jetzt kommen sie alle zu uns, das ist ja fürchterlich, was sollen wir bloß machen..." Ich hatte einen inzwischen verstorbenen älteren Kollegen bei mir, der ihr antwortete: „Aber gnädige Frau, in Gottes Namen, wenn Sie einen solchen Wohnwagen haben, da werden Sie ja noch ein paar DDR-Leute unterbringen können." So war die damalige Stimmung.

Und jetzt vielleicht ein kleiner Szenenwechsel: 2. Mai 1989. Die Presseabteilung des ungarischen Außenministeriums lud die Auslandskorrespondenten zur Teilnahme an der Beseitigung des eisernen Vorhangs in Hegyeshalom ein. Wir fuhren hin, es war kalt, und es wehte ein fürchterlicher Wind. Ungarische Soldaten mit russischen Pelzmützen legten mit Bulldozern die Betonpfähle um und rollten den Stacheldraht ein. Ich fuhr zurück und schaltete den Deutschlandfunk ein. Damals hörte ich eine Erklärung oder ein Interview der damaligen gesamtdeutschen Ministerin, sie hieß, glaube ich, Dorothea Wilms. Darin hieß es: Die Bundesregierung warne alle Bürger der DDR dringend davor zu glauben, sie könnten jetzt über Ungarn in den Westen ausreisen. Man solle dies unterlassen, da es viel zu gefährlich sei. Man sollte also zu Hause bleiben. Wäre dieser Rat damals befolgt worden, könnte Honecker noch heute in Ost-Berlin regieren.

Hier wurde von Leuten gesprochen, die den Fall der Mauer bzw. das Ende der DDR vorausgesehen haben oder eben nicht. Ich kenne einen Mann – dazu noch einen Österreicher –, der mir das vorausgesagt hat. Es war ein österreichischer Diplomat, mit dem ich im Januar 1989 zusammentraf. Er teilte mir mit: „Nach unseren Erkenntnissen" – er sagte „unseren", gemeint war sicher das österreichische Außenministerium – „steht in der DDR eine Konfrontation zwischen Regime und Bevölkerung bevor. Wir sind der Meinung, dass das Regime das nicht aushalten wird. Es wird zu einer Explosion kommen". Dann fragte er mich, was denn Bonn dazu sage? Ich antwortete, dass ich keine Ahnung hätte, da ich längere Zeit nicht mehr in Bonn gewesen sei, aber in der folgenden Woche hinführe und mich umhören würde. Ich fuhr also mit dieser Äußerung des österreichischen Diplomaten im Gepäck nach Bonn und sprach meine Bekannten, Kollegen und einige Politiker darauf an. Ich bin einhellig ausgelacht worden: „Aber Herr Ströhm, wir müssen doch seriös bleiben. Was heißt hier Konfrontation, was heißt hier Explosion; also diese Österreicher. Ihr wart sicher beim Heurigen, ihr habt zu viel getrunken. Also diese Wiener, das ist mal wieder echt österreichisch..." etc. Ich fuhr kleinlaut wieder zurück. Ich muss aber feststellen, dass sich der Diplomat einzig in Bezug auf den Zeitraum geirrt hat. Er sprach von zwei Jahren. In Wirklichkeit passierte es innerhalb der nächsten neun Monate. Ich glaube schon, dass der analytische Horizont der Deutschen, und nicht nur der Deutschen, damals irgendwie eingeengt war. Das hing damit zusammen, dass man sich bis weit in das sogenannte konservative Lager hinein größte Sorgen über den Fortbestand der Sowjetunion machte. Man fragte sich, was passieren würde, wenn sie auseinander fiele. Hinzu kam noch die Angst vor dem Zusammenbruch, dem Auseinanderfallen Jugoslawiens. Ich höre noch bis weit in das Jahr 1991 hinein die Redensarten deutscher und österreichischer Politiker, die ständig betonten, dass die territoriale Integrität Jugoslawiens gesichert werden müsse. Das galt natürlich auch für die territoriale Integrität der Tschechoslowakei. Irgendwann fragte mich jemand, warum es eigentlich unser Interesse sei, die territoriale Integrität eines Imperiums zu sichern. Man wagte es nicht, über den eigenen Schatten zu springen. Man hatte sich im Grunde genommen in diesem Status quo eingelebt und betrachtete die Dinge sehr statisch. Es war nicht vorstellbar, was da passierte, obwohl es genügend Zeichen an der Wand gab; genügend Leute aus den östlichen Ländern, die das voraussagten. Andrej Amalrik, der inzwischen schon vergessen ist, tauchte im Westen als russischer Dissident auf und sagte den Zusammenbruch der Sowjetunion vor dem Jahre 2000 voraus. „Wird die Sowjetunion das Jahr 1984 überleben?“ hieß sein Buch. Darüber haben sich die Leute eher lustig gemacht und behauptet, dass das nicht ernst zu nehmen sei. Das heißt wie bei Morgenstern: „Korff bedachte messerscharf, dass nicht sein kann, was nicht sein darf“. Nun kommen wir auf den spezifisch ungarischen Fall zu sprechen. Ich kann mich erinnern, dass das kadaristische System mitsamt den anwesenden sowjetischen Besatzungstruppen nicht nur als ein Zustand betrachtet wurde, den man überwinden muss, sondern auch als statisch empfunden wurde. Man sagte: „Schaut Euch doch diese Ungarn unter Kádár an, die Zigeuner fiedeln in Budapest, der Gulasch dampft aus den Kesseln, die Touristen amüsieren sich auf der Váci utca; es ist alles wunderbar. Die russischen Soldaten sind zwar da, aber das macht ja nichts – Ungarn ist die lustigste Baracke im sozialistischen Lager. So soll es auch bleiben, so ist es alles eigentlich sehr schön und sehr gut.“ Diese statische Betrachtungsweise hat uns damals, glaube ich, erheblichen Schaden zugefügt und dazu geführt, dass wir von einem Ereignis überrascht wurden, das wir eigentlich vorher analytisch hätten erfassen müssen. Ich frage mich natürlich auch, wo die westlichen Geheimdienste waren, wo die westlichen Forschungsinstitute waren, wo die analytischen Stäbe der Politiker waren. Man hat das nicht vorausgesehen. Ich erinnere nur an eine Gestalt, ich will hier natürlich niemanden attackieren, aber wenn wir schon dabei sind, dann wollen wir doch ganz offen sein. Es gab also Herrn Günter Gaus, einen bekannten Fernsehjournalisten, der zum ständigen Vertreter der Bundesrepublik in der DDR ernannt wurde. Von ihm stammt eine ganze Mythologie der „Nischengesellschaft“ in der DDR und vom angeblichen DDR-Staatsbewusstsein Das hat bis weit in bürgerliche Kreise Anklang gefunden.

Die historische Leistung der Ungarn liegt darin, dass sie durch ihr Verhalten vor zehn Jahren und vorher diese falsche Mythologie zerschlagen haben. Sie haben den Westen – auch die Bundesdeutschen und die Westeuropäer – auf den Boden der Tatsachen zurückgeführt. Es ist das ganz große Verdienst der Ungarn und der Organisatoren dieses Soproner Picknicks, dass sie den Vorhang der Illusionen, der Selbsttäuschung und der frommen Wünsche weggerissen haben. Plötzlich stand die Wirklichkeit vor uns.

Am Schluss gestatten sie mir noch ein persönliches Wort. Ich bin das erste Mal am 11. November 1956 in die Stadt Sopron gekommen, das heißt, ich bin nicht ganz freiwillig gekommen, sondern gebracht worden. Ich war damals ein sehr junger deutscher Journalist, der aus einer Mischung von Neugierde und bodenlosem Leichtsinn mitten in die ungarische Revolution hineingefahren war. Ich habe den Einmarsch der Sowjets hier erlebt – mit allen Konsequenzen. Am 3. November, einen Tag bevor die Mausefalle zuging, hat uns der damalige Präsident des Nationalrats von Transdanubien, er hieß Attila Szigeti – der Name ist längst vergessen –, zu einem Gespräch in seinem Büro in Győr empfangen. Er war ein rothaariger schnauzbärtiger Mann, der uns, eine kleine Gruppe westlicher Journalisten, die nicht mehr rechtzeitig nach Österreich rauskommen konnten, bat, wir mögen doch die UNO, die Amerikaner, die NATO und Bundeskanzler Adenauer verständigen, damit man den Ungarn helfe. Als ich am nächsten Morgen aus meinem Hotelfenster in Győr schaute, streckte sich mir eine riesige sowjetische Panzerkanone direkt vor dem Zimmerfenster entgegen. Einige mongolisch aussehende Soldaten mit Stahlhelmen saßen auf dem Turm und grinsten mich mit ihren Maschinenpistolen an. Damit war die Geschichte zu Ende. Damals saßen wir dort einige Tage quasi in Haft. Dann brachte man uns – ich wusste damals gar nicht, dass es Sopron war – hierher in das Rathaus. Im Rathaus saß ein sowjetischer Offizier, der uns noch einmal verhörte, bevor wir dann Richtung Österreich entlassen wurden. An der Grenze aber, dort wo jetzt dieser lebendige Verkehr herrscht, stand damals ein ganz kleines Häuschen. Darin saßen, nachdem die Russen uns schon entlassen hatten, die wiedergekehrten Geheimpolizisten – die sogenannten Abo-Leute des kommunistischen Regimes. Sie sagten uns damals, dass es gar nichts bedeute, dass die Russen uns rausgelassen hätten. Sie seien die souveräne Ungarische Volksrepublik und sie müssten erst in Budapest nachfragen, ob wir überhaupt nach Hause fahren dürften. So waren also damals die Verhältnisse.

Betrachtet man den Weg, den Ungarn seitdem gegangen ist, darf man nicht vergessen, dass damals 150.000 Ungarn oder sogar noch mehr den gleichen Fluchtweg gegangen sind, wie ihn dann 1989 die DDR-Flüchtlinge gingen. Zunächst einmal liegt hier die Doppelbödigkeit des Kádár-Regimes. Wir dürfen nicht vergessen, dass hier in den Jahren nach 1956 ein fürchterliches Terrorregime herrschte, dass halbe Kinder hingerichtet worden sind, weil sie am Freiheitskampf teilgenommen hatten. Die Art und Weise wie man Imre Nagy und seine Mitstreiter beerdigt hat – mit den Gesichtern nach unten – und sozusagen Müll über sie gekippt hat, dass war natürlich fürchterlich und öffnete Abgründe. So kann man in gewisser Weise von einem ungarischen Wunder sprechen, denn das Land hat diesen ungeheueren Aderlass überlebt.

Schließen möchte ich aber mit einer Bemerkung, die Milovan Djilas, der ihnen vielleicht bekannte, ehemalige, inzwischen schon verstorbene Stellvertreter Titos, mir gegenüber einmal gemacht hat. Er sagte mir, Stalin, den er 1944 als kommunistischer jugoslawischer Partisanenführer besuchte, habe ihm gegenüber erklärt, es gäbe in Osteuropa oder Mitteleuropa zwei gefährliche Völker. Das seien die Polen und die Ungarn. Auf die müsse man besonders aufpassen. Daraufhin habe Djilas ihn gefragt, warum denn gerade die zwei? Darauf erwiderte Stalin, weil das Kavallerienationen seien. Beide hätten erstens einen eigenen Adel hervorgebracht, und zweitens seien das Reitervölker. Vielleicht war das eine etwas vereinfachte Formel, aber sehr interessant ist, dass Josef Stalin 1944 im Gespräch mit Djilas genau voraussah, wo die Schwachpunkte des kommunistischen Systems in seinem damals erst gegründeten Imperium liegen würden.

Gyula Kurucz:

Ich glaube, wir stoßen während unserer Konferenz auf viele überraschende Neuigkeiten und Wahrheiten. Es begann mit der besessenen, überzeugten Organisationsarbeit der Debrecener und Soproner, die schließlich zum Erfolg führte. Das war eine Spur. Bei ihnen können wir keinerlei umstürzlerisches Interesse feststellen, sondern nur eine tiefe Überzeugung und die daraus folgende Handlung – die natürliche, selbstbewusste Haltung der Opposition eines unterdrückten Landes.

Wir untersuchten weiter die seltsame Unsicherheit der westeuropäischen Politik sowie das scheinbare Zögern der ungarischen Politik. Der Schein kann aber täuschen.

Sehen wir uns nun die Chronologie der Fakten an:

März 1989: Miklós Németh bei Gorbatschow

10. Mai: Pozsgay-Kohl-Unterredung

13. Juni: Kohl-Gorbatschow-Treffen

10. Juli: Miklós Németh-Pozsgay-Genscher

15. August: Sudhoff-Horn

16. August: Innenminister Horváth: „...für uns bedeuten die DDR-Bürger keine Flüchtlingsfrage, sondern eine Übersiedlungsfrage“

19. August: Sopron

22. August: Miklós Németh öffentlich: „...wir wollen keine halben Lösungen“

25. August: Miklós Németh in Bonn bei Herrn Kohl. (Hier sollte eine Entscheidung getroffen werden.)

Parallel zur scheinbaren Unsicherheit der ungarischen Politik zeigt sich eine bewusste und konsequente Schrittfolge.

Wir konnten identifizieren, dass die Sowjets sich nicht in die Geschehnisse einmischten, weil ihr System selbst am Rande des Zerfalls stand. Von dieser Seite kamen zwei Botschaften. Die eine an Németh, dass sie die Sünde von 1956 nicht wiederholen würden. Die andere ging an Kohl, die Ungarn seien anständige Menschen. Die Tore standen also offen für eine gute Lösung.

Heute Vormittag sagte Oberst Bella, dass laut der österreichischen Kollegen schon seit Anfang August Züge zum Abtransport der DDR-Flüchtlinge in Österreich bereit standen. Nach unseren offiziellen Erkenntnissen, gab es das ganze Problem zu dieser Zeit noch nicht.

Der Strom der Ostdeutschen war jedoch schon unterwegs. Laut vieler Dokumente tauchten Stasi-Agenten in den Campings auf. Die westdeutsche Presse erschien. Die Reporter von ARD und ZDF waren schon einen Tag früher in Sopron an der Grenze und maßen die Lichtverhältnisse um 15.00 Uhr am Nachmittag. Von dort fuhren sie direkt zur bundesdeutschen Botschaft in Budapest, wo sich 181 ostdeutsche Flüchtlinge aufhielten. Am 19. kamen Busse mit den Flüchtlingen zur Grenze.

Eine derartige Organisiertheit durch einige wenige

Flugblätter? Wer waren die Organisatoren? Wer half diesen Ausländern?

Die Dinge passierten, meiner Meinung nach, keinesfalls zufällig und unerwartet. Zufällig könnte es vielleicht für einige Flüchtlinge, für einen Teil der ungarischen Bevölkerung oder für die Organisatoren des Picknicks scheinen.

Ziemlich deutlich ist ein anderes Interesse festzulegen. Am 10. September 1989 sollte der CDU-Parteitag stattfinden. Herr Kohl saß damals unsicher in seinem Sessel. Gegen seine Neuwahl hatten sich die besten Köpfe seiner eigenen Partei zusammengetan: Heiner Geissler, Lothar Späth, Rita Süssmuth, Herr Biedenkopf, Herr Vogel etc. Herr Kohl brauchte nach innen und außen wirkungsvolle Bestätigungen und Erfolge, um an der Spitze zu bleiben.

In Ungarn bereitete sich die (kaum post)kommunistische Regierung mit voller Kraft auf den, aller Wahrscheinlichkeit nach, unaufhaltsamen Systemwechsel vor. Sie konnten nur mit sehr starker westlicher Unterstützung erhoffen, dass sie Akteure der neuen Zeiten würden.

Nun kommt eine seltsame Geschichte. Herr Karsten Vogt (SPD) reiste nach Budapest, verhandelte mit László Kovács (MSZP). Plötzlich wird eine Nachricht bekannt, dass von diesem Treffen die Information stamme, die Ungarn würden die Grenze am 6. September öffnen. Angeblich.

Nach dieser seltsamen Nachricht kommt das Dementi – und die Verschiebung. Aber welchen Sinn sollte das haben?

Wirklich schön wäre es, wenn der Kanzler selbst diese Weltsensation am 10. September ankündigen könnte.

Und siehe, genau das passierte! Am Abend des 10., als die internationale Presse vor dem CDU-Parteitag auf Nachrichten über die innere Unsicherheit der Partei wartete, verkündete Helmut Kohl: „Vor einigen Minuten hat mein ungarischer Kollege Miklós Németh öffentlich angekündigt, dass die ungarische Grenze um Mitternacht geöffnet wird und alle DDR-Flüchtlinge in die BRD reisen dürfen." Nichts stand der deutschen Wiedervereinigung mehr im Wege. In der Euphorie war die Stabilität des Kanzlersessels für Jahre gesichert.

Meine Frage an alle Gesprächspartner: Wo können wir in diesem scheinbaren Wirrwarr logische Handlungsreihen identifizieren? Wer war an dieser Lösung interessiert? Herr de Maizière!

Lothar de Maizière:

Herr Kurucz, die Fülle der Daten kannte ich vorher so nicht und habe eigentlich auch den Eindruck, dass wir hier einen Zusammenhang konstruieren, für den vielleicht teilweise dem Zufall zu danken ist.

Ich möchte eigentlich eine andere Frage aufgreifen: Was konnte man sehen oder was konnte man auch subjektiv sehen? Aus ganz persönlicher Sicht möchte ich sagen, ich war fünf Jahre alt, als der Krieg zu Ende ging und die Russen kamen, mein Leben hatte also nicht ohne russische Soldaten stattgefunden. Die Frage lautet: Was konnte man sich vorstellen? Wir haben in der DDR gehofft, dass sich das System reformieren würde, dass wir aber eine Systemüberwindung erleben könnten, da war ich sehr skeptisch. Ich war im Sommer 1989 bei einem Prager Freund, der dort Anwalt ist, und sagte: „Peter, wir bekommen einen heißen Herbst". Er antwortete, dass das bei ihnen nichts würde, da bei ihnen noch der Indra und der Jakesch dran wären, die 1968 Reinigungen in der Partei durchgeführt hätten. Solange die lebten, würde wohl nichts passieren. Ich erwiderte, dass ich glaubte, dass es diesmal an der Partei vorbei oder über die Partei hinweg ginge. Mein Freund erklärte mich für verrückt und wiederholte, dass das nicht passieren würde. Also, ich glaube, dass die Überzeugung, man könne dieses System überwinden, nicht allgemein bewusst war. Da greife ich auf, was Herr Pozsgay am Vormittag sagte: War das ein schwacher Generalsekretär (Gorbatschow) in einem starken Staat, oder war es ein starker Generalsekretär in einem bereits schwachen Staat? Das war, meine ich, 1989 so noch nicht erkennbar. Heute wissen wir, dass die deutsche Einigung zum großen Teil Abfallprodukt des Untergangs eines Weltreiches war. Aber ich glaube nicht, dass ich mich in die Prophetenschar derer einreihen möchte, die die Zukunft voraussagen können.

Erhard Busek:

Ich habe mit Interesse die Mitteilung von Herrn Ströhm gehört, dass ein österreichischer Diplomat gewusst hat, was kommen würde. Mich würde die Frage natürlich sehr interessieren: Hat er sein Wissen weitergegeben oder hat er es für sich behalten?

Hier liegt, glaube ich, eher die unterschiedliche Beurteilung aus unterschiedlichen Positionen vor. Was wir registriert haben war, dass der Eiserne Vorhang Rostlöcher bekommen hatte – und das schon seit geraumer Zeit. Insbesondere für Österreicher waren die Rostlöcher ein bischen größer. Falls wir als Neutrale interessante Ansprechpartner waren, so war das sicher eine positive Funktion. Man konnte sich innerhalb des Sowjetsystems ausrechnen, dass wir ja neutral sind. Auch das hat, glaube ich, eine gewisse Rolle gespielt. Dass wir für Transporte der Menschen aus der DDR vorbereitet waren, war ganz klar, denn wir hatten in den Jahren eines begriffen, dass nämlich alle diese internen Spannungen und Veränderungen irgendwelche Auswirkungen auf uns haben würden. Das polnische Kriegsrecht hatte zum Beispiel eine ungeheure Auswirkung auf das Innenleben Österreichs – von Teilzeitarbeit bis Migration und Ähnlichem, Dinge die heute noch nachwirken. Sechzig Wiener Pfarren der katholischen Kirche sind von polnischen Geistlichen besetzt. Wobei Sie den Begriff durchaus im Doppelsinn verstehen dürfen, so wird es nämlich manchmal auch empfunden. Das hängt mit der Rolle von Johann Sobieski bei der zweiten Belagerung von Wien zusammen. Aber an einen Systemwechsel, und hier gebe ich de Maizière völlig Recht, hat eigentlich niemand geglaubt. Ich denke die wirkliche Schlüsselrolle hatte hier die Entwicklung, die Gorbatschow mit Glasnost und Perestroika eingeleitet hatte, durch etwas, das für mich immer eine Überzeugung war, nämlich, dass das kommunistische System nicht reformierbar sei. Das war spätestens beim „Sozialismus mit menschlichem Antlitz" 1968 in Prag ablesbar. Das war der große Irrtum des Gorbatschow. In dem Moment, in dem der eigentliche Schwerpunkt des Sowjetimperiums in Schwierigkeiten geraten war, hatte die Peripherie, um die es sich ja hier handelt, letztlich auch mehr Möglichkeiten und setzte einiges in Bewegung. Wobei natürlich schon etwas stattgefunden hatte. Etwas, das man, glaube ich, unterschätzt – eine geistige Bewegung gegen den Kommunismus. Hier will ich gerade die Charta 77, Magyar Demokrata Fórum oder das, was Solidarnosc versucht hat, relativ hoch ansetzen. „Versuch in der Wahrheit zu leben", „den Menschen die Würde zu geben", das waren, glaube ich, die ganz wichtigen Ansatzpunkte. Es war ja schließlich auch eine geistige Entwicklung, die bei uns herzlich wenig gesehen wurde. Man hat die Menschen, die das vertreten haben, gewissermaßen als Exoten angesehen. Ich erinnere mich an die Aufführungen der vielen Vaclav Havel-Stücke an Wiener Theatern, wo sich dann stellvertretend immer der Pavel Kohout verneigt hat und den stürmischen Applaus entgegennahm, den er im Hinblick auf den Sozialismus in seinem Land ganz sicher nicht verdiente, sondern für die Bekämpfung desselben. Das war ein demokratisches Alibi, das wir selber geerbt haben. Wir applaudieren denen und sagen: So tapfer seid ihr, einfach großartig. Das ist eine sehr ambivalente Sache. Mag sein, dass das nur eine österreichische Eigenheit ist, aber Ambivalenz ist auch eine allgemein menschliche Eigenheit.

Georg Hefty:

Ich glaube, dass man in Ungarn sehr Unterschiedliches zusammen sehen muss. Auf der einen Seite ist in Vergessenheit geraten, dass Gyula Horn ja nicht nur mit der Grenzöffnung seinen Namen bekannt gemacht hat, sondern, dass es Gyula Horn war, der 1988 zur Vollversammlung des Nordatlantischen Paktes nach Hamburg eingeladen worden ist. Also es gab bestimmte Zeichen; es gab auch, wie bei manchen anderen Politikern, einen Drang zu formulieren, Positionen zu besetzen etc. Es ist ja kein Zufall, dass diese '88-'89er Entwicklung von zwei Namen in Ungarn geprägt ist, von Pozsgay in der Innen- und Gesellschaftspolitik sowie von Horn in der Außenpolitik. Das hängt, und ich sage es nur so leichthin, auch damit zusammen, dass andere Leute sich weniger mutig gezeigt haben, sich in die Öffentlichkeit zu stellen, sich für eine Politik vereinnahmen zu lassen und diese Politik zu verkörpern. Aber auf der anderen Seite muss man sehen, dass György Konrád zur selben Zeit in einem Buch den Mitteleuropagedanken sehr weit in den Vordergrund gestellt hat und damit im Westen ganz unterschiedliche Reaktionen hervorgerufen hat. Gerade die Mitglieder des Atlantischen Bündnisses im Westen waren sehr dagegen, weil sie meinten, 'Mitteleuropa' sei ein Begriff zur Verwässerung der westlichen Solidarität. Derweil war 'Mitteleuropa' aus ungarischer Sicht ein Begriff, um den Anschluss an Westeuropa zu finden. Auch diese Dinge müssen mit in Betracht gezogen werden. Wir haben heute Vormittag aus den Worten von Otto von Habsburg gelernt, dass es auch im Westen Leute gab, die die historische Dimension und die geopolitische Dimension erfasst hatten, in diesem Fall muss man sogar sagen, von Anfang an vorgetragen haben, aber eben bei anderen kein Verständnis gefunden haben.

Friedrich Bohl:

Die Termine und Daten im August und September 1989, die hier genannt wurden, sind richtig wiedergegeben. Sie machen meines Erachtens auch deutlich, dass historische Ereignisse gar nicht so determiniert sind, wie man vielleicht hin und wieder glaubt. Auch der Fall der Mauer ist so, wie er tatsächlich am 9. November stattgefunden hat, irgendwie ein Produkt von Zufälligkeiten, von Unglücksfällen, von mangelnder Kommunikation. Es war ja nicht so, dass das SED-Politbüro oder der DDR-Ministerrat beschlossen hätten, dass um 20.34 Uhr die Mauer fällt, sondern das war erheblich komplexer. Natürlich wäre die Mauer irgendwann gefallen, das ist richtig. Wir sind gar nicht so weit auseinander. Dass die Ereignisse in Sopron so abgelaufen sind, wie sie dann geschehen sind, hat man nicht vorhersagen können; aber dass dort Bewegung war, dass Menschen ausreisen wollten, dass das nach einer Lösung drängte, das ist völlig unbestritten. Ich habe heute das damalige Programm, die Einladung, die Aufforderung vom Kollegen Jork aus dem deutschen Bundestag erhalten, der im August 1989 als Tourist in Sopron war. Er hat hier in der Mensa ein Flugblatt erhalten, aus dem man nicht entnehmen konnte, dass eine große Flucht anstand. Kollege Jork ist daher auch nicht mit zum Picknick gegangen, während andere eben doch mitgegangen sind. Damit will ich nur die Vertracktheit der Situation deutlich machen. Ein großer Philosoph hat einmal gesagt, der Mensch sei ein „taumelndes Wesen“, was vielleicht deutlich macht, was ich sagen will. Aber zurück zum Kern. Die Daten sind völlig korrekt wiedergegeben. Es ist auch wahr, dass nicht nur der Ministerpräsident und der Außenminister Ihres Landes Helmut Kohl Ende August besuchten, sondern dass er auch wichtige Gespräche in der CDU, seiner Partei, hatte. Generalsekretär Heiner Geißler wurde von Helmut Kohl nicht wieder zum Generalsekretär vorgeschlagen. Daraus entwickelte sich in der CDU ein großer Konflikt mit dem Ergebnis, dass Volker Rühe, der spätere Verteidigungsminister, Generalsekretär der CDU wurde. In der Tat war die Zeit bis zum 10./11. September eine ganz spannende Phase. Wir sollten uns, meines Erachtens, nicht in einen künstlichen Gegensatz reinreden. Ich bleibe bei meiner Überzeugung, dass die Mehrheit der politisch Verantwortlichen in Bonn damals gewusst hat, dass da große Bewegung war und etwas Epochales passieren würde. Weder mit Sopron noch mit dem 10. September und auch noch nicht mit dem 9. November sah man einen bereits fest gefügten Weg zur Wiedervereinigung. Ich darf vielleicht Helmut Kohl aus seinem Buch „Ich wollte Deutschlands Einheit" zitieren; er schreibt wörtlich: „Als wir uns im Herbst 1989 auf den Weg zur Einheit machten war dies wie vor der Durchquerung eines Hochmoors. Wir standen knietief im Wasser, Nebel behinderte die Sicht und wir wussten nur, dass es irgendwo einen festen Pfad gab. Wo er genau verlief wussten wir nicht. Wir tasteten uns Schritt für Schritt vor und kamen wohlbehalten auf der anderen Seite an. Ohne Gottes Hilfe hätten wir es wohl nicht geschafft." Auch bei den Verhandlungen, die wir um den deutsch-deutschen Einigungsvertrag und vorher um den Vertrag um die Wirtschafts- und Währungsunion führten, gab es immer wieder Sand im Getriebe, es mussten immer wieder Hürden überwunden werden. Denke ich an die Abstimmung über den Beitritt der DDR zur

Bundesrepublik Deutschland am 23. August 1990 in der Volkskammer, wird mir bewusst, wie häufig die deutsche Einheit sozusagen am seidenen Faden hing. Aber ich will jetzt nicht zum Anekdotenerzähler werden; im Übrigen kennt Lothar de Maizière das alles noch viel besser als ich. Wahr aber bleibt: Mit der deutschen Einheit haben wir wirklich großes Glück gehabt; es war eine gute Fügung. Dafür sind und bleiben wir insbesondere den Ungarn immer dankbar.

Carl Gustaf Ströhm:

Einer, der die Dinge genau vorausgesehen und sie auch sehr stark beeinflusst hat, wurde hier überhaupt noch nicht erwähnt – das ist der polnische Papst. Er hat von Anfang seiner Amtszeit an genau gewusst, was zu geschehen hat. Er sagte: „Ich bin der Papst der Slaven, ich werde für diejenigen Völker sprechen, die bisher schweigen mussten". Dann war da die Szene 1979 auf dem Siegesplatz in Warschau, wo 300.000 Polen in die Knie gingen, und der Papst vom Schicksal der polnischen Nation und der osteuropäischen Nationen gesprochen hat. Johannes Paul II. hat die Entwicklung sehr stark geistig, um nicht zu sagen ideologisch, geprägt.

Wir dürfen auch historische Persönlichkeiten wie Gorbatschow oder János Kádár nicht statisch betrachten; betrachte ich die Person Kádárs, so sehe ich verschiedene Kádárs in der Geschichte. Es gibt den Kádár, der nach 1956 für die blutige Niederschlagung des Volksaufstandes verantwortlich war sowie für den Terror, der sich dann entwickelte. Es gibt aber auch den Kádár der 60er Jahre, der dann plötzlich sagte: „Wer nicht gegen uns ist, ist für uns", und der dann eine gewisse Liberalisierung einleitete. Es gibt den Kádár, der sich bei Besuchen deutscher Politiker, ich denke an Bundeskanzler Helmut Schmidt oder auch an den österreichischen Bundeskanzler Kreisky, interessanterweise in den „Belgradsaal" des ungarischen Parlaments gestellt hat – unter ein Wandgemälde, auf dem in lateinischer Sprache geschrieben stand: *Hungaria propugnaculum christianitatis*, was auf Deutsch heißt „Ungarn ist die Vormauer der Christenheit". Unter dieser Inschrift stand also der erste Sekretär der Kommunistischen Partei. Das Pech war, dass die meisten deutschen Journalisten heutzutage kein Latein können, deshalb haben sie den Hintersinn dieser Sache nicht begriffen. Zur gleichen Zeit aber ging in Budapest das Gerücht, dass der gleiche Kádár, der sich dem Westen öffnete und von dem der amerikanische Außenminister Baker mit Tränen in den Augen im Atrium Hyatt in Budapest sagte: „I had the privilege to participate in the wisdom of János Kádár" (wir Journalisten waren alle wie vom Donner gerührt, dass einer so weit gehen konnte), nur eine Absicht habe, er möchte unbedingt diesen Pozsgay loswerden. Er habe sich schon überlegt, ob er ihn zum Botschafter in Ulan Bator ernennen wird. Ich weiß nicht, ob es stimmt, aber vielleicht kann uns Herr Pozsgay das bestätigen. Also auch das war Kádár, Kádár hier und Kádár dort. Das gleiche gilt für Gorbatschow. Was für ein Gorbatschow? Der Gorbatschow, der sagte, die Ungarn sind gute Menschen? Der Gorbatschow, der gleichzeitig offensiv und in brutalster Weise die baltischen Politiker, die Litauer, die Letten und die Esten bedrohte und der mit verantwortlich war für den Sturm auf das Fernsehgebäude in Vilnius, bei dem mindestens ein Dutzend oder mehr Menschen umgekommen sind? Oder Gorbatschow, der zu der Zeit Generalsekretär war, als in Tbilisi eine Demonstration niedergeschlagen wurde, wobei die russischen Spezialtruppen mit Feldspaten die Demonstranten erschlagen haben. Das ist alles Gorbatschow. Jetzt gehen wir noch einen Schritt weiter! Ich beziehe mich auf Vaclav Havel, der hier gerne und oft zitiert wurde. Er hat einmal gesagt, soweit ich mich erinnern kann, dass die samtene Revolution eigentlich eine Erfindung des KGB gewesen sei, der auf diese Weise Dampf ablassen wollte, um die Situation später wieder besser unter Kontrolle zu bekommen. Pech war nur, dass diese schlauen KGB-Leute nicht gesehen haben, dass ihnen diese Sache aus den Händen gleiten musste.

Am Schluss bleibt noch eine Erinnerung an die Berliner Mauer. Nachdem sie offen war und man die Mauerreste besichtigen konnte, las ich unter vielen Graffitis eines in russischer Sprache „Wir werden noch mal wiederkommen!" All das zeigt, wie vielschichtig das Bild ist. Der gute Gorbatschow in Ungarn, der gute Gorbatschow in Deutschland wird im Baltikum oder in Georgien gar nicht so positiv gesehen. Im Gegenteil! Die Leute im Baltikum waren froh, als er weg war und Jelzin kam, denn Jelzin hat die Unabhängigkeit der baltischen Staaten anerkannt. Also die Dinge können je nach Standpunkt ganz verschieden aussehen.

Andreas Oplatka:

Ich habe den Verdacht, dass diese Aufzählung von Daten unter Betonung der „Koinzidenz" zwischen dem CDU-Parteitag und der Grenzöffnung in Ungarn von unserem Gesprächsleiter mit einer gewissen provokativen Absicht vorgetragen wurde, um uns aus der Reserve zu locken. Er hat eine Antwort verlangt, und sie wurde, wie ich glaube, bisher von niemandem gegeben. Nun kann ich sie nicht auf Grund von Kenntnissen und Informationen geben, sondern bin höchstens imstande, instinktiv eine Antwort zu formulieren. Immerhin, ich will meinerseits den Versuch wagen und komme zu dem Schluss, dass ich an eine solche, absichtlich herbeigeführte Koinzidenz nicht glaube. Denn so genau und präzis funktionieren die Dinge in Ungarn gewöhnlich eben nicht. Ich glaube nicht, dass die Ungarn in der Lage waren, neben der Entlassung der Flüchtlinge Bundeskanzler Kohl auch noch eine parteipolitische Gefälligkeit zu erweisen. Ihm gleichsam zu sagen: Wir liefern dir die Flüchtlinge auch noch zum richtigen Datum. So, wie gesagt, funktionieren die Dinge im Allgemeinen nicht. Aber nochmals, das ist eine rein persönliche Vermutung.

Jetzt noch ein Wort zu dem, was mein Freund Georg Hefty über das Überraschungsmoment gesagt hat. Ich würde ihm nicht widersprechen, aber ich denke, wir müssten die Dinge, die da zur Sprache kamen, auseinanderhalten. Es war erstens tatsächlich jedem Beobachter Ungarns spätestens seit 1985 klar, dass in diesem Land - und ich schließe mich gerne dieser Meinung an - dank dem verdienstvollen Auftreten Imre Pozsgays sehr ungewöhnliche Dinge vor sich gingen; dass eine Entwicklung in Gang gekommen war, die sich crescendoartig verstärkte und an Intensität zunahm. Es konnte im Verlauf des Jahres 1989 nur noch ganz Uneingeweihten nicht klar werden, dass Ungarn sich auf einem Weg befand, der es aus dem Sowjetblock hinausführen musste. Was am Ende dieses Wegs stehen würde, friedliche oder gewalttätige Umstände, darüber mochte man rätseln, nicht aber über die allgemeine Richtung und das Ziel. Da kann man in der Tat nicht mehr von Überraschung reden.

Dass zweitens im Rahmen dieser politischen Entwicklung den DDR-Flüchtlingen das Recht eingeräumt werden sollte, Ungarn zu verlassen, das war, glaube ich, für westliche Beobachter in der zweiten Hälfte des Monats August 1989 allmählich auch keine Überraschung mehr. Man wusste nicht, wie das geschehen, welche der möglichen Lösungen die ungarische Regierung wählen würde, dass aber Ungarn die Ostdeutschen nicht abschieben und an die DDR auszuliefern bereit war, diese Gewissheit verfestigte sich immer mehr und war zuletzt, wie gesagt, auch keine Überraschung.

Drittens aber ist es eine ganz andere Frage, welche Wirkung die Grenzöffnung hier in Sopron und später die generelle Entlassung der DDR-Flüchtlinge andernorts in Europa gezeitigt haben. Da würde ich für meinem Teil von Überraschung sprechen. Ich sagte es schon, ich sah damals nicht voraus – ich war gewiss nicht der einzige –, welche Beschleunigung die Geschehnisse an der ungarischen Westgrenze den weiteren Vorgängen in Deutschland verliehen. Die Schnelligkeit, mit der die DDR mitsamt der Berliner Mauer verschwand und Deutschland zwölf Monate später vereinigt war, diese Akzeleration der Geschichte muss denn doch als überraschend bezeichnet werden. Zumindest in unserer damaligen Sicht.

Viertens, und das sind, wie man in der Schweiz sagt, „verschiedene Paar Schuhe", wirkten sich die Ereignisse in Polen und Ungarn nicht nur auf die DDR, sondern als Dominoeffekt auch auf die Tschechoslowakei, Bulgarien und Rumänien aus, so dass es noch vor Ende 1989 zum Zusammenbruch des gesamten Blocks kam. Diese Ereigniskette würde ich heute noch als Überraschung bezeichnen, ebenso den späteren Kollaps der Sowjetunion selbst. Man kann mir selbstverständlich widersprechen, kann alles anders sehen und interpretieren, nur müssen wir über die gleichen Dinge diskutieren und klar sagen, welche Ereignisse wir meinen, wenn wir von Überraschung oder einer damals voraussehbaren Entwicklung sprechen.

Gyula Kurucz:

Ich glaube, wir können ruhig sagen, dass wir alles getan haben, um die Wahrheit aufzudecken. Es ist uns nicht restlos gelungen, wir wissen natürlich nicht alles, aber wir fanden etliche Tatsachen, Wahrscheinlichkeiten und offene Wege. Wir haben erreicht, was wir hier und heute erreichen konnten, um Wege und Möglichkeiten für zukünftige Erforscher dieses Themas zu öffnen.

In diesem Sinne danke ich meinen Gesprächspartnern für Ihre Beiträge und Hilfe sowie dem Publikum, das gespannt und bis ans Ende durchgehalten hat.

Morgen folgen die heimischen „Beobachter", sie werden die von uns aufgeworfenen Themen weiter analysieren und präzisieren.

Zum Schluss lade ich Sie herzlich zur Präsentation des Dokumentarfilms von Herrn Kárpáti über den Grenzdurchbruch ein. Vor dem Programm wird Frau Justizministerin Ibolya Dávid eine Rede halten.

Ibolya Dávid

Justizministerin Ungarns

Wieder ist ein Jahr vergangen, und wieder treffen wir uns hier in Sopron in den Mauern des Pannonia Med Hotels, um gemeinsam den Jahrestag des Paneuropäischen Picknicks zu begehen.

Im vorigen Jahr durfte ich eine an Fotos und authentischem Material reiche Ausstellung eröffnen. In diesem Jahr darf ich - zu meiner großen Freude - vor der Premiere eines Dokumentarfilms über das Picknick zu Ihnen sprechen.

Ähnlich wie in anderen osteuropäischen Nationen ist

unser Systemwechsel auch nach zehn Jahren noch nicht aufgearbeitet.

Ein Jahrzehnt nach dem Ersten und dem Zweiten Weltkrieg aber hatte zumindest die westliche Öffentlichkeit bereits das Wesentliche über die wirklichen Triebfedern und Hintergrundmotive des jeweiligen Krieges erfahren.

Demgegenüber verfügen wir bis heute über kein umfassendes Bild über das Jahr 1989, und natürlich denke ich hier nicht nur an Ungarn.

Wir können nur ahnen, was sich zum Ende der achtziger Jahre weltwirtschaftlich abgespielt hat, und wodurch das sogenannte militärische Gleichgewicht ins Wanken geriet.

Die prinzipiellen und persönlichen Entscheidungen innerhalb des sowjetischen Machtzentrums werden auf lange Sicht ebenso ins Dunkel gehüllt bleiben wie der tatsächliche Gegenstand der Verhandlungen der beiden Weltmächte. Was kann in dieser Situation ein kleiner Zehnmillionenstaat in der Mitte Europas überhaupt tun? Soviel immerhin, wie wir uns für diese Konferenz vorgenommen haben.

Nämlich die Dokumentation und Aufarbeitung der Ereignisse, die sich in unserem eigenen Land abspielten und unbestritten ein Teil des weltweiten Prozesses von 1989 geworden sind.

Es mag durchaus sein, dass alles, was vor zehn Jahren geschah, auch ohne das Picknick möglich gewesen wäre; aber gewiss ganz anders und vielleicht nur um den Preis von Opfern an Menschenleben und zerstörter Schicksale.

Die Grenzöffnung hebt sich aufgrund ihres Risikos und ihres Symbolwertes bis heute aus der Reihe der anderen Schritte unseres Weges heraus. Sie stand als Symbol dafür, dass Osteuropa die Existenz des Eisernen Vorhangs nicht hinnahm und in seinem Empfinden nie hingenommen hatte.

Für mich steht die Grenzöffnung auch dafür, dass die unterdrückten Nationen nicht an irgendeine „dritte Lösung" dachten, die irgendwo zwischen der bürgerlichen Gesellschaft und der Volksdemokratie anzusiedeln wäre.

Im Gegenteil, die trennende Mauer wurde abgebaut, um wieder Anschluss an die westlichen Gesellschaften Europas und deren Wertordnung zu finden.

Daneben bedeutete der Grenzdurchbruch auch eine konkrete Hilfe für viele ostdeutsche Familien, die sich, was die politische Freiheit anging, in einer noch hoffnungsloseren Lage befanden als die Ungarn.

Hier, bei Sopron, öffneten sich der Westen und für viele unserer deutschen Freunde die Möglichkeit, die Freiheit zu wählen.

Vergessen wir nicht, dass es ohne den Grenzdurchbruch nicht die Anerkennung aus dem Westen gegeben hätte und dann auch die (damals zum Glück nicht mehr so gefährliche) sowjetische Reaktion nicht getestet worden wäre. Ohne diesen Durchbruch wäre es vielleicht noch lange nicht zur offiziellen Grenzöffnung gekommen, oder wenn doch, dann nicht so, wie es tatsächlich geschah.

Auch darum hat der Grenzdurchbruch von Sopronpuszta eine so immense Bedeutung. Es ist daher verständlich, dass sich unmittelbar nach dem Ereignis, aber teilweise auch später noch, alles so sehr darum drehte.

Viele versuchen nun mit Macht, sich die damaligen Ereignisse zuzuschreiben. Dieses Bestreben hat einer unserer verehrten Gastgeber als „Krieg um den Lorbeer" bezeichnet.

In übertragenem Sinn können wir bei dieser Grenzöffnung von einem Handschlag zwischen der „Stadt der Freiheit" Debrecen und der „Stadt der Treue" Sopron sprechen, der gleichsam ganz Ungarn einbezog. Und der ursprünglich gegen die damals verstärkte rumänische

Grenzsperre gerichtete Protest der Debrecener bekam hier, in der westlichen Grenzregion, einen zusätzlichen Sinn. Denn wie konnten wir glaubwürdig gegen etwas protestieren, das östlich von uns aufgebaut wurde, wenn es dasselbe auch bei uns gab?

Deshalb gebührt dem oppositionellen Runden Tisch von Sopron Respekt für seinen Brief an den Innenminister, in dem klargestellt wurde, dass Sopron auf die zweideutige Ehrenbezeichnung „Grenzwächterstadt“ keinen Wert mehr lege, und in dem verlangt wurde, die entwürdigenden Personenkontrollen in der Umgebung der Stadt einzustellen. Respekt gebührt allen, die mit persönlicher Opferbereitschaft und nicht selten mit Taten, die ihre Existenz durchaus gefährden konnten, die Grenzöffnung vorangetrieben haben. Respekt allen Soldaten, bei denen die Menschlichkeit und der Gedanke obsiegten: „Auch ich könnte der in Not geratene Andere sein“. Respekt den politischen Mentoren, die vor zehn Jahren ihr persönliches Gewicht zugunsten des Picknicks in die Waagschale warfen.

Historia est magistra vitae – die Geschichte ist die Lehrmeisterin des Lebens und nicht umgekehrt.

Auf lange Sicht kann man die Vergangenheit nicht verleugnen. Und so wird es auch mit dem Picknick sein.

Früher oder später werden die tatsächlichen Verdienste sich herausschälen, darum danken wir den Schöpfern des Films – und dem Film selbst, der diese Klarsicht befördern wird.

Wie wir es beobachtet haben

Árpád Bella
Oberstleutnant

Ehrlich gesagt hätte ich nicht damit gerechnet, dass ich nach dem gestrigen Ausklang unserer Konferenz den heutigen Sitzungstag noch einmal - wenn auch nicht unnötigerweise - mit der fachlichen Analyse des frühen Nachmittags des 19. August 1989 beginnen müsste.

Der Grund ist ganz einfach der, dass sich im gestrigen Abendprogramm des Senders TV 2, das zu sehen ich das Glück hatte, József Horváth - General im Ruhestand (ehemaliger Gruppenleiter der Abteilung III/III des Innenministeriums) - zum Picknick geäußert hat.

Es spricht für Herrn Horváth, dass er den Zuschauern keine neue oder aktualisierte Version erzählt hat, sondern sich an die von ihm selbst für wichtig gehaltenen Fakten hielt, die er bereits in seinen Büchern „Das Bekenntnis des Generals“ (1990), „In der Gefangenschaft des Gespenstes“ (1991) und in der Nr. 1996/1 des „Money Magazin“ bekannt gemacht hat. Nämlich dass er als zuständiger General den Schusswaffengebrauch gegen die DDR-Bürger dem damaligen Chef der Grenztruppen, János Székely, der telefonisch bei ihm nachgefragt hatte, verboten habe.

Trotzdem stieß ich in dieser Sendung auf ein entscheidendes und für mich neues Moment, nämlich dass Herr Horváth den Zeitpunkt des ominösen Telefongesprächs auf etwa 14.00 Uhr ansetzte. Warum dieser Zeitpunkt so wichtig ist, möchte ich der Verständlichkeit halber ein wenig ausführlicher darlegen.

Wie gestern bereits skizziert, habe ich mich in den letzten Monaten zwecks Aufarbeitung der wahren Geschichte des Picknicks intensiv „bewegt“ und meine bereits früher begonnene Forschungsarbeit fortgesetzt. Meine Sachkenntnisse sind daher recht vielschichtig, und ich kann sagen, ich bin im großen und ganzen im Bilde.

Bei der Sichtung der Hintergrundmaterialien stieß ich auch auf die Person des Generals Horváth. Seine bereits erwähnten Bücher ermutigten mich, ihn – und natürlich, audiatur et altera pars, auch General Székely – persönlich aufzusuchen.

Die Bedeutung dieser Treffen lag darin oder hätte darin gelegen, dass ich vermutlich mit ihrer Hilfe den Inhalt dieses Telefongesprächs, aber auch seinen annähernd genauen Zeitpunkt würde klären können. Wenn es letzteren – trotz des Mangels anderer Dokumente – einzugrenzen gelänge, könnte nämlich eine ganze Reihe bisher vernachlässigter wesentlicher Fragen in ganz anderem Licht gesehen werden; wenn wir uns schon einmal die Aufklärung der wahren Geschichte zum Ziel gesetzt haben: Was genau war es schließlich, das den erfolgreichen Grenzdurchbruch der DDR-Bürger ermöglicht oder befördert hat?

Nach unseren gegenwärtigen – beweisbaren – Kenntnissen stehen zwei fachlich korrekt begründete Meinungen zur Wahl:

Die Führung der Grenztruppen wusste entweder von den Vorbereitungen der DDR-Bürger oder, in der zweiten Version, sie wusste nichts.

Wenn sie nichts wusste – und demnach nicht rechtzeitig für die gemeinsame Sicherung der Veranstaltung durch Polizei und Grenztruppen sowie für die Aufklärungsarbeit sorgte –, dann ist uns ein Befehl erteilt worden, der von Anfang an auf einer falschen Einschätzung von oben beruhte, und uns zu einer für uns unlösbaren Aufgabe verpflichtete.

Wenn die Führung aber rechtzeitig von den Absichten der DDR-Flüchtlinge gewusst hat, dann heißt das zumindest, dass sie inmitten einer großen Komödie und sozusagen in weiser Voraussicht die Verantwortung abgewälzt und den Zwang zur Entscheidung in die Hände der ausführenden Organe gelegt hat (nicht umsonst finden wir in der Literatur der Revolutionen und bewaffneten Kämpfe viele Fälle ähnlicher kathartischer Geschichten).

Ich möchte betonen: Welche der beiden Versionen auch zutreffen mag, beide waren für uns verhängnisvoll, denn es ist eine Wahl zwischen einem Übel und einem noch größeren Übel, wobei die zweite Version die fachliche Kompetenz und die erste den Führungsstil der Kommandantur verdeutlicht – was für ein Unterschied!

Unsere persönlichen Begegnungen kamen schließlich zustande. Als Beleg verweise ich auf die Widmung des Buches „Das Bekenntnis des Generals" vom 5. bzw. 13. Mai. Leider brachten die Treffen in Bezug auf die Grundfragen nicht das gewünschte Ergebnis. General Székely bestätigte zwar, dass es ein Telefongespräch gegeben habe, dementierte aber eindeutig die Angaben von General Horváth. „Wem glaubst du, deinem ehemaligen Kommandeur oder dem Jóska Horváth?" fragte mich Székely.

Um nur den Fakten und sonst niemandem glauben zu müssen, sehen wir uns die Aussagen der beiden Generäle an und behalten die beiden Versionen und Geschehnisse im Hinterkopf. Danach kann jeder selbst entscheiden, welche Version lebensnäher ist oder der (vorgestellten) Wahrheit besser entspricht. Vielleicht werden unsere Anstrengungen mit Erfolg gekrönt und lassen sich einst auch mit Dokumenten beweisen.

Aus den Erinnerungen von General Horváth ergibt sich, dass im Innenministerium am 15. August eine landesweite Abstimmung zur Absicherung des Picknicks stattfand. Laut

Einschätzung der Ministerialvertreter würde die Sicherheit durch eine verstärkte Grenzsperre und große operative Kräfte gewährleistet werden. Die Leitung der Abteilung III/III verfügte über vertrauenswürdige Informationen und war deshalb am 19. August davon überrascht, dass im Lande Ruhe herrsche und keine Anzeichen polizeilicher Maßnahmen zu bemerken seien.

„... Es ist ein paar Minuten vor eins, und ich bin zu einem feierlichen Essen geladen ... Gerade wird ein Gundel-Palatschinken aufgetragen, da läutet das Telefon." Laut der Konkretisierung von gestern Abend war es also ca. 14.00 Uhr. „Ich melde mich, hier spricht János Székely, der Chef der Grenztruppen ... An der Grenze hat sich eine kritische Lage ergeben. DDR-Flüchtlinge haben sich in großer Zahl der Grenze genähert. Es sieht immer mehr danach aus, dass ein Grenzdurchbruch versucht werden soll ... Wenn sie sich von dieser Absicht nicht abbringen lassen, werden wir Schusswaffen einsetzen müssen ..."

Hierauf schließt sich der Diskurs der beiden Generäle über das Für und Wider des Schusswaffeneinsatzes an. Zum Glück entscheiden sich beide gegen den Schießbefehl.

General Székely erklärte in der „Népszabadság" vom 11. September 1993 Folgendes:

„Einmal werde ich bereitwillig erzählen, was meiner Meinung nach geschehen ist und wie und warum ... und ohne jede Rechtfertigung, ich möchte nicht, dass irgend jemand glaubt, ich möchte mich oder die Grenztruppen in günstigem Licht darstellen ...

Die Zeitungen hatten das Picknick angekündigt, und wir wussten, dass beispielsweise der Campingplatz Sopron mit Ostdeutschen voll war. Sollten wir schießen?

Damals war der Befehl, dass die Schusswaffe nur zur Selbstverteidigung gebraucht werden durfte, schon in Kraft. Aber die zur Sicherung des Picknicks abkommandierten Rekruten trugen gar keine Waffe, und die berufsmäßigen Passabfertiger nur ihre Pistole. Bei den ersten Flüchtlingen dachten unsere Leute noch, es seien die Mitglieder einer der Delegationen, und dann schafften es die Soldaten kaum, aus dem Weg zu springen. Aber besonders nach dem 20. August, nach dem Beispiel des Picknicks, wurde die Lage an der Grenze kritisch. Ich erinnere mich, dass ich damals tatsächlich einmal General Horváth angerufen habe, um darüber zu sprechen, was geschehe, wenn die Menge die Grenzsoldaten angreife und diese in Selbstverteidigung zur Waffe griffen ...

Nach dem tödlichen Unfall vom 21. August rief mich Gyula Horn an, um mir mitzuteilen, wir sollten wegschauen oder uns umdrehen, wenn DDR-Grenzverletzer kämen. Ich antwortete, das sei unmöglich. Die Grenzwacht sei zur Bewachung der Grenze da."

Nur in Klammern und als interessante Ergänzung sei die ein Jahr später, 1994, in einer Publikation der Landeskommandantur der Grenzwacht geäußerte und wohl von der verschönenden Kraft der Zeit beeinflusste Feststellung erwähnt, der zufolge „... die Ostdeutschen – assistiert von unbewaffnet dorthin kommandierten Grenzsoldaten – einen nicht mehr existierenden Eisernen Vorhang durchbrochen" hätten. – Das ist doch auch etwas!

Ich für meinen Teil bedaure es sehr, dass Herr Székely an der heutigen Arbeit der Konferenz nicht mehr teilnimmt, denn vielleicht hätte er sich diesmal beeilt, uns bei der Interpretation der Vorgänge zu helfen. Nun müssen wir sehen, was sich aus den zitierten Erklärungen folgern lässt.

General Székely hatte vom diensthabenden Offizier der Grenzbezirkskommandantur Sopron laut der Aufzeichnungen im Diensttagebuch für Truppen- bzw. Dienstleitungen frühestens um 15.25 Uhr von dem um 14.57 Uhr eingetretenen – und von uns sofort gemeldeten – Ereignis erfahren. (Ich bitte, auf den Grund für die 30-minütige Verspätung der Meldung in Budapest jetzt nicht eingehen zu müssen.) Zieht man all dies in Betracht, sind die Angaben von General Horváth über den Zeitpunkt 14.00 Uhr und seine Behauptungen über die Voraussehbarkeit des Ereignisses in Zweifel zu ziehen, was die zweite Version wahrscheinlicher macht.

Was spricht für die erste Version?

Zunächst hatte General Székely einige Punkte des von der Bezirkskommandantur (zur Genehmigung?) vorgelegten Maßnahmeplans nicht gutgeheißen. Gemäß dem damaligen Sprachgebrauch meinte er, wir sollten nicht demonstrieren. Einer anderen Beurteilung zufolge, würden eine bewusst herbeigeführte Lücke im Grenzbewachungssystem und die Absicht, eine Bereitschaftskompanie einzusetzen, einen falschen Eindruck erwecken.

Im Diensttagebuch der Wache von Sopronpuszta steht – in der Spalte „Befehl des diensthabenden Kommandeurs" – zu der am 16. August um 12.00 Uhr ergangenen Weisung:

„In der Zeit des Grenzübertritts organisiert der vor Ort zuständige Kommandeur den Patrouillendienst in Abstimmung mit der Mannschaft des Kontrollpunkts so, dass im Umkreis von einem Kilometer vom zeitweiligen Übergang keine offenen Kräfte anwesend sind.

Die Grenzschließung wird mit den Bereitschaftskräften des Bezirks mit 40 Mann auf dem Abschnitt bis zum Grenzzeichen B/6 entgegen bisheriger Planung erst zwischen 21.30 und 3.30 Uhr durchgeführt."

Zugleich stimmte er dem Einsatz einer 40-köpfigen Bereitschaftskompanie zu (Bewaffnung: Maschinenpistolen mit 60 Schuss Munition, Gummiknüppel und Spray). Die Inanspruchnahme der Grenztruppen zu Ordnungsaufgaben – hier der Sicherung einer Veranstaltung – fiel jedoch in polizeiliche Zuständigkeit!

In Anbetracht dessen, dass die polizeilichen Maßnahmen – und zwar nach Information eines ehemaligen lokalen Polizeiverantwortlichen aufgrund einer „Interpretation" des nicht aktualisierten Kooperationsplans bewusst – unterblieben waren, entstand für General Székely zu Recht der Bedarf, die Situation zu klären und telefonisch bei General Horváth nachzufragen.

Zweitens weisen, wie wir bereits gehört haben, beide Generäle auf gewisse vor Ort erhaltene Informationen bzw. Kenntnisse hin. Herr Horváth erwähnt konkret sogar eine operative Sicherung der Veranstaltung. Wir dürfen daher zu Recht annehmen, dass zum Beispiel der Ort der Veranstaltung operativ-aufklärend überwacht wurde. Zu Fuß und ohne Ortskenntnis die 3,5 bis 4 Kilometer große Entfernung zwischen dem Camp und dem zeitweiligen Grenzübergang an der Pozsonyi út in einer dreiviertel Stunde oder Stunde zurückzulegen, ist nicht leicht und wäre für viele fast unmöglich. Spulen wir die Zeit vom Grenzdurchbruch um 14.57 Uhr zurück, dann ist ca. 14.00 Uhr der Zeitpunkt, zu dem größere Gruppen der DDR-Flüchtlinge im Camp angekommen sein könnten. Die Wache von Sopronpuszta hatte uns vermutlich von so einem Vortrupp um 13.00 Uhr unterrichtet. General Székely hätte daher theoretisch um 14.00 Uhr auf „operativem Wege" über das Eintreffen der DDR-Flüchtlinge und deren vermutlicher Absicht unterrichtet werden können. In beiden Fällen also scheint es, dass die verantwortlichen Befehlshaber rechtzeitig über die tatsächliche Lage im Bilde waren. Da die erforderlichen Orientierungen und Maßnahmen unterblieben, standen wir am Ort des Geschehens da wie der Ehemann in gewissen Witzen, der die Wahrheit als letzter erfährt, und durften nun glauben, dass wir es glauben dürfen: Dass die DDR–Bürger kommen würden bzw. schon da waren.

Attila Kristóf

Vorsitzender des Redaktionskomitees der „Magyar Nemzet“

Die Öffnung des Eisernen Vorhangs 1989 bei Sopron ist ein metaphorisches wie symbolisches Ereignis. Das Erstaunlichste daran ist, dass sich Metapher und Faktum vollkommen decken. Der Abbruch der Berliner Mauer dagegen, ihre Verwandlung in kleine Stücke und Souvenirs, war nur noch eine Folge, das heißt dort fiel der Symbolwert nicht mehr mit dem geschichtlichen Ereignis zusammen. Der Abbruch der Mauer wurde nicht mehr von zufälligen Faktoren bestimmt und war nicht mehr allseits von Unsicherheit oder von Gefahr und Verwegenheit – die oft zusammen auftreten – umgeben. Er symbolisierte nur noch eine bereits eingetretene Tatsache.

Obwohl das Paneuropäische Picknick und die Grenzöffnung von Sopron ein grundlegendes Moment der mittelosteuropäischen Veränderungen waren, handelt es sich dennoch nicht um ein autonomes, spontanes und allein entscheidendes Ereignis. Ich würde es noch nicht einmal als politische Heldentat bezeichnen, denn es ist fraglich, ob es damals ein wirkliches Risiko und wirkliche Helden gab.

Dennoch wird seit langer Zeit der Held gesucht, besonders in intellektuellem Sinn: Wer unter den Führern der MSZMP oder der damaligen Regierung hat als erster gespürt, dass ein solcher eigenständiger, möglicherweise als rebellisch aufzufassender Schritt Ungarns keine sowjetischen Retorsionen nach sich ziehen würde? Noch heute können wir sehen und beobachten, dass die russische Großmacht empfindlich auf die „Untreue“ und zunehmende Westbindung ihres einstigen Satelliten reagiert; immer wieder zieht eine Schar greiser wie jugendlicher Demonstranten an der ungarischen Botschaft vorbei, sobald die ungarische Regierung Entscheidungen trifft, die ihre NATO-Bindung erahnen lassen und gewissen russischen Bestrebungen zuwiderlaufen.

Das zeigt sich auch in harmlosen und eher unbedeutenden Situationen: Die russische Seele kann sich nur schwer von der Vorstellung einer ewigen und unauflöslichen ungarisch-sowjetischen Freundschaft lösen. Wer war es nun, der fähig war, das Ausmaß der sowjetischen Empfindlichkeit zu berechnen – zu einem Zeitpunkt, als wenige Kilometer vom renitenten Soproner Ereignis noch sowjetische Panzer stationiert waren? Wem war die Idee eingefallen, man könne den kranken Löwen am Schnurrbart zupfen? Károly Grósz, Miklós Németh, Imre Pozsgay oder Gyula Horn? Kádár brauchen wir nicht mehr zu erwähnen, auch nicht theoretisch, denn er war bereits tot und wäre im übrigen nicht nur wegen seiner Bindung an die Sowjetunion, sondern auch von seiner inneren Überzeugung her unfähig gewesen, so etwas zu denken oder gar zu tun. Aber der Vertraute und Erbe von Kádár war Károly Grósz, und dessen Erbe – im Sinne eines Sohnes – war Miklós Németh.

Pozsgay fällt aus der Reihe der Parteivertreter heraus, auch wenn György Aczél, der zweite und in intellektueller Hinsicht erste Mann der Partei, ihn während eines Gesprächs im Jahre 1990 als seine Entdeckung, sein geistiges Kind bezeichnete, das in gewissem Sinn seine Ideale verkörpere. Ich glaube vielmehr, dass dieses Kind bereit war, seinen Vater aufzufressen – so wie es Kronos geschah.

Das hatte ohne zu zögern auch Miklós Németh mit Károly Grósz getan: Bei der ersten Gelegenheit verwandelte sich der treue Vasall unversehens erst in einen Partner und später zu einem überlegenen Wesen, das seinen überragenden Intellekt gnadenlos gegenüber dem langsamer denkenden und ein wenig starren Grósz ausspielte. Gyula Horn schien in der damaligen großen Politik nur eine Nebenrolle zu spielen, auch wenn er angeblich in den siebziger Jahren zusammen mit Mátyás Szürös Anzeichen einer rebellischen Haltung gegen Kádárs patriarchale Autorität gezeigt haben soll.

Wahrscheinlich war Miklós Németh von allen der Klügste und Flexibelste und sich dabei über sein Verhältnis zu den ursprünglichen kommunistischen Idealen im Klaren. Er hat frühzeitig den Kalvinisten in sich entdeckt, und hinsichtlich seiner Fachkompetenz konnte es – aufgrund seiner Vergangenheit als Sekretär des ZK – keinen Zweifel geben. Horn hat als Privatmensch – meines Wissens – dem Todeskampf des Sozialismus nicht ohne Zynismus und Verachtung zugeschaut, vielleicht kann man das „Sozynismus" nennen, sonst aber gab er lange Zeit kein Zeichen für eine andere politische oder ideologische Orientierung zu erkennen. Pozsgay war das komplette Gegenteil. Er war ein in seinem Idealismus Enttäuschter, der seine nationale Identität wiederentdeckt hatte, der sich veränderte und Dinge verändern wollte, auch wenn er letzten Endes seine Sozialisation nicht verleugnen konnte. Wir können vielleicht sagen, dass Horn nichts öffentlich getan hat, was seinen Wunsch nach einem Bruch mit der Kádár-Ära hätte erkennen lassen, Pozsgay hingegen alles unternahm, um seine Gestalt aus der Masse der Parteimitglieder herauszuheben, richtungsweisende Dinge zu äußern und so aufzutreten, als lenke er persönlich die Ereignisse in die richtige Richtung. Mir imponierte er damals als ein mutiger und seriöser Staatsmann. In der Zeit seines ersten Niedergangs, im Frühjahr 1990, machte ich für die Magyar Nemzet ein großes Interview mit ihm, in dem ich ihn einen Politiker von europäischem Format nannte. Bis heute glaube ich, dass er derjenige war, dessen Handeln bis zu einem gewissen Grad von innerer moralischer Überzeugung geleitet war. Zudem nahm er seine geschichtsgestaltende Rolle sehr ernst.

1987 hatte Pozsgay in der Magyar Nemzet seine Erklärung

über Lakitelek veröffentlicht, in der er als erster unter den Parteipolitikern die Präsenz der Opposition in Ungarn legalisierte und bereit war, sie mit seiner Autorität zu unterstützen. Unter den damaligen MSZMP-Führern hatte er die größte intellektuelle Aura, und bis zum Herbst '89 schien es, als sei seine Rolle bei der Umgestaltung Ungarns wirklich historisch zu nennen. Bis heute kann ich meine Sympathie für ihn nicht verleugnen. Dennoch entbehrt es nicht einer symbolischen Bedeutung, dass er als MSZMP-Politiker mit der größten Popularität und dem größten Format bei den Parlamentswahlen 1990 gerade hier in Sopron eine persönliche Niederlage gegen den Vertreter einer anderen Generation, József Szájer vom FIDESZ, erlitt.

Dennoch muss ich sagen, dass er unter den Politikern der MSZMP der Ketzer und Tabubrecher war, während die Pragmatiker Miklós Németh und Gyula Horn nicht einmal versucht haben, ihm darin zu folgen. Genauso richtig ist aber, dass Pozsgay nie ein wirklich praktischer Mensch war.

1987 hatte für die Magyar Nemzet die Phase begonnen, die bis heute von vielen als ihre Blütezeit bezeichnet wird. Wenn sie das tatsächlich war, dann ist das zu allererst das Verdienst Imre Pozsgays. Seiner Politik schloss sich damals der Chefredakteur István Soltész an, der zuvor leitend im Informationsamt gearbeitet hatte und ein Ex-Vorgesetzer und Vertrauter der Frau János Kádárs („Tante Mária") war. Wenn ich die damaligen Nummern der Magyar Nemzet durchblättere und mir die damalige Zeit vergegenwärtige, muss ich doch annehmen, dass der Eiserne Vorhang sich nicht von selbst geöffnet hat und dass auch das Ereignis von Sopron kein historischer Automatismus war, sondern der Mithilfe gewisser Personen bedurfte.

János Kádár beispielsweise wäre meiner Meinung nach nur dann fähig gewesen, so etwas zu entscheiden oder auch nur zu dulden, wenn eine Weisung sagen wir des Ersten

Sekretärs der KPdSU vorgelegen hätte. Ab einer gewissen Grenze hätte er sogar Gorbatschow misstraut, auch wenn in der Partei damals der Slogan populär war, wir seien über die gorbatschowsche Öffnung schon lange hinaus. Mag sein, dass wir auf dem Gebiet des „Zimmer frei“ darüber hinaus waren, aber ganz gewiss war Kádár kein Anhänger irgendwelcher gesellschaftlichen, politischen oder ideologischen Neuerungen.

Hier muss ich ein paar persönliche Erinnerungen einbringen. Im Jahre 1983, während der Liberalisierung des Verhältnisses zwischen dem Ungarischen Innenministerium und der Presse, habe ich mit Genehmigung von István Horváth an der Arbeit der Mordkommission des Budapester Polizeipräsidiums teilgenommen, woraus mein 1986 erschienener Dokumentarroman „Harte Bullen, leichtgläubige Mörder“ resultierte. Ausschnitte daraus sind in der Magyar Nemzet veröffentlicht worden. „Tante Mária“, die – wie sich später herausstellte – für Krimis schwärmte (und regelmäßig die Magyar Nemzet las), ließ mir über Soltész zu den Reportagen gratulieren, worauf ich ihr auf Empfehlung meines Chefredakteurs das Buch zukommen ließ. (1990 erfuhr ich während meines Gesprächs mit Aczél, dass auch dessen Frau Kriminalliteratur liebte. „Kürzlich erst habe ich die Bücher meiner verstorbenen Frau in den Keller gebracht“, erzählte Aczél, der sehr nett sein konnte, wenn er wollte.) Ich weiß aus sicherer Quelle auch, dass Aczél Frau Kádár mit guter Kriminalliteratur versorgte und ihr sogar Filme vorstellte, die „Tante Mária“ dann gemeinsam mit ihrem Mann ansah, der allerdings nach dem Vorspann regelmäßig in seinem Sessel eingeschlafen sein soll. Fiktive Verbrechen interessierten ihn nicht.

Nachdem Frau Kádár die „Leichtgläubigen Mörder“ gelesen hatte, rief sie mich mit Soltész zusammen zu sich. (Als ich Soltész mit einem Rosenstrauß kommen sah, kaufte ich an der Metrostation Kossuth-Platz für 70 Forint schnell wenigstens eine einzelne Orchidee.)

Frau Kádár war sehr freundlich und zeigte, dass sie auf dem Gebiet der Kriminalliteratur bewandert war. Ihre Lieblinge waren Hammett, Chandler, Ed McBain und Agatha Christie – auch hier mag sich Aczéls kultivierender Einfluss ausgewirkt haben, der ihr die besten der „geduldeten“ Werke empfohlen haben wird. Bei diesem Besuch erlebte ich mit, wie jemand zum Mitglied des Redaktionskomitees einer landesweit erscheinenden Zeitung gemacht wurde. Aus dem Gespräch ergab sich, dass „Tante Mária“ an Tibor Várkonyi, dem Außenpolitiker der Magyar Nemzet, bemängelt hatte, dass er sich, wie sie sagte, „nur für den Westen interessiere und nur über diesen schreibe“. Nun revidierte sie ihre Meinung und sagte zu Soltész: „Neuerdings beschäftigt sich Várkonyi auch schön mit den Volksdemokratien.“ Daraufhin ernannte Soltész den eben noch für den Ruhestand vorgesehenen Várkonyi zum Redaktionsmitglied und schickte statt seiner dessen Kontrahenten Károly Matolcsy in Pension.

Anfang 1988, ein Jahr nach meinem Besuch bei Frau Kádár, der mein Schicksal nicht weiter beeinflusst hat, verschlechterte sich Soltész’ Verhältnis zum ZK. Es hieß, die „Hardliner“ forderten seine Entlassung. Da er zu dieser Zeit aber der Offenheit und der oppositionellen Attitüde der Magyar Nemzet von Nutzen war, versuchte ich ihm zu helfen. Ich schickte zwei meiner älteren Kriminalromane an Frau Kádár und bat um die Möglichkeit eines persönlichen Treffens. Sie empfing mich sofort. Wir begannen wieder über die Kriminalliteratur zu sprechen, und dann lenkte ich das Gespräch auf Soltész und sagte, es wäre gut, wenn sie in seinem Interesse bei Kádár intervenieren könnte. Frau Kádár, die Soltesz ohnehin mochte, sagte, „es werde keine Probleme geben“.

Dadurch ermutigt begann ich darüber zu sprechen, dass János Kádár sich meiner Ansicht nach nicht den unvermeidlich eintretenden Veränderungen entgegenstellen müsse. Darauf antwortete Frau Kádár irgendetwas in der Richtung, dass die Probleme nicht in der Politik lägen, sondern in der Natur der Menschen und ihrer Einstellung zur Arbeit, und dass es deshalb überall an Geld mangele. Ich begann wieder zu argumentieren, dass János Kádárs jetzige Entscheidungen eine große Rolle in seiner historischen Bewertung spielen würden, worauf Frau Kádár aufstand und bat, das Gespräch zu beenden, sie sei sehr müde.

Und sie ging auf ihren Stock gestützt aus dem Zimmer.

Damals wurde mir klar, dass Kádár wie seine unmittelbare Umgebung nichts von den grundlegenden Veränderungen der Weltordnung verstand und in der gegebenen Situation auch mit sich selbst nichts anzufangen wusste. Ein paar Monate darauf entfernte sich Kádár, von Grósz gleichsam am Arm geführt, von der Macht.

Es ist offensichtlich, dass die Geschichte in einer neuen Situation ihre Hauptdarsteller ablöst. Im Falle Ungarns geschah das zuerst Schritt für Schritt und dann sprunghaft: auf Kádár folgte Grósz, auf diesen Miklós Németh, endlich József Antall. Dass auf Antall Gyula Horn folgte, ist eine andere Frage, und sie wurde von der Geschichte korrigiert: seit 1998 wird das Land von einer jungen Politikergeneration regiert, den Antagonisten der Kádár-Ära.

Rákosi hatte den Eisernen Vorhang errichtet, Kádár ihn erhalten, und es bedurfte der dritten Generation von Kommunisten, der sogenannten Reformgeneration, um auf Druck der Geschichte mit seinem Abbau zu beginnen. Natürlich hatte dieser Eiserne Vorhang die Sozialisation jedes Menschen, der in Ungarn geboren war und lebte, entscheidend geprägt. In der Psyche einiger Schichten der Bevölkerung ist er auch heute noch präsent.

Ein informierter und halbwegs intelligenter Mensch musste 1989, besonders wenn ihm auch die für den Durchschnittsbürger unerreichbaren Informationen zur Verfügung standen, begriffen haben, dass der weltweite Kampf zwischen Imperialismus und Sozialismus bald mit einer entscheidenden Niederlage des letzteren enden musste. Für die führenden Politiker der MSZMP war es daher, wenn sie auch weiterhin auf der Bühne der Politik bleiben wollten, schon aus existentiellen Gründen von höchstem Interesse, sich rechtzeitig Verdienste zu erwerben. Diejenigen, die sich starr der Veränderung widersetzten und zu spät aufwachten, verloren meist ihre Rolle im politischen Leben und konnten sich höchstens mit wirtschaftlichem, geschäftlichem Erfolg trösten.

Miklós Németh hat die Lage zweifellos durchschaut. Er hatte ein ausgezeichnetes Verhältnis zum liberalen amerikanischen Botschafter; für ihn war es nicht schwer, zwei und zwei zusammenzuaddieren. Zur selben Zeit war das Hinüberretten des Parteivermögens im Gange. Für die Klügeren und Bessergestellten war klar, dass man jetzt auch moralisches Kapital ansammeln konnte.

Ich wage also die Behauptung: Im August 1989 war mit Sicherheit absehbar, dass niemand, der eine Rolle bei der Freigabe der nach Westen drängenden Ostdeutschen übernahm, daraus für die Zukunft einen Nachteil haben würde. Als sich im innersten Kreis der Németh-Regierung daher diese Entscheidung durchsetzte, hatte lediglich eine glücklich mit der Humanität korrespondierende Rationalität die Oberhand gewonnen. Kein Oppositioneller konnte schließlich die Grenze öffnen oder die Grenztruppen zur Passivität veranlassen. Er konnte sich höchstens nach einem europäischen Treffen sehnen.

Die innerparteiliche Nachgiebigkeit war in politischem Sinn das erste Zeichen der Umorientierung von Osten nach

Westen und kündigte quasi die Zeit an, in der Gyula Horn und die Nachfolgepartei MSZP im Genuss der wärmsten Sympathien des Westens den Kapitalismus in Ungarn aufbauten.

Ich hatte im Jahre 1951, nicht weit von diesem Schauplatz, für anderthalb Tage an der Errichtung des Eisernen Vorhangs teilgenommen. Wir zehn-, zwölfjährigen Kinder aus Köszeg bearbeiteten in drückender Sommerhitze mit Spitzhacke und Rechen den Boden, der später mit Stacheldraht abgezäunt und mit Minen und Signalanlagen ausgestattet wurde. Ich kann daher sagen, dass die Entwicklung um das Paneuropäische Picknick auch meine Arbeit zerstört hat. Natürlich sind solche Kinder mit der Spitzhacke auch etwas, was es nur hinter dem Eisernen Vorhang geben kann, und Marx hätte sich wohl sehr gewundert. Am zweiten Tag hatte ich Blasen an den Händen und bin nach Hause ausgebüxt. Damals geschah es, dass ein Grenzsoldat mit einer aus Jux erhobenen Waffe dem aus Siebenbürgen stammenden hübschen fünfzehnjährigen Buba Szász versehentlich die Hand kaputt schoss. Von dieser Zeit an war Köszeg genauso wie Sopron von der Außenwelt abgeriegelt. Umschlossen von der Tyrannei, jener Tyrannei, die über vier Jahrzehnte für uns allgegenwärtig war und von der Gyula Illyés schrieb „... weil sie in jedem Zweck ist, / ist sie in deinem Morgen / ... was immer dir einfällt, / ist doch ihr Einfall, / was immer deine Augen / sehn, ist ihr Blendwerk ...“

Wenden wir uns wieder der Frage zu, wer, wann und warum den Einfall hatte, und wem die Idee im Grunde gehörte.

Fragen wir: Wer hat die Deutschen hinausgelassen? Und geben wir selbst die Antwort: Diejenigen, die sie bisher gefangengehalten hatten. Die auch die Ungarn festgehalten oder nach 1956 zum Exodus gezwungen hatten.

Geben wir zu, dass niemand, so aufgeklärt und mutig er war, ohne Anteil an der Macht die Grenzen hätte öffnen können, nicht einmal durch passives Wegschauen. Wer keine Macht hat, kann einen Schießbefehl weder erteilen noch aufheben. Das heißt, jede vorwärtsweisende Idee hatte ihre Wurzeln vor der hier verhandelten Zeitspanne in der Tyrannei selbst, in einem zentralen Willen, der bis zum Ende der achtziger Jahre durch eine fremde Macht kontrolliert wurde, die den Status der freiwilligen Unterwerfung als Freundschaft etikettierte.

Die Entscheidung also, die Flüchtlinge gehen zu lassen und nicht zu schießen, stammte vom selben Stock wie die andere, die vierzig Jahre lang galt: Niemand darf gehen, sonst wird geschossen.

Meine Schwester Agóta Kristóf lebt seit 1956 in der Schweiz. Im November jenes Jahres hatte sie nahe Köszeg die Grenze überschritten, bei sich einen drei Monate alten Säugling, der nie Ungarisch lernte. Sie flüchtete an dem Grenzabschnitt, an dessen Sicherung und Unpassierbarkeit mein größerer Bruder längere Zeit und ich selbst einen Tag lang mitgearbeitet hatten. Meine Schwester wurde eine bekannte Schriftstellerin französischer Sprache und ist gegenwärtig, wie man wohl sagen darf, in literarischen Kreisen die bekannteste in Ungarn geborene Schriftstellerin in mindestens dreißig Sprachen. Es wird sie auf ewig schmerzen, dass sie fortgehen musste und die Nabelschnur zerrissen ist, die sie an die ungarische Sprache und Kultur gebunden hatte. Aus ihren Romanen, die von den Mechanismen der Tyrannei handeln, hat die westliche Welt auf emotionale Weise mehr über das erfahren, was während des Einsickerns und Eindringens des Sozialismus mit den Seelen und Körpern in Ungarn geschah, als aus jeder rationalen Mitteilung und Deklaration. Die ungarische Kritik schweigt bis heute über die Existenz von Agóta Kristóf, und die sogenannten „freigeistigen“ Kunstrichter verziehen das Gesicht, besonders seit sie entdeckten, dass in einem ihrer Bücher die ungarische Hymne zitiert wird: „Dieses Volk hat schon gesühnt / was war und kommen mag“. Wie das denn klinge – auf französisch, englisch, Ivrit oder japanisch?

Es besteht kein Zweifel, dass die Grenzen hier durch Vertreter der gleichen, aber nun gewendeten Mentalität geöffnet wurde, die meine Schwester vertrieben, andere wiederum festgehalten haben und deren welterlösende und die Welt spaltenden ideellen Träume unser Leben zu einem realen Wahn verunstalteten.

Spielt es denn eine Rolle, wer von ihnen als erster die historische Notwendigkeit erkannt hat? Spielt es eine Rolle, wer es war, der die Entscheidung der obersten Parteiführung in die Tat umsetzte? Spielt es eine Rolle, wen die dankbaren Deutschen schließlich für diese epochemachende Tat auszeichnen?

Dazu kann ich nur sagen: Das Volk bzw. die Bevölkerung Ungarns oder, wenn man will, die ungarische Nation hätte die Grenzen nicht erst 1989, sondern viel früher, ja zu jeder Zeit geöffnet und hätte der Einigung Deutschlands niemals Hindernisse in den Weg gestellt.

Wir können stolz darauf sein, dass es unser Land war, wo sich über Jahrzehnte hinweg Deutsche aus der DDR und der BRD treffen konnten. Wir können stolz darauf sein, dass es Grundstücke am Balaton waren, wo oft genug Trabant und Mercedes nebeneinander standen.

Ich habe einen Teil des Juli 1989 mit meiner Familie in Sotschi verbracht, als einer der letzten Nutznießer der unverbrüchlichen Freundschaft zwischen dem ungarischen und dem sowjetischen Schriftstellerverband. Dort erlebte ich eine amerikanisch-grusinische Hochzeit, flog für einen Spottpreis mit meiner Tochter per Hubschrauber in den kaukasischen Bergen herum, sprach mit sowjetischen

Männern, die Stalin nachtrauerten, sah in klaren Gebirgsbächen verrostete Eisenbetten, ausgebrannte Öfen und Bauschutt liegen und hatte nur ein großes Problem: man konnte in der mediterranen Hitze für Rubel kein Bier bekommen, obwohl es für Valuta sogar Dortmunder Aktienbräu gegeben hätte.

Lassen Sie mich eine scheinbar nicht hierhergehörende Geschichte erzählen, deren Kuriosität vielleicht doch zum heutigen feierlichen Anlas passt und die den Unterschied und die Begegnung der beiden Welten ausdrückt. Also: Ich hatte gehört, dass in der Piwo-Bar nahe unserem Hotel einmal wöchentlich, am Mittwoch abend, Bier ausgeschenkt werde. Ich erschien am genannten Ort, wo bereits mehrere hundert Sowjetbürger mit Zehn-Liter-Einmachgläsern warteten. Nach zwei Stunden trat ich als letzter an den Ausschank und sagte in meinem bestem Russisch: „Ja prosu odin stakan pivo." „Odin stakan?!" fragte der Wirt ungläubig zurück und schaute sich erstaunt um. In der Bar gab es nämlich keine Gläser. Die Einheimischen sahen mich an wie einen Marsmenschen. Schließlich fand man im Lager ein trübes Glas, und ich trank an Ort und Stelle mein Bier (ohne Blume) und fühlte mich für einen Augenblick als Europäer.

Dann kehrte ich im August für den Rest des Sommers heim nach Csopak, wo durch schwäbische Landwirte seit Jahrhunderten der Weinbau heimisch geworden war. (Die heute bekannteste Schenke gehört der Familie Linczmayer.) Das Dorf war voll von Autos mit west- und ostdeutschen Kennzeichen. August ist der Monat, wo sich die Schwalben für ihre große Wanderung zu sammeln beginnen. Auch jetzt sammelten sich die Schwalben und die Deutschen. Irgendwie spürten sie, dass hier, in Ungarn der Durchbruch erfolgen würde, dass hier sowohl symbolisch als auch real die Zeit anbrechen würde, in der ihre Familien zusammenkommen könnten, dass hier die Tat vollbracht werden würde, in deren Folge das bis dahin undenkbare Ereignis, die deutsche Wiedervereinigung, Wirklichkeit werden könnte.

Ich freue mich, dass ich nun nach zehn Jahren zu denen gehöre, die an diesem feierlichen Gedenken teilnehmen. Ich war 1989 nicht in der Position, irgendeine Entscheidung maßgeblich beeinflussen zu können. Aber meine journalistische Freiheit hängt doch mit diesem Ereignis zusammen: die Öffnung des Eisernen Vorhangs bezeichnete nicht nur das Ende der Tyrannei, sondern auch das der uns verkrüppelnden Dummheit.

Alles in allem meine ich, dass das Verdienst nicht den damals machthabenden Politikern gebührt, die nur einem Zwang folgten und ihre Haut retteten. Das spricht höchstens für ihren Verstand, nicht aber für ihr Herz.

Die wirklichen Helden sind diejenigen Bürger in Ungarn und im Westen, die ungarischen Oppositionellen, die das Europäische Picknick, diese zur Wirklichkeit gewordene herrliche Metapher, geträumt und initiiert haben.

László Nagy:

Bevor ich den nächsten Redner zu sprechen bitte, möchte ich einen eben gehörten interessanten Satz zum Anlass nehmen, unter uns István Frankó zu begrüßen, den damaligen Kommandeur des Grenzbezirks, der hier ist und zu dem wir heute eine ebenso gute Beziehung haben wie vor dem Picknick. Ich erwähne ihn nur deshalb, weil auch er damals in Sotschi war, so klein ist die Welt. Er traf am 19. abends ein und hat sich vermutlich gewundert über das, was passierte.

Ferenc L. Gazsó
Schriftsteller, 1989 Korrespondent von Radio Free Europe

Die von der Presse im Stich gelassene Öffentlichkeit
Halten wir ohne Selbstzerfleischung und Vorwürfe fest: Der Augenblick der Freiheit, als sich zum ersten Mal für ein paar Stunden der Eiserne Vorhang einen Spalt breit öffnete, ist von der ungarischen Presse durch Abwesenheit ausgezeichnet worden. Mit Ausnahme einiger enthusiastischer oder zufällig anwesender Kollegen haben wir das Picknick verschlafen, während die Medien Europas hingegen anwesend waren und berichteten. Auf der Feier zur Vereinigung der beiden deutschen Staaten sagte Bundeskanzler Helmut Kohl folgendes: „Vergessen wir nicht, dass die Erde unter dem Brandenburger Tor ungarische Erde ist! Der Abbau der Berliner Mauer hat in Ungarn begonnen, der erste Schritt zur deutschen Wiedervereinigung war das Paneuropäische Picknick."

Was heißt das für uns? Soll sich nun jeder ungarische Journalist schämen? In den letzten fünfzig Jahren ist oft genug versucht worden, uns eine Kollektivschuld einzureden. Deshalb beeile ich mich zu betonen: Diese Tradition fortzusetzen fällt mir nicht im Traum ein. Es gibt zur Selbstanklage auch keinen Grund. Ich für meinen Teil steckte damals in aufregenden, die Öffentlichkeit interessierenden Recherchen, wie auch andere Mitglieder unserer kleinen Gemeinschaft. Wir glaubten, wir könnten in einer von Grund auf verlogenen Presselandschaft eine authentische Rolle spielen. Aus allen Richtungen flogen uns vertrauliche Dossiers zu, und wir deckten begeistert alles auf, was man uns aufgedeckt übergab. Lokale Patriarchen stürzten, Parteiinstrukteure flehten um einen vorzeitigen Ruhestand, ein korrupter Lokalpolitiker griff zum Revolver, um seine treue Waffe auf sich selbst zu richten.

Das Publikum gierte nach diesen Artikeln, die Auflage der Klartext sprechenden Blätter wie der „Magyar Nemzet" oder des „Magyar Hírlap" stieg in wenigen Jahren auf das Doppelte und überschritt die hunderttausend. Einige Dokumentarfilme wurden am nächsten Tag auf den Arbeitsstellen – es waren die letzten Atemzüge der Vollbeschäftigung – so intensiv diskutiert wie früher die Spitzenspiele, als wir uns noch für Fußball interessierten statt für das Catchen.

Die Presse arbeitete sich damals in den Vor-Ort-Recherchen ab. Wir bereisten das Land. Noch war der „Second-Hand-Journalismus" nicht in Mode, der den Zeitungsmenschen im Dienste pseudomoderner, nachrichtenindustrieller Fließbandparolen zu einem mit seinem Fausttelefon verwachsenen Beamten abstumpft und jede Botschaft uninteressant macht.

Damit wird aber noch nicht verständlich, wie wir diesen Tag in so kapitalem Ausmaß verpassten. Denn die vorübergehend in Ungarn kampierenden DDR-Flüchtlinge standen zum Sprung bereit. Die Namensgeberin des Paneuropäischen Picknicks, Mária Filep aus Debrecen, hatte – unter anderem – die Presse durchaus informiert. Sie wusste, dass Öffentlichkeit die Teilnehmer schützen könnte, auch vor einer Tragödie. Sie bezeugt, dass die Einladungen an die einheimischen Medien genauso verteilt wurden wie an die ausländischen. Inklusive der kleinen primitiven Landkarte, aus der auch ohne kartographisches Expertenwissen herauszulesen war: „Bitte kommt an die seit 1922, seit Trianon unbenutzte Pozsonyer Landstraße. Dort gibt es ein eisernes Tor an der Grenze der Systeme. Das Thema liegt sozusagen dort auf der Straße." Und tatsächlich öffnete sich genau dort für ein paar Stunden der Vorhang des Friedenslagers.

Wir sind nicht hingefahren. Nicht einmal die Komitatskorrespondenten des Zentralorgans der „greisen“ Partei. Und ich will mich keineswegs an der „Népszabadság“ hochziehen, denn auch im Rest der Presse war der Schlummer an diesem Tag verdächtig tief. Dennoch ist es nicht uninteressant, beim stallwarmen Ofen der Parteizeitung „Népszabadság“ zu beginnen, denn wenn sie einen „großen Bissen“ servierten, dann reichlich garniert mit politischer Soße.

Das Blatt berichtete am 21. August auf seiner dritten Seite zusammenfassend über die Ereignisse. Zwei Drittel des Textumfangs stammten aus der Feder des Bonner Korrespondenten. Die Nachricht aus Sopron wird seltsamerweise aus BRD-Quellen übernommen: „Westdeutschen Berichterstattern vor Ort zufolge ist anlässlich des ‘Paneuropäisches Picknick’ genannten Treffens am Samstag unweit von Sopron die Grenze geöffnet worden, um österreichische und andere Teilnehmer der Veranstaltung unkompliziert empfangen zu können. Dies nutzten mehrere hundert vor Ort wartende DDR-Bürger aus ...“

Die von so weit her beschafften Nachrichten wurden durch ein dramatisches Foto von Familien ergänzt, die durch das halb umgestürzte Tor strömten.

Abgeschlossen wurde die Zusammenstellung durch einen unpersönlich gehaltenen Bericht, der Ausschnitte aus den in Sopron gehaltenen Reden sowie den Briefen von Imre Pozsgay und Otto von Habsburg zitierte, die auf dem Picknick verlesen worden waren.

Die Zusammenstellung wurde geradezu scherzhaft abgerundet mit den Worten: „Volkstanzgruppen sorgten für eine fröhliche Stimmung. Zum Abschluss nahmen die Teilnehmer Stücke aus dem Eisernen Vorhang als Andenken mit.“

Hier lohnt es sich, aus der Meldung der Nachrichtenagentur MTI zu zitieren, die nach dem heiteren Stimmungsbild in vollem Wortlaut in der Népszabadság abgedruckt wurde:

„... Das Treffen, das die Annäherung und sich vertiefende Zusammenarbeit zwischen Ungarn und Österreich symbolisieren sollte, wurde in den Nachmittagsstunden von über 150, in Gruppen zu 40-50 Personen eintreffenden DDR-Bürgern gestört, die versuchten, dort illegal die Grenze zu überschreiten. Mit ihrem aggressiven Auftreten überrannten sie die ungarischen und österreichischen Grenz- und Zollbeamten. Der illegale Grenzdurchbruch hätte von den Grenzorganen nur durch Schusswaffengebrauch verhindert werden können, aber mit Rücksicht auf die politische Haltung zur Staatsgrenze und die große Bedeutung der Veranstaltung wurde auf den Schusswaffengebrauch und andere Zwangsmittel verzichtet. Der zeitweilige Grenzübergang wurde termingemäß geschlossen, und der Grenzbezirk Sopron sorgte für ein verstärkte Bewachung der Staatsgrenze."

Keine drei Wochen vergingen, und die Erde öffnete sich endgültig vor den Flüchtlingen. Im Oktober wurden bereits Stücke aus der Berliner Mauer geschlagen. Niemand kann der zentralisierten ungarischen Presse nachsagen, sie hätte sich hinreißen lassen. Von den Meistern der Selbstzensur ganz zu schweigen.

Ein Starreporter der „Newsweek" – der auch in der letzten Zeit ein paar „Todeskurven" im Kosovo mitgenommen hat – traf mit einigen Tagen Verspätung direkt aus Amerika am Schauplatz ein. Ihm wurde ein Fotoreporter aus Paris zugesellt, der sich, um den Anschluss nicht zu verpassen, wie ein Held mit dem Taxi von Wien an die ungarische Grenze fahren ließ. Das weiß ich von Zoltán Zarándy, der als frisch examinierter Geschichtslehrer für die beiden dolmetschte. Bis dahin war der Spalt im Eisernen Vorhang wieder zugezogen worden.

Die Vertreter der Weltpresse witterten Titelstories. Um so mehr, als im Morgengrauen des 22. August an der grünen Grenze bei Peresznye ein Grenzsoldat während eines Handgemenges versehentlich einen Schuss abgab und einen – wieder illegalen – deutschen Flüchtling tödlich verletzt hatte.

Davon berichtete auch die „Népszabadság" auf der Titelseite, diesmal in einem Bericht vom Ort selbst. Die Schlagzeile lautete: „Täglicher Ausnahmezustand". In die Mitte der Reportage war ein kleiner eingerahmter Artikel gesetzt, in dem es darum geht, dass man seit der Abschaffung des traditionsreichen „Statistischen Blattes" nicht mehr feststellen könne, wieviel unserer Landsleute sich rechtswidrig im Ausland aufhielten.

Die für den Ostblock typische, byzantinische „Lösung" machte damals bereits die Einziehung des inländischen Vermögens der Dissidenten unmöglich. Das wäre nämlich Sache der örtlichen Räte gewesen, die wiederum erst nach amtlicher Benachrichtigung durch das Innenministerium tätig werden konnten. Nur dass das Innenressort ohne Statistisches Blatt keinen Beleg in der Hand hatte, aufgrund dessen es den örtlichen Räten nahelegen konnte, das Eigentum dieses oder jenes Abwesenden – womöglich gar aus den Händen der zurückgebliebenen Angehörigen – einzuziehen.

Ähnlich widersprüchlich war in diesen gespannten Tagen die Lage an der ungarisch-österreichischen Grenze. Von oben war zwar der Befehl zur strengen Bewachung der Grenze gekommen, aber keine Anweisung darüber, wie denn die rechtswidrigen Durchbrüche zu stoppen seien. Vorgestern noch ein Picknick, und heute? Schießen? Nicht schießen? Das war hier die Frage. Kein Wunder, dass ein Soldat nervös wurde und ein Gewehr losging.

Kehren wir von der „Népszabadság" zurück zur

„Newsweek". Man besuchte Kópháza. Der Campingplatz voll mit fluchtbereiten DDR-Bürgern, die ihr Pech verfluchten, die paneuropäische Chance verpasst zu haben. Niemand wusste, wie es weitergehen würde, Kohl versprach, sich mit Honecker zu einigen, und es war abzusehen, dass die Ungarn bald schon nicht mehr wissen würden, wohin mit den kontinuierlich hereinströmenden Flüchtlingen.

An der Schenke von Kópháza hätte man ein Schild anbringen können: „Nachrichtendienste aller Länder, vereinigt euch!" Augenzeugen zufolge schnüffelten dort Stasioffiziere, ihre westdeutschen Kollegen, Sowjets und Amerikaner in trauter Eintracht.

Es wird von vielen Seiten vermutet, dass nach der Kapitulation der Sowjetunion im Sternenkrieg nun die krampfhafte Suche nach einem neuen Feind beginnen würde. Auch heute ist das zu spüren, wenn auch noch mit den altvertrauten Protagonisten, denn bis auf weiteres gibt es keine Sieger außer ihnen, den problemlos übernommenen Geheimen.

In Kópháza also war alles versammelt und lag auf der Lauer: Flüchtlinge, Fluchthelfer, Spitzel, Medien, professionelle und freiwillige Grenzwächter. Alle beobachten einander. Es ist sowieso ein interessantes Dorf: etwa wie Beloiannisz, nur dass es nicht griechischen Emigranten gehört. Hier wurden seit den fünfzigern Jahren in feudaler Manier für „besondere Verdienste" Land und Häuser an Pensionäre des Innenministeriums vergeben.

Schauen wir uns an, wie die amerikanischen Kollegen arbeiten. Es braucht keine drei Tage, und der Plan des Newsweek-Reporters ist fertig. Er organisiert ein Interview in Budapest mit Innenminister István Horváth. Am Morgen desselben Tages wird ein Dolmetscher – und zugleich Augenzeuge – nach Sopron vorausgeschickt. Der Reporter und der Fotograf suchen auf dem Campingplatz zwei ostdeutsche Mädchen aus, mieten sich einen Fluchthelfer, und ab zur Grenze. Vormittags um zehn sind sie – eins der Mädchen und die beiden Amerikaner – bereits verhaftet und sitzen zu dritt auf der Wache, festgehalten von völlig verunsicherten Grenzsoldaten. Dem anderen Mädchen war die Flucht geglückt, der Fluchthelfer hatte routiniert das Weite gesucht.

Alles lief nach Plan. Ein Anruf nach Budapest ins Sekretariat des Innenministers, wo bestätigt wurde, dass man die Herren amerikanischen Reporter tatsächlich für den Nachmittag erwarte. Nun war die Wache erst recht aus dem Häuschen. Die gereizte Spannung wurde schließlich vom örtlichen Grenztruppenkommandeur aufgelöst, der den lieben Aufgegriffenen erst einmal eine gute Arbeit wünschte. Und er bot an, bei einem Kaffee dem „Newsweek" Rede und Antwort zu stehen, denn die „Feldarbeit" vor Ort kenne er, am Ende der Kette, schließlich am besten. Last not least stellte man sich für das berühmte Magazin zu einem Gruppenbild auf. Möge die Welt sehen, was für wackere Burschen das ungarische Vaterland schützten vor... Vor wem eigentlich?

Das spielt keine Rolle mehr. „Hajmási Péter, Hajmási Pál, das Barometer zeigt Regen an..."

Es wird ein langer Tag. Tränenreicher Abschied von den Grenzsoldaten, und ab nach Budapest mit dem Mietwagen, denn der Minister wartet. Am Straßenrand verlassene Wartburgs und Trabants, weitere DDR-Bürger kommen ihnen entgegen.

Es eilt, der Abgabetermin der „ungarischen Sache" drückt.

Der Begleiter – und Kronzeuge – fährt den Wagen, setzt die Reporter am Tor des Innenministeriums ab und schrammt auf dem Parkplatz einen Volvo von der Größe eines Mutterschiffs. Den Wagen des Ministers. Diesen verkehrstechnischen Fauxpas des Zeugen der großen Zeiten könnte man einfach seinem Lampenfieber zuguteschreiben, wenn der Ärmste wenigstens eine Fahrerlaubnis hätte. Aber er hatte keine. Er war in diesen historischen Zeiten nicht dazu gekommen.

Wird es Ärger geben? Aber nicht doch. Unser Kronzeuge wird als „Begleiter der Genossen vom Newsweek" zum Minister geführt und wirkt am Interview mit, das tatsächlich in der nächsten Nummer des Magazins erscheint. Eine wahre Feature-Story über das Ungarn im Übergang: bunte Schrift, viele Bilder, bestes Papier.

Ein paar Wochen danach bekommt unser Mann einen offiziellen Brief vom Innenminister, der sich für die wertvolle Hilfe beim Besuch der amerikanischen Journalisten bedankt. Zugleich gibt der Herr Minister seiner Hoffnung Ausdruck, dass unser Zeuge und Dolmetscher, wenn es seine Zeit erlaubt, doch den Führerschein machen möge, denn das – wie allgemein bekannt – sei zum Führen eines Kraftfahrzeugs unerlässlich. Zoltán Zarándy fasste die Lehre aus diesem unvergessenen Newsweek-Artikel nach zehn Jahren so zusammen: „In der Zeit des Systemwechsels war die Presse die einzige verbliebene tatsächliche Macht."

Eine gefällige These, die von den Ereignissen anscheinend bestätigt wird. Schauen wir uns aber die tatsächliche Macht der Presse einmal genauer an. Und ihre Freiheit.

War denn das Verschlafen des grenzöffnenden Picknicks vor zehn Jahren lediglich ein Ausrutscher aus Unaufmerksamkeit gewesen? Oder doch kein Zufall? Ich wage die Vermutung, dass die kollektive Schlafkrankheit der Branche gewisse gesetzmäßige Ursachen hatte.

Damals, als die Genehmigungen im Zeichen der drei Kategorien „Verbieten, Dulden, Unterstützen" zustandekamen, bestand ein jahrzehntealtes, sich zwar veränderndes, aber sehr durchschaubares System der Presselenkung. Die

Mittel wechselten je nach Verschärfung oder Lockerung der Lage. Die konsequenteste Operation war das von oben nach unten organisiert verordnete Totschweigen. Etwas in dieser Richtung muss auch anlässlich des Picknicks stattgefunden haben, denn – wie wir von Mária Filep wissen – die Einladungen waren überallhin geschickt worden, einschließlich der Landkarte mit dem Ort der Grenzöffnung. Ich arbeitete damals in der innenpolitischen Abteilung des „Magyar Hírlap". Ich kann bezeugen: Zu uns, in die unteren Ebenen der Redaktion, gelangte keine Einladung. Entweder waren sie „oben" oder – der Wachsamkeit sei Dank – schon auf dem Postweg steckengeblieben. Noch funktionierte das System der „streng vertraulichen" Anweisungen. (Vor ein paar Jahren organisierten Rundfunkmitarbeiter dazu eine Ausstellung mit internen Materialien ihres Hauses.) Am häufigsten aber war die persönliche Verbindungsaufnahme. Deren Vorteil bestand darin, keine Spuren oder sachliche Beweise der Maßnahme zu hinterlassen. Mit einem effektiven Rundruf am Nachmittag – und damals glühten die K-Leitungen geradezu – konnte man einen Artikel oder eine Zelluloidrolle im Müll „abheften" lassen und damit auch bereits versetzte Berge innerhalb einer Minute zurückbewegen. Die menschlicheren, lebensbezogeneren Redakteure riefen einen dann zu sich und ließen, da auch unter vier Augen Gesprochenes irgendwo notiert werden konnte, nur den Blick langsam zur Decke schweifen, breiteten die Arme aus und seufzten tief in die abgestandene Luft.

Bei der Verhaftung der FIDESZ-Führer war – was ich bezeugen kann – ein Leitartikel bei den Tageszeitungen bestellt worden, noch dazu am späten Nachmittag. Damals, wir schrieben 1988, war die „Ordnung" schon so aufgeweicht, dass so etwas aus den Vorzimmern durchsickerte. Jeder flüchtete dann, so weit er konnte. Einer musste dann notgedrungen liefern. Es lohnt sich, die entsprechenden Nummern der politischen Tageszeitungen aufzuschlagen. Was zustandekam, war eher nichtssagend und formal. Ein paar Jahre davor wären diese Schreiber noch von einer Bestrafung ereilt worden, wie Steigbügelhalter des Imperialismus sie verdient hatten.

Manchmal gab es Kunstfehler.

Der Metteur, der durch Hereinschmuggeln eines Druckfehlers den fünfundzwanzigsten Jahrestag nicht der „Befreiung" (felszabadulás), sondern der „Zerstückelung" (felszabdalás) unseres Vaterlandes begrüßte, wurde noch zu Hause von Männern im Ledermantel beehrt. Später wechselten stille Entlassungen – besser Versetzungen –, wiederholte „letzte Verwarnungen", Ausgrenzungen, Abstrafungen vor interner Öffentlichkeit und ständige Einschüchterung einander ab. Das Wesen der Aczélschen Politik setzte sich durch: „Genossen, schaffen wir keine Märtyrer!". Das wichtigste Mittel aber muss gesondert erwähnt werden: die Selbstzensur. Das bestimmende Auswahlkriterium der Kaderpolitik in der Presse war die Neigung und Fähigkeit zur Selbstzensur, was sich perfekt hinter dem Slogan von der „politischen Zuverlässigkeit" verstecken ließ. Die paar Dutzend „abweichenden Individuen" – mehr dürften wir kaum gewesen sein – konnte die Struktur gut verkraften. Nach 1985 verkraftete sie sogar, dass wir im Ton markanter wurden. Die Artikel beschrieben immer stärker das, was war, und nicht das, was die Partei vorspiegeln wollte. Und mit der Zeit, besonders als man nicht einmal aus Moskau mehr einen eindeutigen Ukas bekam, hatten sie wahrlich andere Sorgen, als uns an die Kandare zu nehmen. Genauer gesagt vertraute man uns der Selbstzensur der zuverlässigen Pressevielfalt an. Und die richtete dann alles. Bis zum Systemwechsel und darüber hinaus. Zwar hatten – nur als Beispiel – die Autoren Gazsó und Zelei für ihren Report von der Beisetzung Imre Nagys anderthalb Spalten bekommen. Aber der Text wurde von genau dem zuständigen Redakteur redi- und ridigiert, das heißt um verdächtige Sätze kastriert, der sechs Jahre zuvor den Autor dieser Zeilen noch auf seine Parteilichkeit abgeklopft und die Frage zur Abstimmung gestellt hatte, ob ein halbamtliches Regierungsblatt einen Parteilosen einstellen dürfe oder nicht.

Als wir zum Redaktionsschluss in den Verlag kamen, trommelten wir auf die Tische und fluchten angesichts des Ergebnisses, bis uns der früh fortgegangene selige András Tábori bremste: „Kinder, es erscheint! Versteht ihr! Das darf hier erscheinen! Was wollt ihr noch?“

Alles durften wir demnach nicht wollen. Also wollten wir nichts. Uns schien, er hatte recht. Am nächsten Tag war der Text, in kastrierter Form, auf den Straßen. „Geklärt“, wie man im Jargon des Politbüros sagte und aus Gewohnheit noch heute sagt.

Der Artikel war erschienen und auch nicht. Wir steckten in der Zwickmühle, uns war der ätherische und unsichtbare Maulkorb angelegt worden, den sein Träger oft nicht einmal spürt. Das allseits bekannte, aber außer Gebrauch gesetzte Schlüsselwort dafür ist: Selbstzensur. Die großmäulige Mehrheit bedarf ihrer, um sich in Sicherheit zu fühlen.

Nach den ersten Schwalben vom Tag des Picknicks floh die ganze DDR über die Systemgrenze. Die Bundesregierung und die Länder haben tausend Milliarden gesamtdeutsche Mark für den Aufbau im Osten aufgewendet. Die Treuhand, die deutsche Privatisierungsanstalt, zahlte 100 Milliarden, um die Staatsbetriebe in einen verkaufsfähigen Zustand zu bringen. Bis jetzt. Als sich bei uns der Sozialismus verabschiedete, war unser Schuldenpaket auf netto 15,9 Milliarden Dollar angewachsen. (Bis heute ist es – indem man fast alles verkaufte, was sich verkaufen ließ – gelungen, die Schulden auf 12,4 Milliarden Dollar zu senken. Ein bleischweres Paket.)

Der Wechsel kam, im Frühjahr 1990 konstituierte sich das erste frei gewählte ungarische Parlament. Es hätte die Möglichkeit gehabt, die augenblickliche, vorübergehende Aufmerksamkeit und Sympathie des Westens auszunutzen und einen Erlass der in der Kádár-Ära angehäuften Schulden zu erbitten. Die demokratische Legislative und die Exekutive schwiegen darüber jedoch ebenso wie die verschiedenen Schöngeister in ihren Zwölf-Punkte-Erklärungen.

Wo hat es in der freien ungarischen Presse die Forderung nach Erlass der Schulden gegeben?

Der Augenblick ist verflogen. Die Schulden blieben auf uns lasten und sind der wichtigste Beweis für unsere eingeschränkte Souveränität.

Auch hierbei glaube ich nicht an die kollektive Vergesslichkeit der Pressebranche, sondern eher an Intentionen, die zur Selbstzensur führten.

Spielen wir einmal mit dem Gedanken: Was wäre geschehen, wenn die Presse tatsächlich die einzige oder doch eine maßgebliche Macht zur Zeit der Systemwende gewesen wäre und in einer Art Selbstbefreiung diese Macht auch genutzt hätte? Zunächst wären infolge einer schnellen „Durchleuchtung" die alten Gesichter von den führenden Positionen verschwunden. Schnell wären neue Zeitungen entstanden, und in den alten hätte die Führung gewechselt. Tatsachenaufdeckung und Diskussionsgeist hätten eine wirkliche Blüte erlebt. Die Menschen hätten Vertrauen zur Wahrhaftigkeit und Kontrollfunktion der Presse entwickeln können. Zu ihrer Unabhängigkeit. Eine gesunde Konkurrenz hätte begonnen, und in einem gewissen Minimum hätte sich die Branche abgestimmt und zusammengehalten.

Eine massenhafte Nachfrage hätte den besseren Blättern eine sichere materielle Basis gegeben.

Stattdessen wurde die Durchleuchtung von der Tagesordnung abgesetzt. Die ehemaligen Denunzianten bekamen sogar noch Belohnungen, manche auch den Status eines Journalisten bei einer Tageszeitung. Die alten Hasen, die ihre Sachen schon gepackt und sich verabschiedet hatten, packten nun wieder aus und richteten sich neu ein. Sie halten ihre Stellung und organisieren in Wagenburgmentalität die Skandale, die sie für nötig halten.

Von Zeit zu Zeit decken Blätter aufgrund „zugespielten Materials" etwas auf, dann kommt die Gegenaufdeckung von der anderen Seite. Die Nachrichtenfabriken produzieren mit Hilfe alter Klischees bzw. „Clique-schees". Meist entsteht dabei Bruch. Die Luft ist erfüllt vom Geruch medialer Schießbuden.

Wäre die Presse tatsächlich souverän und stark gewesen, dann wäre ihr wohl die Schmach erspart geblieben, über Nacht aus ihren traditionellen Residenzen hinausgesetzt zu werden. Der New-York-Palast in Pest ist seit Jahren mit Brettern verkleidet, genauso wie das sozialistisch-realistische Haus am Blaha Lujza tér. Die Redaktionen wurden in alle Winde zerstreut. Sie versuchen, in Kasernen, abgelegenen Plattenbausiedlungen, Brauereien oder Nebengebäuden von Druckereien zu überleben, die für das Zeitungmachen völlig ungeeignet sind. Vor ein paar Jahren hatte sich ein äußerst einflussreicher Bankier das New-York-Haus auserkoren. Man hörte, Gábor Princz wolle darin ein internationales Bordell einrichten. Das ist dem Haus noch einmal erspart geblieben. Es darf still weiter verfallen.

Wenn die Presse glaubwürdig gewesen wäre und über den inneren Zusammenhalt und das Reglement einer Zunft verfügt hätte, dann wäre es unvorstellbar, dass die moralisch ausgepunkteten Kleinmogule immer noch so sicher in ihren Flaggschiffen stehen wie die Burschen in der Schiffsschaukel, die auf Dorfkirmesfeiern, kräftig genug angestoßen, als Mutprobe zum Überschlag gebracht wird und einen um die eigene Achse wirbelt. Es gibt keinen Wirbelwind, keine Korruptionsaffäre, keine Denunziantenvergangenheit, keine Unfähigkeit, die diese Profi-Schaukelkünstler aus dem Gleichgewicht bringen könnten.

Unsere Presse hat die Fluchtgelegenheit des Picknicks verpasst, weil sie sie verpassen wollte. Und diejenigen, die dafür verantwortlich waren, führen die wenigen Interessierten, die überhaupt noch neugierig sind, bis heute an der Nase herum.

Géza Szőcs

Ich versuche meine Erinnerungen in fünf Gruppen von Fragen zu gliedern. Zwei davon hängen mit der Vorgeschichte des Sommers und Herbstes 1989 zusammen. Der erste Fragenkreis reicht bis 1986 zurück. Wie bekannt sind nach dem Mitte August 1986 in Budapest stattfindenden Formel-I-Rennen viele aus Rumänien gekommene Touristen in Ungarn geblieben oder weiter nach Westen geflohen. Vor allem waren das Angehörige der ungarischen Minderheit. Aber nachdem sich gezeigt hatte, dass viele der Siebenbürger Ungarn endgültig in Ungarn bleiben oder gar westwärts weiterziehen konnten, stieg auch die Zahl und der Druck der Flüchtlinge rumänischer Nationalität. Und es machte eine von der damaligen Macht tolerierte rumänische Oppositionsgruppe, die von einem Temeschwarer Ingenieur namens Rozca gegründete und geleitete sogenannte „Gruppe Freies Rumänien“, durch eine Reihe außerordentlich harter Ceausescu-feindlicher Aktionen von sich reden. Auf dem Picknick habe ich übrigens ihr Manifest auf rumänisch verlesen.

Wer hat damals, das heißt zwischen 1986 und 1989, die Verantwortung dafür übernommen, dass in Ungarn so mit den Flüchtlingen aus Rumänien verfahren wurde? Das ist ein bis heute ungeklärtes Kapitel. Meiner Kenntnis nach war Imre Pozsgay in der damaligen Machtstruktur eine Schlüsselfigur für diese Frage. Vielleicht können er oder andere mehr dazu sagen. Auf jeden Fall musste sich die Welt ab 1986 an den Gedanken gewöhnen, dass Bürger eines kommunistischen Landes, die nicht in dieses Land zurückkehren wollten, in der Verwirklichung dieser Absicht massenhaft Unterstützung von den Behörden eines anderen kommunistischen Landes erfahren haben. Am Beispiel der siebenbürgischen Ungarn hat die Welt gelernt, dass Eiserne Vorhänge durchschritten werden können. Zunächst zwar nur die innerhalb der kommunistischen Welt, aber diese waren hermetisch genug.

Dann erreichten wir den Sommer '89. Zu dessen Vorgeschichte gehört auch die Einrichtung eines Büros von Radio Free Europe in Ungarn. Im Herbst 1988 hatte ich den Leiter der ungarischen Abteilung des Senders, László Ribánszky, darauf hingewiesen, dass es aufgrund der Beschleunigung der Ereignisse in Ungarn vielleicht nicht mehr unmöglich sei, ein solches Büro zu eröffnen. László Ribánszky wandte sich natürlich – da das seine Kompetenzen weit überschritt – an Washington und bekam bald eine ermutigende Antwort. Der Sender solle vorsichtige Erkundungen einholen. Daraufhin wandte sich Ribánszky an mich, ich hingegen an Imre Pozsgay, von dem ich wiederum innerhalb kürzester Zeit eine positive Antwort bekam. Einzelheiten weiß ich nicht, auch nicht, wieviele außer Pozsgay an der Entscheidung beteiligt waren. Aber er ist hier und wird sich vielleicht dazu äußern. Immerhin fiel die Entscheidung schnell, und bald wurde ich von Radio Free Europe beauftragt, dieses Büro, das seit März 1989 in Budapest arbeitete, aufzubauen und in der ersten Zeit zu leiten. Sein erster Erfolg von weltweiter Ausstrahlung war die ganztägige Übertragung der Neubeisetzung von Imre Nagy und seinen Gefährten im Juni 1989. Heute kann man schwer das Gewicht und die psychologische Wirkung der Präsenz von Radio Free Europe in Ungarn nachvollziehen. Wer nicht weiß, was für einen Klang dieser Name und Begriff hierzulande seit 1956 hatte, wird vielleicht nicht verstehen, dass gerade hierin sich in der Seele vieler Menschen manifestierte, wieviel sich in diesem Lande verändert hatte, und zwar endgültig. Dass man das nicht würde zurücknehmen können. Wenn Radio Free Europe hier in der Bajcsy Zsilinszky út ein Büro unterhalten konnte, dann war das nicht mehr dieselbe Welt. Aber abgesehen von dieser massen- oder sozialpsychologischen Bedeutung spielte der Sender noch eine andere wichtige Rolle. Er diente den zur Veränderung entschlossenen Politikern als informeller Gesprächskanal nach Amerika, das heißt sowohl an die amerikanischen Administration als auch an Kreise der politischen Entscheidungsträger.

Dies leitet bereits über zum dritten Fragenkomplex, zur Rolle des Senders im Zusammenhang mit den Ereignissen um das Paneuropäische Picknick. Man kann deutlich sagen, dass der Sender hier seine Pflicht erfüllt hat, nämlich soviel Öffentlichkeit sicherte, wie er zu sichern imstande war. Er berichtete vor, während und nach dem Treffen. Und der Bedeutung angemessen. Deshalb glaube ich, dass Radio Free Europe hier seine historische Aufgabe ehrlich erfüllt hat. Zu einer Zeit, als die Presse – wir sprachen darüber – durch Abwesenheit glänzte.

Es gab aber auch einen komplizierteren Aspekt dieser Frage. Ein Aspekt, der sowohl die erwähnten ungarischen

Politiker als auch die Organisatoren persönlich betraf. Denn in beiden Gruppen waren Zweifel, wenn nicht sogar Ängste aufgekommen, was wohl daraus werden würde. Worauf lief das Ganze hinaus, und wie weit konnte man gehen? Und wie würde sich Amerika zu all dem positionieren? War die Epoche von Jalta tatsächlich zu Ende? Oder würde Amerika, wenn es hart auf hart kam, die Ungarn wie 1956 wieder alleinlassen und, schlimmer, wieder bewusst an Moskau ausliefern? Würde es auch diesmal dazu kommen? Wie weit konnte man gehen? Das wurde ich Tag für Tag gefragt, zum Beispiel von dem unermüdlichen Mitarbeiter an der Vorbereitung des Systemwechsels, Csaba Olajos, den viele hier im Saal gekannt haben. Er hatte zum Beispiel all die mühevolle Kleinarbeit um die Imre-Nagy-Beisetzung organisiert, auf den damaligen Foto- und Videoaufnahmen ist immer wieder das Auto zu sehen, in dem er unterwegs war. Ein Peugeot, der meiner Frau, Margit Szőcs gehörte... Aber ich wollte nur mit einem kurzen Gedenken an Csaba Olajos erinnern.

Ich wusste: Alles, was ich – in welcher Formulierung auch immer – sagen würde, würde vereinfacht verstanden werden als ein nicht ganz offizieller, aber wohlüberlegter Standpunkt des State Departement oder des amerikanischen Kongresses. Schließlich wurde der Sender, wie bei Sendeschluss regelmäßig zu hören war, vom Kongress der Vereinigten Staaten getragen. Das war unser Dilemma. Entweder auf die Bremse zu treten und damit einen weltgeschichtlich hoffnungsvollen Prozess zu verhindern bzw. zu verlangsamen – oder quasi grünes Licht zu geben und damit die Verantwortung für alle Schrecken einer möglichen Vergeltung durch die Staats- oder die hinter ihr stehende Supermacht zu übernehmen. Die Lage wurde dadurch erschwert, dass man für die Position des State Departement kaum eine andere Bezeichnung finden kann, als dass es fortgerissen wurde. Elegant formuliert kann man sagen, es folgte den Ereignissen, aber in Wirklichkeit hechelte es ihnen jeden Tag konfus hinterher. Wie also sollte der Sender sich zu der Sache stellen? Schließlich riet ich unter anderem Csaba Olajos, der mit Lajos Torma und vielleicht Mária Filep von den Organisatoren in Verbindung stand, dass man die Sache nicht abblasen sollte, denn die Konstellation sei vielleicht unwiederholbar. Lajos Torma kann das, wenn er hier ist, sicher bestätigen. Meiner Kenntnis nach müsste er anwesend sein. Aber man muss hinzufügen, dass meine Ermutigung allenfalls auf den besseren Schlaf von einigen Veranstaltern oder Politikern Auswirkungen haben konnte. Die Entschlossenheit von Mária Filep und ihren Mitstreitern habe ich keinesfalls verstärkt. Diese Entschlossenheit war vorhanden, völlig unabhängig davon, was irgendein Radio-Free-Europe-Mitarbeiter für Ratschläge zu geben hatte.

Der vierte Problemkreis, von dem hier auch schon mehrfach die Rede war, betrifft die Frage, wer wieviel darüber gewusst hat, was sich beim Picknick abspielen würde. Ich kann behaupten und habe klare Erinnerungen daran, dass die Ostdeutschen Bescheid wussten. Mehrere ostdeutsche Freunde und Bekannte waren sich bereits Tage, wenn nicht eine Woche vorher darüber im klaren, was geschehen würde und welche einmalige Chance ihnen gegeben war. Das wussten sie genau. Ich weiß auch, dass sowohl Imre Pozsgay als auch Innenminister István Horváth im Bilde waren. Ob und wie sehr sie die Ereignisse lenkten, weiß ich nicht. Auf jeden Fall habe ich das mir Mögliche getan und die Ereignisse katalysiert und beschleunigt, wo ich es über einen Einfluss auf politische Entscheidungsträger konnte.

Die genannten Politiker hatten sich entgegen Geist und Buchstaben des Warschauer Vertrages auf die Seite der Ostdeutschen, der Deutschen überhaupt, der siebenbürgischen Ungarn und der Rumänen gestellt und waren deren stillschweigende Verbündeten geworden. Vielleicht haben auch sie sich treiben lassen wie die Amerikaner. Ich glaube allerdings, dass selbst dann, wenn niemand innerhalb der Machtstruktur – jedenfalls zu diesem Zeitpunkt – eine aktive Rolle übernahm, man sich doch über die Verantwortung, die sich aus dieser stillschweigenden Parteinahme auch für die hier besprochenen Ereignisse ergab, vollkommen im klaren war. Und ich weiß auch, wie das in einem eventuellen Strafverfahren genannt worden wäre. Man hätte im Fall einer ungünstigen Wende die Tatbestände „Beihilfe" und „Mittäterschaft" erfüllt gesehen. Ich denke an eine Wende, wie sie nach einem Janajew-Putsch nicht nur in Moskau, sondern auch hier hätte eintreten können.

Ich riskiere also die folgende These: Dass am 19. August womöglich einige Dutzend Ostdeutsche flüchten würden, haben die genannten Politiker genauso gewusst wie die deutsche Botschaft. Was aber vielleicht niemand wusste, war: dass genau mit diesem Tag der Geist aus der Flasche gelassen sein würde.

Der fünfte Problemkreis hängt mit dem Echo auf die Ereignisse zusammen. Vor kurzem habe ich Herrn Bella in einem Rundfunkgespräch gefragt, was er, der an diesem Nachmittag den Löwenanteil der Verantwortung auf sich genommen und praktisch allein die Grenze geöffnet hatte, danach für Reaktionen erlebt hat. Wurde er befördert, bekam er eine Auszeichnung? Er antwortete: „Nicht doch, es wurde ein Verfahren gegen mich eröffnet." Ich fragte nach dem Ergebnis des Verfahrens. Seine Antwort: „Es ist noch nicht abgeschlossen."

Es verwundert, wie sehr dieser Tag – trotz der einem Memento gleichkommenden Worte von Kanzler Kohl, Otto von Habsburg und anderen – dem deutschen, aber auch dem ungarischen Gedächtnis entfallen ist, und das gilt sogar für den endgültigen Durchbruch im September. Es lässt sich fast nicht erklären, dass dieses unerhört folgenreiche Ereignis, von einigen protokollarischen Erklärungen abgesehen, weder im deutschen noch im ungarischen öffentlichen Bewusstsein präsent ist. Es bedurfte der akribischen Arbeit eines japanischen Freundes, die Ereignisse auf den ihnen gebührenden Platz zu stellen, zu denen auch ich ein paar meiner Erinnerungen beitragen wollte. Ich danke für Ihre Aufmerksamkeit.

Gyula Tellér
Soziologe

Ein wenig im Gegensatz zu dem, was wir von Ferenc L. Gazsó und zum Teil auch von Géza Szőcs hörten, habe ich mich über das Picknick von 1989 und die Ereignisse in seinem Umfeld in der Presse informiert, und das sogar recht gut. Damit will ich das Gesagte nicht in Zweifel ziehen. Aber es war aufgrund der Presseberichte jener Zeit offensichtlich, dass eine bedeutende Zahl von Menschen aus Rumänien vor der „Dorfsystematisierung“ – besser gesagt der Dorfvernichtung – nach Ungarn flohen und dass die ungarische Führung nicht beabsichtigte, diese Menschen gewaltsam zurückzuschicken. Es war bekannt, dass sich im Sommer 1989 etwa zweihunderttausend Ostdeutsche zu Urlaubs- oder sonstigen Zwecken in Ungarn aufhielten. Und dass von diesen immer wieder Fluchtversuche nach Österreich unternommen wurden. Denn es war bekannt, dass aufgrund bestimmter Abkommen, die sich teils auf die Menschenrechte, teils auf die Flüchtlinge bezogen, und nicht zuletzt wegen des technisch überalterten Zustandes der Grenzsperren letztere nach und nach abgebaut wurden.

Das heißt, an einem gewissen Grenzabschnitt des Warschauer Paktes war die strenge Bewachung durchlässig geworden. Es war bekannt, dass immer mehr Fluchtversuche gelangen. Dann begannen die Botschaftsbesetzungen. Die sich in Ungarn oder anderen damals noch volksdemokratischen Ländern aufhaltenden Ostdeutschen demonstrierten zu Zehntausenden, dass sie bereit waren, mit den Füßen gegen den Sozialismus abzustimmen und dass sie nicht nach Ostdeutschland zurückkehren wollten. Man konnte auch an den sehr kurzen und wortkargen Berichten über die Reisetätigkeit ungarischer Führungspersönlichkeiten erkennen, dass Dinge kontinuierlich abgestimmt wurden. Denn ständig reiste jemand zu Kanzler Kohl, zu Gorbatschow oder in die DDR. Das Lavieren war offensichtlich.

Ebenso offensichtlich war, dass die Regierung die Ostdeutschen inrgendwann hinauslassen würde. Das Fernsehen zeigte die Bilder der Zeltlager beim Malteser-Hilfsdienst oder im Garten der deutschen Botschaft. Man machte Interviews. So hatten wir über die Presse einen verhältnismäßig guten Gesamteindruck von dem, was vorging. Es war offensichtlich, dass die interessierten Seiten – hier denke ich vor allem an die beiden deutschen Staaten – versuchten, im Sinne einer Lösung in ihrem Interesse Druck auf Ungarn auszuüben. Es war offensichtlich, dass solcher Druck von westlicher Seite nur deshalb möglich war, weil sich die ungarische politische Führung ohnehin, teils aus wirtschaftlichen, teils aus politischen Gründen, nach Westen orientierte. Darum war es wichtig für sie, ein Verhalten zu finden, das von dieser Seite akzeptiert werden konnte. Das musste demonstriert werden. Zugleich aber durften die Russen nicht verprellt werden. Irgendwie musste auch ihr Einverständnis gewonnen werden. Und als sich die ungarische Regierung einigermaßen stark fühlte, kam es zu Gesprächen in Ost-Berlin und später zur Aufkündigung des Abkommens, das bisher die Auslieferung vorgeschrieben hatte. All dies war in der Presse zu lesen und allgemein bekannt. Allgemein bekannt waren auch die Gründe, welche die Ostdeutschen zur Flucht veranlassten. Wer diese Zeit aus eigenem Erleben kannte, dessen Wahrnehmung enthielt auch andere Aspekte, die nicht erst bewusst gemacht werden mussten, um mit den Ereignissen assoziiert zu werden. Jeder kannte zum Beispiel die Angst und das Magendrücken, das Grenzbewachung und Zollkontrolle verursachten. Das dürfte nicht nur die ungarische Intelligenz so erlebt haben. Mir selbst, damals in einem, wie es hieß, „intellektuellen Beruf", ging es oftmals so. Wir wissen um unsere Angst um die aus dem Westen mitgebrachten Bücher, die man uns jederzeit bei Kontrollen abnehmen konnte. Wir wussten, dass das Betreten des Grenzgebiets verboten war und man nur zu den Soproner Festtagen ohne Genehmigung nach Sopron reisen konnte. Und wenn man nicht im voraus eine Unterkunft gebucht hatte und am späten Nachmittag noch nicht wusste, wo man schlafen würde, und man sah die Grenzsoldaten auf der Straße patrouillieren, dann bekam man unfehlbar das Magendrücken, ob man nicht aufgegriffen wird, falls man abends um acht immer noch mit seinem Gepäck auf der Straße zu sehen war. Einmal ist mir das auch passiert.

Eine starke gemeinsame prägende Erfahrung war die Denunziations-Erfahrung. Auch hierzu könnte ich ein paar persönliche Geschichten erzählen, und dabei denke ich nicht zuerst an die ungarischen Spitzelberichte, sondern an die ostdeutschen. Diese Institution war in Ostdeutschland außergewöhnlich gut organisiert und funktionsfähig. Lassen Sie mich ein persönliches Erlebnis berichten. Viele erinnern sich sicher an die sogenannte „vertrauliche" grüne Zeitung. Lange Zeit waren ja westliche Zeitungen in Ungarn nicht zu haben. Zugleich aber gab es zur Information der inneren Kreise der Partei eine alle 2-3 Tage erscheinende thematische Zusammenstellung übersetzter Artikel, die sehr interessant war. Ich arbeitete damals im Genossenschaftsforschungsinstitut. Dorthin, zu Händen des Direktors und des Parteisekretärs, gelangte auch diese grüne vertrauliche Zeitung. Der seltene Liberalismus der beiden ließ es zu, dass wir diese Zeitung in der Bibliothek „liegengelassen" fanden und lesen konnten. Einmal passierte folgendes: Ich zeltete mit einer großen Zahl von Freunden auf der Insel von Nógrádverőce. Einer von uns bekam Besuch von einem ostdeutschen Ingenieur, der 25-28 Jahre alt sein mochte. Wir unterhielten uns angenehm, ich steckte im ich weiß nicht wievielten Anlauf meines Deutschlernens, und die sprachliche Übung kam mir gerade recht. Da der Mann ein Vertrauter meiner vertrauten Freunde war, sprach ich arglos mit ihm über alles mögliche, auch über die Lage in Ungarn. Dabei erwähnte ich auch diese grüne Zeitung. Das war so an einem Mittwoch oder Donnerstag. Am Wochenende war mein Urlaub vorbei, ich erschien wieder im Institut und wollte wie gewohnt nach der grünen Zeitung greifen. Aber es war keine mehr da. Der Zusammenhang mit meinem Gespräch war unübersehbar. Es war unmöglich, nicht zu sehen, dass dieser junge Ostdeutsche mich, seinen ungarischen Gastgeber, in dessen Zelt er schlief, am nächsten Tag pflichtbewusst angezeigt hatte. Die Meldungskette funktionierte so schnell, dass die Zeitung zwei Tage später eingezogen wurde, und mein Direktor, mit dem ich mich gut verstand (viele werden ihn kennen: Antal Gyenes, ein wunderbarer Mensch), ließ durchblicken, aus welchem Grund die Wissenschaftler nun keinen Einblick mehr in die grüne Zeitung bekamen. Man kennt die versteckten oder auch gar nicht so versteckten Retorsionen, die manch einen sein ganzes Leben lang begleiteten, wenn er sich in einem bestimmten Augenblick nicht wie verlangt verhalten oder entschieden hatte. Ich erwähne diese Dinge nur, weil sie in der Luft lagen und in unser Nervensystem eingebrannt waren. Deshalb verstanden wir auch ohne Worte, dass die Ostdeutschen flohen, fort wollten aus Ostdeutschland, und mit der Frage, warum sie fort wollten, hielt sich keiner von uns auf. Auch die tieferen Gründe waren bekannt, man wusste, was Sozialismus heißt, und wir sahen seinen Verfall. 1989 hatten wir mit diesem Verfall schon eine mehrjährige Erfahrung.

Letztendlich wurde auch über das Picknick selbst in der Presse berichtet. Und hinterher über die Flucht einer großen Gruppe von DDR-Bürgern. Später über die vorübergehende Öffnung der Grenze ab Mitternacht des 10. September. Auch die weiteren Folgen waren bekannt, bis hin zum Fall der Berliner Mauer. Und nicht zuletzt jener gewisse „Krieg um den Ruhm", der sehr zeitig begann und in dem viele wenn nicht den alleinigen Ruhm, so doch einen möglichst großen Anteil daran zu ergattern suchten.

Und noch eine Erfahrung, die mit dem Picknick zusammenhängt und, wie ich meine, bemerkenswert ist, kann ich beitragen. Nämlich dass dieses Picknick – wie übrigens auch andere Ereignisse des Jahres 1989 – bereits damals für einen Augenblick die innere Struktur der Geschichte oder der Politik oder gerade des Zusammenwirkens von Geschichte und Politik bloßlegte. Für einen Augenblick wurde sichtbar, wie die hinter den individuellen Schicksalen stehende Sozialpsychologie, Massenpsychologie, staatsbürgerliche Aktivität, Organisation, die Reaktion der großen Politik auf all diese neuen Situationen und das Zusammenspiel der ungarischen großen Politik mit der großen Politik der Nachbarländer und der Großmächte funktionierten und sich gestalteten. Für einen Augenblick ist das ganze System der Zusammenhänge und Verbindungen sichtbar gewesen.

Man muss hinzufügen: Unter diesem Gesichtspunkt ist das Picknick im Jahr 1989 keine Ausnahme, sondern auch über die Beisetzung von Imre Nagy, den Beginn der Rundtischverhandlungen, die Ausrufung der Republik, die „Viermal-Ja"-Volksabstimmung und viele andere Ereignisse ließe sich sagen, dass sie die Fäden des Gewebes aus Politik und Geschichte in einem eigenen Knoten zusammenführten.

Dies etwa wollte ich hier ursprünglich vortragen. Der gestrige und zum Teil der heutige Tag aber haben – so scheint mir – meine Erlebnisse und Gedanken uninteressant werden lassen neben all den detailreichen und tiefer vorgetragenen Dingen, und mir schien mein Auftreten insofern schon überflüssig zu werden. Denn im Grunde kann ich nur wiederholen, was wir gestern und heute gehört haben. Dass ich dennoch hier spreche, liegt daran, dass der gestrige und der heutige Tag in mir eine zweite Erlebnisschicht in bezug auf das Picknick aufgetan haben, eine Erlebnisschicht, von der ich glaube, sie könnte für uns alle interessant sein. Diese Erlebnisschicht hängt mit den Erklärungen und Informationen zusammen, die hier gestern und heute vorgetragen wurden.

Gestatten Sie mir den Versuch, diese zweite Schicht meines Erlebens – wenn auch vielleicht unausgereift und nicht sehr elaboriert – aufzuzeigen. Zweifellos gehen die Tatsachen, die wir gestern teils den Teilnehmerbeiträgen, teils der interessanten Filmvorführung entnehmen konnten, weit über das hinaus, was ich bisher über das Picknick und die innere Struktur der Ereignisse um das Picknick herum wusste. Diese Ereignisse und Mitteilungen liefern zugleich einen Mehrwert über die unmittelbaren Fakten hinaus. Es mag sein, dass für andere auch dieser Mehrwert evident ist, aber ich glaube doch, davon sprechen zu sollen.

Ein wichtiges Moment dieses Mehrwerts ist das vor unseren Augen sich entfaltende, fein abgestimmte System der unterlassenen Hilfeleistungen.

Die erste unterlassene Hilfeleistung bestand in Gorbatschows Haltung, sich die Hände in Unschuld zu waschen, „nichts machen zu können". Gemäß der vorgeführten Interviewpassage hatte er zu Miklós Németh gesagt: „Solange ich auf diesem Stuhl sitze, wird es kein neues 1956 geben". Was bedeutete das? Es bedeutete, ein wenig verschleiert: „Macht, was ihr wollt." Auch der andere Aspekt, den wir gehört haben, war interesant, nämlich ob ein starker Gorbatschow auf einem müden, hinkenden sowjetischen Gaul sitze oder vielmehr ein schwacher Gorbatschow im Sattel einer starken Sowjetunion. Im zweiten Fall wäre es wahrlich riskant gewesen, auf Gorbatschow zu hören, seinen Worten zu glauben und unseren eigenen Weg zu gehen.

Die zweite große unterlassene Hilfeleistung war weniger konkret, aber doch sichtbar. Es war die unterlassene Hilfeleistung an den Ostdeutschen. Es gab keine Garantie mehr, dass diese Länder verteidigt werden würden, sie mussten ihr eigenes Brot essen, und demzufolge gab es auch keine Handlungsvorschriften mehr. Ursprünglich hatte das Sowjetsystem so funktioniert, dass das Erlaubte zugleich das Vorgeschriebene war. Wenn die ganze Situation in der Blütezeit des Sowjetimperiums entstanden wäre, dann wären Anweisung und Zwangsmaßnahme gleichzeitig eingetroffen, und Miklós Németh hätte kaum eine Wahl gehabt, ob er die Ostdeutschen nun zurückhielte oder nicht. Mehr noch, er hätte seine Position aufs Spiel gesetzt, wenn er sich darin auch nur die kleinste Eigenmächtigkeit erlaubt hätte. Vielleicht ist „unterlassene Hilfeleistung" ein zu starker Ausdruck, für diesen Fall bitte ich die Teilnehmer um Entschuldigung. Aber dieselbe Unterlassung, dasselbe Loslassen der bisher festgehaltenen Hände zeigte sich darin, dass Miklós Németh oder sagen wir der Innenminister István Horváth, der gewiss auch viel wusste, die unmittelbaren Untergebenen nicht über die Lage aufgeklärt haben. Németh war sich bereits über die Lage im klaren. Als er aus Moskau zurückkam, wusste er: Gorbatschow würde nicht eingreifen. Aber wer wusste es außer ihm? Wem hat er es gesagt? Mir – das heißt dem ungarischen Durchschnittsbürger – hat er es mit Sicherheit nicht gesagt, dabei hätte dieses Wissen mein Handeln wahrscheinlich wesentlich beeinflusst. In wessen Interesse verwaltete er diese so entscheidend wichtige Information? Wo, auf welchem politischen Marktplatz hat er sie verkauft, in welchem Zusammenhangssystem verwertete er sie? Offensichtlich nutzte er sie in seinen Verhandlungen mit Kanzler Kohl. Aber hat er sie, sagen wir, dem Grenztruppenchef János Székely offenbart? Hat er? Eher wohl nicht. Also auch hier eine losgelassene Hand, auch hier wurde jemand alleingelassen.

Aber wir können noch weitergehen. In seinem Beitrag von heute morgen hat Oberstleutnant Árpád Bella begonnen, auf das ernsteste Problem einzugehen, auf das auch ich zu sprechen kommen möchte. Es geht um die für mich größte Überraschung des gestrigen Tages. Was ich jetzt sage, ist bloßes Raten, aber vielleicht auch viel mehr als das. Ich meine, die Grenzbewachung besteht nicht nur darin, dass mit Maschinenpistolen oder anders bewaffnete Grenzsoldaten auf Posten stehen und darauf achten, dass höchstens ein Hase von der einen Seite der Grenze auf die andere gelangt, aber keinesfalls ein Mensch. Offensichtlich umfasst die Bewachung der Grenze auch die Kenntnis und die Aufklärung der Ereignisse in ihrer Nähe. Die große Frage lautet also zunächst: Hat Innenminister Horváth gewusst, dass die Deutschen das Picknick zu einem Grenzdurchbruch ausnutzen würden? Ich muss sagen: Meiner Meinung nach wusste er das. Hat er es János Székely mitgeteilt, der für den Schutz der Grenze zuständig war?

Entweder ja oder nein. Székely musste aber auch über ein eigenes Netz von Informanten verfügen. Das heißt, vielleicht hat auch er von den Vorbereitungen gewusst, nur nicht von István Horváth, sondern aus seinem eigenen Apparat. Hat er sein Wissen an Árpád Bella weitergegeben? Hat er ihm gesagt, wie die Lage war? Einerseits, was geschehen würde, andererseits wie es in der großen Politik stand? Nämlich: „Lasst die Deutschen ruhig ziehen." Was wir bisher hörten, deutet darauf hin, dass sie einander nicht sagten, was sie wussten. Auch hier die losgelassenen Hände... Jeder war auf sich allein gestellt. Jeder versuchte, das Wissen, über das er verfügte, im Interesse der eigenen Position, des eigenen Lavierens, der eigenen Problemlösungen zu gebrauchen, und niemand schloss sich zur Lösung genau dieser Aufgaben mit anderen zusammen.

Dieser Zusammenhang kann in sehr viele Aspekte zerlegt werden. Untersuchen wir zuerst den Teil, wo die Dinge auseinanderliefen. Die Verbindung, die Einheit, welche das Zusammenwirken der unzähligen kleinen Elemente des Imperiums gesichert hatte, war zerfallen, sie existierte nicht mehr. Gestern konnten wir nachträglich einen Blick ins Innere dessen werfen, was wir damals von außen und aufgrund gewisser Presse- und anderer Informationen und Erfahrungen nur ahnen oder vermuten konnten. Im Inneren sahen wir nun, wie ein Reich mit der Auflösung der Abhängigkeits-, Solidaritäts- und Informationssysteme in seine einzelnen, ums bloße eigene Überleben kämpfenden Bestandteile zerfällt. Man liest so etwas in Romanen über den Zweiten Weltkrieg: die Heeresleitung oder ein Heer wird zerschlagen, und die verschieden großen Einheiten oder die einzelnen Soldaten handeln bereits jeder für sich und sind nicht mehr füreinander verantwortlich. So etwas durften wir gestern, mit zehn Jahren Verspätung, beobachten.

Dieselbe Situation enthält aber noch einen anderen sehr interessanten Aspekt, den wir nicht verschweigen sollten. Wie war diese ganze Grenzöffnungs- bzw. Grenzdurchbruchsaktion organisiert? Das Picknick hatte Schirmherren, aber diese Schirmherren sind der Veranstaltung weise ferngeblieben, da sie wussten, dass „etwas passieren" würde. Wenn das Picknick erfolgreich sein sollte, gehörte der Ruhm ihnen, denn sie hatten ja die Schirmherrschaft übernommen. Misslänge das Picknick dagegen oder käme es zum Eklat, könnten sie sagen: „Bitte, wir waren nicht dabei und wissen nicht, was geschehen ist. Wir haben keine Ahnung von dem Ganzen." Bevor wir aber zu schnell urteilen, fragen wir lieber: Funktioniert Politik nicht generell so? Dass diejenigen, die oben sitzen, infolge dessen die Unteren als Werkzeug benutzen können, dass die, die Überblick haben über die Dinge und einen Informationsvorsprung und gewisse Machtmittel besitzen, ihre eigene Position nicht gefährden wollen? Dass sie versuchen, das Risiko zu minimieren? Und die Unteren lieber mit subtilen Hinweisen zu lenken versuchen, damit die Ereignisse sich möglichst in die Richtung bewegen, die ihren Interessen, ihren Bestrebungen, ihren moralischen, politischen und sonstigen Werten entspricht? Ist das nicht das Normale? Wenn wir uns die gestrigen Erklärungen anschauen, stellt sich heraus, dass alle so gehandelt haben. Jeder versuchte, das persönliche Risiko zu minimieren, dabei aber trotzdem irgendwie in den Ereignissen präsent zu bleiben. Wenn es gutgeht, war man dabei, wenn nicht, kann man sich von den unmittelbar Beteiligten oder von denen, die im Vergleich zu einem selbst aktiver waren, schön distanzieren, und schon ist man nicht mehr involviert und kann nicht zur Verantwortung gezogen werden.

Die erstaunlichste und dramatischste Stufe dieser Leiter war die Stufe zwischen János Székely und Árpád Bella.

Gestern habe ich anhand Székelys etwas irritierter Wortmeldung begriffen, dass sich hier ein inneres Drama versteckt, und besonders wurde es im Beitrag von Bella sichtbar. Ich will die einzelnen Stufen dieses Dramas nicht von unten nach oben abschreiten und stütze mich auf das, was Árpád Bella hier gestern und heute gesagt hat. Daraus wird am deutlichsten, was vorgegangen ist. Die große Politik wusste, dass man die Ostdeutschen ziehen lassen konnte und hatte sich sogar bereits dafür entschieden. Die große Politik, auch der Innenminister wußten, dass Ostdeutsche das Picknick zu einem Durchbruch nutzen würden, man informierte die Untergebenen aber nicht. Man stellte ein paar Grenzwächter auf, deren Eid und Berufsehre – ich betone: es geht um Berufspflichten – das glatte Gegenteil von ihnen verlangten. Der Grenzsoldat übt einen Beruf aus, der darin besteht, die Grenze zu schützen. Und diese Menschen wurden nun in eine Situation gebracht, in der ihnen vor Ort die moralisch unerhört schwierige Entscheidung zufiel, ob sie im Sinne des Eides und der Berufsehre oder im Sinne der Menschlichkeit handelten. Sie wurden mit dieser Entscheidung im Stich gelassen und mussten sie inmitten einer anwesenden Menschenmenge und im Besitz von Waffen völlig allein treffen. Ich füge hinzu: In dieser Situation konnten sie sich nur falsch entscheiden. Denn entweder opferten sie ihre Menschlichkeit auf oder ihre Berufsehre und ihren Eid. Diejenigen, die die Situation von weiter oben her überblickten, hätten sie von dieser Verantwortung befreien können. Aber sie taten es nicht.

Für mich hatte der gestrige Tag keinen heiteren Ausklang. Denn ich sah, dass ich nicht die endlich fällige Aufklärung über die innere Struktur und die wirklichen Zusammenhänge des Picknicks bekommen habe, sondern stattdessen eine Art feierliche Stimmung – die natürlich aus diesem Anlass auch berechtigt ist –, und dass die damals notgedrungen Handelnden die wesentlichen Zusammenhänge nicht offenbart haben. Den wichtigsten Teil ihres Wissens haben sie nicht mit uns geteilt. So habe ich mich gestern abend mit einem recht großen Mangelgefühl schlafen gelegt und noch lange darüber nachgedacht, was ich eigentlich gehört und gesehen hatte. Aber mein Mangelgefühl rührte nicht nur aus diesem einen Zusammenhang, sondern auch aus dem, was ich vorhin bereits anschnitt. Miklós Németh wusste, dass er die Ostdeutschen hinauslassen und praktisch tun und lassen konnte, was er wollte. Ich habe die Frage vorhin bereits gestellt: Wen hat Németh eingeweiht, und wofür hat er sein Wissen benutzt? Zu wem hat er, im Besitz dieses Wissens, gehalten? Was hatte er vor? Ich werfe ihm nichts vor, das will ich gleich vorausschicken. Aber er hatte sicher seine Gesichtspunkte im Spiel um die Macht. Wollte er sich Handlungsspielraum vorbehalten? Wollte er einen zu schnellen gesellschaftlichen Zerfall verhindern, der bei Bekanntwerden dieses Wissens, noch dazu in der von Gorbatschow geäußerten Form, nicht mehr zu verhindern gewesen wäre? Ich weiß es nicht. Sehr gern hätte ich Miklós Németh und die anderen Handelnden zu diesen Fragen gehört. Oder geht es hier um den besagten „Krieg um den Ruhm“? Dieses Wort zitiere ich aus den gestrigen Einführungsworten von Frau Ministerin Ibolya Dávid.

Auch zu diesem Krieg um den Ruhm hätte es sich meiner Meinung nach gelohnt, wenn die gewollt oder ungewollt daran Beteiligten – denn es gibt auch ungewollt Involvierte – selbst etwas zu einigen Aspekten gesagt hätten. Attila Kristóf hat recht: Der Zaun wurde von denen abgebaut, die ihn errichtet hatten, und die Deutschen wurden von denen freigelassen, die sie vorher eingesperrt hielten. Das war die Grundsituation. Ohne Einverständnis und Zustimmung der Sowjets hätte man nichts machen können. Aber das, worum es in diesem Krieg eigentlich geht, ist in diesem Fall nicht der Ruhm, die Deutschen hinausgelassen zu haben, sondern etwas anderes. Die Geschichte spielte sich innerhalb der Zwänge eines bestimmten Rahmens ab, in dem abgetastet werden musste, welches Risiko infolge der nicht allzu klaren Genehmigung und der darin enthaltenen Unsicherheiten noch bestand. Und als das in etwa klar war, musste überlegt werden, wie man mit dieser Genehmigung umging und wie man sie in ausführbares Handeln umsetzte. Das ist nicht dasselbe, wie die Deutschen sagen wir 1970, 1980, 1985 oder 1988 hinauszulassen, als es „gegen alles und alle“ gewesen wäre. Es ist nicht dasselbe. Aber über diese Situation, nämlich wie eng der Spielraum war, in dem die Beteiligten sich bewegten, wie einer zum andern lief, um den Spielraum herauszufinden, davon wurde nicht berichtet. Dabei war das der eigentliche Hintergrund der „ruhmreichen Grenzöffnung“. Mir fällt der Vergleich mit einem Fotografen ein, der einen mit den Wellen kämfenden Schwimmer von oben fotografiert, ohne den Horizont im Bild zu haben. Würde sich die Kamera erheben, zeigte sie vielleicht einen tobenden Ozean, dessen Ufer nicht zu sehen sind. Vielleicht zeigte sie eine Bucht am Balaton mit Gulács oder Badacsony im Hintergrund, und das Ufer läge in hundert Meter Entfernung. Oder sie zeigte ein Schwimmbassin im Garten oder gar nur eine Badewanne. Jetzt, wo der Krieg um den Ruhm im vollen Gange ist, sind die Teilnehmer stillschweigend übereingekommen, die Kamera nie zu erheben, damit der Horizont nicht sichtbar wird.

Ich könnte fortfahren, möchte aber lieber mit der Feststellung schließen, dass ich die während der zwei Konferenztage erhaltenen Informationen mit gemischten Gefühlen betrachte. Ich habe gern an der Feierlichkeit teilgenommen, denn es ist ein Grund zu feiern. Aber wegen der nicht offengelegten Informationen und der nur spärlichen Beleuchtung des Dramas bleibt ein Mangelgefühl.

László Nagy:

Ich freue mich über diesen Beitrag von Gyula Tellér, denn tatsächlich hat dieses Drama bestanden, und er hat es sehr schön aus dem Vortrag von Árpád Bella herausgehört. Ich habe in der letzten Zeit viel mit Bella gesprochen, oft mehrere Stunden lang. Aus seinem Blickwinkel, wie er es darstellte und wie es Gyula Tellér analysierte, ist das die hundertprozentige Wahrheit, das wage ich zu behaupten. Auf der anderen Seite bin ich mir nicht ganz sicher, ob das Wort „Verantwortungslosigkeit" hier wirklich das treffendste ist, und ich glaube, jetzt müssen wir einen Schritt wider die Regel tun. Gyula Kurucz und ich hatten uns zwar geschworen, dass wir niemandem außer der Reihe das Wort erteilen, sondern dass streng nach der Liste und nur in dieser Reihenfolge geredet werden soll. Aber in der jetzigen Situation möchte ich unseren Schirmherren doch nicht unterstellen, dass sie uns im Stich gelassen hätten – wir hatten ja Gespräche und praktische Erfahrungen, und meiner Meinung nach war das nicht so, und ich glaube, ich sollte jedem von beiden das Wort erteilen. Aber nur ihnen, das möchte ich gleich dazusagen.

Imre Pozsgay:

Der Grund für das Ausnahmeverhalten ist die Ausnahmesituation, die sich nach dem Gesagten ergeben hat. Deshalb habe ich ums Wort gebeten. Ich denke, auch Otto von Habsburg tat es aus diesem Grund. Vielleicht sollten wir nicht die Polemik fortsetzen, denn ich bleibe bei meiner Meinung, mit der ich meine gestrigen Ausführungen begann: dass wir hier in Sopron anläßlich des zehnten Jahrestages Wahrheiten nicht verteilen, sondern suchen wollen. Darum – und ich habe dem ganzen dramatischen Vortrag von Gyula Tellér überwältigt zugehört, der mit seiner scharfen Logik und schonungslosen Stringenz vor uns ein fast monolithisches, unangreifbares Szenario zeichnete – möchte ich auf einiges reagieren, zuvor aber auf ein paar menschliche Bezüge eingehen, wie es die Vortragenden auch reichlich getan haben. Ich bin den Worten von Attila Kristóf mit großem Interesse gefolgt. Er hat zweifellos darin recht, dass es außer der Bewertung der Handlung immer auch angebracht ist, die Motive, die einstigen Motive abzuwägen. Da verschlägt es einem allerdings manchmal die Sprache, denn es ist nicht gar so sicher, dass wir hier aus zehn Jahren Distanz die Absichten der damaligen Beteiligten richtig ermessen und beurteilen können. Lassen Sie mich gerade an seinem Beispiel verdeutlichen, was ich meine. Er hat seine Sympathie mir gegenüber nicht verleugnet, und ich danke ihm dafür. Und ich kann das auch erwidern, auch ich verweigere ihm meine Sympathie nicht. Wir haben in vielen guten Dingen zusammengearbeitet. Aber dass er, sagen wir, die Kriminalromane nicht aus Servilität, sondern aus kritischen Erwägungen zu Tante Mária brachte, das muss ich ihm abnehmen, denn ich vertraue ihm. Wenn er es sagt, dann ist das sicherlich so gewesen. Er sagt, er fuhr in den Urlaub nach Sotschi, in Ordnung, und er sagt, er musste. Was kann ich machen, ich muss es ihm abnehmen, ich akzeptiere seine Urteile. Ich sage das nur, um anschaulich zu machen, was für Risiken der Urteilsbildung es gibt. Auch Géza Szőcs hat mich auf ein oder zwei Punkte angesprochen. Jedes seiner Worte war abgewogen, jeder Gedanke beherzigenswert. Deshalb bedaure ich, nicht auf jede Frage eingehen zu können. Ich weiß selbst nicht genau, wie die Entscheidung möglich geworden war, dass Radio Free Europe ein Budapester Büro eröffnen durfte. Ich weiß nur, dass ich die Entscheidung selbst getroffen und mich dazu mit einer einzigen Stelle abgestimmt habe, mit der Regierung aber nicht. Sondern ich teilte dem Informationspolitischen Kollegium als dessen Vorsitzender und Regierungsmitglied mit, dass Radio Free Europe ein Büro in Budapest eröffnen werde. Die Ereignisse haben sich so abgespielt, und dementsprechend gestaltete sich auch unser Verhalten. Ich will bei Gott nicht in Zweifel ziehen, dass viele unter uns ihre Entscheidungen danach ausrichteten, wie sie ihr Schäfchen ins Trockene bringen und mit wenig Risiko und viel taktischem Geschick Punkte für die Zukunft sammeln konnten. Aber glauben Sie auch mir, dass ich nicht zu denen gehört habe. Um auch einen Beleg zu liefern und mich nicht nur auf meine Glaubwürdigkeit zu berufen: Schlagen Sie mein Buch „89“ auf, in dem ich ein Dokument aus dem Dezember 1981 veröffentliche. Damals hatte ich mitten im unerschütterlich scheinenden Kádár-System zum ersten Mal in einer Rede festgestellt, dass unsere Pläne auf Lügen beruhten. Der Volkswirtschaftsplan für 1982, so erklärte ich, fuße auf falschen Angaben und einer Irreführung des Volkes, und ich könne an so etwas nicht mitwirken. Ich sage das nur, um zu verdeutlichen, was Gyula Tellér in seinem logischen, scharfsinnigen und imponierenden Szenario außer acht gelassen hat. Dass es nämlich um den Abbau eines Systems ging, wie es als Konstruktion und menschenformendes Experiment noch kein vergleichbares in der Geschichte gegeben hat. Das heißt, man musste ganz neue Handlungsmuster erfinden, um den Abbau dieses Systems möglich zu machen. Ich könnte die Logik Gyula Tellérs akzeptieren, wenn er uns Protagonisten genannt hätte, die das Nötige hätten tun können – außer denen, die es getan haben. Was wir getan haben, konnte kein anderer tun. Nicht weil wir etwas ganz besonderes gewesen wären, vielleicht waren wir sogar gewöhnlicher als andere. Aber wir waren in der Position, dass uns die Geschichte diese Aufgabe aufgedrückt hatte. Bitte sehen Sie sich den Zustand, die Lage und die Machtmöglichkeiten der Opposition an, ich glaube, dann wird die Sache klar. In diesem Zusammenhang muss ich noch etwas sagen, was er auch bereits angesprochen hat. Die Ethik des politischen Handelns. Denn die Schlussfolgerung, nicht wahr, lief auf Unterlassene Hilfeleistung hinaus, und ich hoffe, dass nach meinen Worten vielleicht auch Gyula Tellér versöhnter und mit mehr Feiertagsstimmung von dieser zweitägigen Konferenz nach Hause fährt.

Ich bin überzeugt: Wenn ich die Prämisse seiner logisch geschlossenen Konzeption herausnehme und beweise, dass sie falsch ist, dann fällt diese Konzeption in sich zusammen, und er wird – nicht unter der Last der Trümmer, sondern der Argumente – eher meinen Gedanken zuneigen. Sein Ausgangspunkt war, dass Gorbatschow uns klar zu verstehen gegeben habe, wir hätten freie Hand, und dass von diesem Augenblick an die Führer der Partei und der Regierung und was weiß ich wer noch alles sich in Wirklichkeit nur noch um die Erhaltung ihres eigenen Handlungsspielraums gekümmert haben und das Picknick und vieles andere opferten. Ich vereinfache die Dinge der Kürze halber ein wenig, ich will seine Worte nicht verfälschen, er wird sicher reagieren auf das, was ich hier sage. Und er hat mich ja auch teilweise zitiert. Ich hatte nicht umsonst darauf hingewiesen, dass man nicht wissen konnte, ob ein starker Gorbatschow auf dem Dach einer im Zusammenbruch befindlichen, geschwächten Sowjetunion saß oder ein schwacher Zar mit wackelndem Thron an der Spitze eines starken Imperiums. Mag sein, dass Miklós Németh die erwähnte Äußerung von Gorbatschow gehört hatte. Sicher aber war stets eines: dass das sowjetische Handeln unberechenbar war. Jemand hat auch an den Sommer '91 erinnert. Die Handlungen der Sowjetunion waren unberechenbar. Wer sich diesem Handlungsraum näherte, ging immer ein Risiko ein. Das war die einzige menschenmögliche Erfahrung. 1953 Berlin, 1956 Poznan und Budapest, 1968 Prag, dann Afghanistan und so weiter. Das hatten wir hinter uns. Von diesem Imperium, von diesem System spreche ich. Das abzubauen erforderte ein spezielles Vorgehen, keinen Sturm auf die Bastille. Auch das gehört zur hier behandelten Geschichte, und es steigert noch die Bedeutung von Sopron. Es steigert die Bedeutung des Picknicks und des damaligen Grenzdurchbruchs. „Unterlassene Hilfeleistung“ ist ein häßlicher Vorwurf. Wer moralisch diesem Urteil ausgesetzt ist, fühlt sich ein wenig unbehaglich. Dabei gab es in der Geschichte Ungarns vorwärtsweisende politische Taten, hinter denen Schlimmeres als „unterlassene Hilfeleistung“ steckte. Wir hatten uns bereits in die Welt der historischen Parallelen begeben. Vielleicht erinnern sich alle von ihren Geschichtskenntnissen her an das Dilemma von Gábor Bethlen, als die Pforte von ihm die Herausgabe der Burgen Lippa und Jenő verlangte. In seiner tiefen Not und Zerrissenheit ging Bethlen auf den Handel ein. Aber sowohl der Burghauptmann von Lippa als auch der von Jenő blieben hart und lehnten die Übergabe ab. So dass Gábor Bethlen mit den eigenen Truppen gegen die eigenen Burghauptleute zog, um ihnen die Burgen zu entreißen und sie den Türken zu übergeben. Etwas Niederträchtigeres läßt sich in der Geschichte kaum vorstellen. Wären ihm nicht zwanzig Jahre Herrschaft beschieden gewesen, sondern hätte er sagen wir bei diesem Angriff ins Gras gebissen, dann hätte sich sein Vorgehen niemals als richtig herausgestellt. Später hat sich aber bestätigt, dass es eine der äußeren Vorbedingungen für die Blütezeit Siebenbürgens war. Man könnte die Beispiele fortsetzen. Ich sage das, weil ich mich im Grunde auch dem moralischen Urteil unterwerfe. Jeder Mensch hat sich nicht nur der Anerkennung, sondern auch der moralischen Kritik zu stellen, aber mit dem Moralisieren seien wir bitte vorsichtig, denn es kann auch zur politischen Handlungsunfähigkeit führen. Und man kann, auf rein moralischer Grundlage, auch andere politisch lahmlegen. Denn darauf liefe das Ganze hinaus. Auch ich stimme mit Árpád Bella überein und fühle mit ihm. Eine fundierte Auskunft aber, warum er nicht nur keinen Befehl, sondern auch keinen Hinweis auf die zu erwartende Flucht bekommen hat, kann ich nicht geben. Dennoch bin ich mit Géza Szőcs und den anderen einer Meinung, die sagten, dass man sehr wohl wissen konnte, was sich da andeutete. Ich hatte mit Otto von Habsburg genau darüber gesprochen, wie ich gestern bereits berichtete. Man konnte wissen, was vorbereitet wurde, aber dann scheint es irgendwo hängengeblieben zu sein. Ich will keinesfalls Vorwürfe verteilen und nenne deshalb keine Namen, aber ein Urteil riskiere ich manchmal auch. Aller Wahrscheinlichkeit nach ist in dieser hierarchischen Ordnung irgendeine Gegenreaktion aufgekommen. Denn sowohl in der Partei als auch in Regierung und Verwaltung gab es verschiedene Gegenreaktionen. Es ist sicher, dass jemand die Sache schiefgehen lassen wollte. Ob das bei István Horváth geschah, da bin ich nicht so sicher. Theoretisch wäre es möglich, denn wir hatten am Tag zuvor, dem 18. – auch das erwähnte ich gestern – noch verhandelt. Horváth hatte mich in meinem Büro aufgesucht. Wenn wir schon über Moral sprechen und er sich hier nicht mehr äußern kann, dann will ich nur soviel sagen: Ich hatte nicht nur anläßlich dieser Sache, sondern bereits ein Jahr zuvor ein Gespräch mit ihm, im Herbst 1988, als der Jahrestag der Revolution heranrückte, und damals haben ja die Behörden ihr brutales Geschäft noch verrichtet. Ich fragte ihn: Wo ziehst du die Grenze für deine Funktion als Innenminister? Und er antwortete: Wenn ich einen Schießbefehl geben muss. Auch das gehört dazu. Und noch etwas gehört zur Umgestaltung und zum Picknick an der

Grenze, und Géza Szőcs hat in einleuchtenden Farben davon gesprochen. Was Ferenc Gazsó erzählte, war mir dagegen neu, aber er hat sicher recht. Es ist tatsächlich verwunderlich, dass sich die Tageszeitungen – denn um die geht es hier – so und nicht anders verhalten haben. Und ganz offensichtlich hat das Auswirkungen bis in den Alltag von heute. Das bestreite ich nicht.

Ich möchte auch auf die Einschätzung von Géza Szőcs verweisen, wie sehr der Westen den Ereignissen hinterherlief. Das kann ich voll und ganz bestätigen, wir stolperten wirklich unsicher in der Welt herum, wie das auch Gyula Tellér beschrieb. Wir verrichteten recht und schlecht unsere Arbeit, und ich habe mich aufgrund meiner Position – Sie kennen das alles, ich muss darauf nicht weiter eingehen – mit vielen Personen getroffen. Das Gemeinsame an diesen Begegnungen war, gleich ob bei meinem Gespräch mit dem Papst, bei meinen beiden Treffen mit Bush oder dem mit Kanzler Kohl – ich kann das ruhig sagen, sie werden es sicher bestätigen, wenn ihnen diese meine Aussage zufällig begegnet –, ich habe zum Abschied immer ein und denselben Rat bekommen: „Vorsichtig, maßvoll, bedenkt alle Folgen!“ Das ungefähr war die ganze Konzeption. Ich glaube, Géza, auch du hast das so erlebt. Darum bitte ich, auch das einzukalkulieren, wenn es um den Strudel der Ereignisse von damals geht.

Und wenn wir schon auf Kuriositäten zu sprechen kamen, dann lassen Sie mich daran erinnern, dass ich angefangen von Frau Thatcher bis zu den bereits Genannten mit jedem Gelegenheit hatte, über die Umgestaltung in Ungarn zu sprechen, Informationen auszutauschen und mich abzustimmen – außer mit Gorbatschow, den ich nicht ein einziges Mal getroffen habe. Dreimal hatte ich eine offizielle Einladung, aber jedesmal wurde sie wenige Tage vorher abgesagt. Ich habe lange gerätselt und wollte keine spekulativen Erklärungen dafür suchen. Bis „Magyar Hírlap“ im Jahre ‘92 oder ‘93, genau weiß ich es nicht, ein KGB-Dokument veröffentlichte, worin KGB-Chef Krutschkow dem Genossen Gorbatschow rät, sich vorsichtshalber nicht mit Imre Pozsgay zu treffen. Über die Gründe dafür können Sie selbst spekulieren. Ich hege den Verdacht, dass mein Handeln und meine Organisationstätigkeit dem KGB nicht ins Konzept paßten und er sich Sorgen machte, dass selbst meine Wenigkeit eine Wirkung auf Gorbatschows beeinflussbare Persönlichkeit – denn so schätzte man ihn ein – ausüben könnte. Aber das ist reine Spekulation, eine Erklärung habe ich nie bekommen, aber es passt, glaube ich, gut mit den Tatsachen zusammen.

Diese Gesichtspunkte wollte ich nur als Ergänzung und keinesfalls um der Polemik willen gesagt haben, denn die Polemik wird weitergehen: in der Presse, nach Erscheinen des Konferenzbandes – und wenn wir uns in zehn Jahren, dann tatsächlich unbefangen und sehr viel weiser geworden, wieder hier treffen und die Gastfreundschaft von László Szilégyi und der Initiatoren aus Sopron und Debrecen genießen werden. Ich habe mich am Krieg um den Ruhm nie beteiligt, ich hielt ihn immer für unwürdig und sehe mit offenem Mund zu, wie heute Geschichte gestohlen wird. Das wollte ich noch sagen.

Otto von Habsburg:

Ich versuche kurz auf ein paar Aspekte zu antworten, und zwar zuerst auf die Frage der Geheimhaltung. In meinem langen politischen Leben habe ich von vielen Gesichtspunkten her gelernt, welche Geheimnisse weitergegeben werden können und welche nicht. Das habe ich schon vor und während des Zweiten Weltkriegs gesehen, wie auch danach und in den letzten Jahren. Wenn man gegen ein totalitäres System kämpft, muss man viel vorsichtiger sein, als wenn man in einer Demokratie etwas tut. Wie sich später herausstellte, war Ungarn in dieser Hinsicht in einer viel günstigeren Lage als andere Länder, besonders weil die Einwohner viel patriotischer gesinnt waren. Schauen Sie, ich habe im Europa-Parlament zwanzig Jahre lang geholfen, den Beitritt Ungarns vorzubereiten. Inzwischen habe ich mich mit all den Fakten befassen können, die ich damals nicht zur Kenntnis bekam. Dabei habe ich gesehen, wieviel bewundernswerten Mut es bei gewissen Leuten gegeben hat, denn schon 1982 wurden Regierungsangestellte angewiesen, Gesetzesvorlagen und gewisse offizielle Veranstaltungen so zu gestalten, dass Ungarn einst in die Europäische Union eintreten könne. Das war eine große Sache, denn das Risiko damals war enorm. Und ich finde es bewundernswert, dass die Ungarn dieses Risiko eingegangen sind. Wenn zum Beispiel in den Vereinigten Staaten jemand in so einer grundsätzlichen Frage instruiert worden wäre, hätte das am dritten Tag in der Zeitung gestanden. Bei uns drang nichts nach draußen, man schwieg. Und dadurch konnte man vieles vorbereiten. Wir waren zuletzt für fünf Staaten aktiv: Estland, Polen, die Tschechische Republik, Slowenien und Ungarn. Mein Kollege, der mit den tschechischen Angelegenheiten befasst war, musste Tag und Nacht arbeiten, ich dagegen hatte kaum etwas zu tun, weil alles so schön vorbereitet war. Das heißt, der erste Punkt im Kampf mit einem totalitären System ist die Diskretion. Ich gelangte oft in den Besitz von Geheimnissen, die ich gern weitergegeben hätte, aber ich wagte es nicht, da nicht absehbar war, ob die Dinge nicht die Richtung ändern würden. Daher habe ich Verständnis dafür, dass Miklós Németh die persönliche Mitteilung Gorbatschows nicht weiterzugeben wagte.

Der zweite Punkt ist die Übernahme der Schirmherrschaft über das Paneuropäische Picknick. Weder Minister Pozsgay noch ich hatten einen Augenblick daran gezweifelt, dass wir ein Risiko eingingen. Trotzdem zogen wir uns beide im letzten Augenblick gerade im Interessse des Erfolgs der Veranstaltung zurück, denn wir wussten, dass wir für die Russen und die Ostdeutschen ein rotes Tuch waren und wir besser andere vorschickten. Ich beauftragte meine Tochter Walburga, die zu den besten Mitstreiterinnen gehört, die mir das Leben je schenkte, und das hätte ich nicht getan, wenn ich das Risiko für zu groß gehalten hätte. Natürlich war mir klar, dass sie ein Risiko einging – ich selbst hätte ein noch viel größeres Risiko auf mich genommen –, aber die großen nationalen Interessen zwangen mich zu meiner Entscheidung. Solche Entscheidungen trifftt man nicht im Interesse des Ruhms, der eigenen Sicherheit und Zukunft, besonders dann nicht, wenn es um das Vaterland geht. Vielen Dank.

Dr. Pál Csóka:

Ich danke für die Gelegenheit, hier zu sprechen, um so mehr, als ich an der gestrigen Veranstaltung nicht teilnehmen konnte. Zu meiner Wortmeldung treibt mich dasselbe wie meinen Vorredner. Nur in Stichworten – ich habe mich auf keine Rede vorbereitet:

Die Absicht war von seiten der Initiatoren eindeutig, wir wollten ein Europa ohne Grenzen und haben das auch in Form von Plakaten zum Ausdruck gebracht. Eines lautete: „Mauern zerstören statt Dörfer“. Worauf dieses Poster anspielte, ist klar. Leider existiert es nicht mehr. Imre Pozgay schrieb in seinem Brief, ich erinnere mich noch gut: „Sie wollen ein Picknick am Eisernen Vorhang organisieren? Eine frappierende Idee. Sie haben recht.“ Auf der Veranstaltung zum einjährigen Gedenken an das Ereignis formulierte der deutsche Arbeitsminister Blüm, „durch Mut und Phantasie“ hätten wir ein Problem in den Griff bekommen, das die damalige offizielle Politik nur sehr schwer hätte überwinden können. Das sah man übrigens auch an dem Durcheinander, das nach dem Picknick in der offiziellen ungarischen Politik entstanden war. Wir wissen, dass die Ostdeutschen wieder aus unserem Grenzgebiet ausgewiesen und abgeschoben wurden. Die Stadt Sopron wurde praktisch gesperrt, wie in den finstersten fünfziger Jahren. Und da waren es – ich will hier nur auf die Frage der Verantwortung hinweisen – die Initiatoren des Picknicks, die das Fernsehteam von Panorama einluden und mit ihm die Schauplätze des Picknicks besuchten, und dort forderten wir als erste öffentlich von der offiziellen ungarischen Politik, den Deutschen ein für allemal die Grenzen zu öffnen.

Noch ein letzter Gedanke. Auch ich stimme mit den Vorrednern darin überein, dass die offizielle Politik nur den Zwängen folgte und eigentlich durch dieses Picknick vor vollendete Tatsachen gestellt worden war, das in dieser sehr schwierigen Situation – mit Imre Poszgays Worten – die Rolle eines Katalysators spielte.

Und noch ein letzter Gedanke. Man bekommt aufgrund des Gehörten tatsächlich das Gefühl, dass damals – um die gute ungarische Wendung zu gebrauchen – die Zügel zwischen die Pferde geworfen wurden und die Verantwortung den kleinen Leuten aufgehalst werden sollte.

Zur Rolle von Gyula Horn nur soviel, dass wir in der Zeit der Antall-Regierung Gelegenheit hatten, ihn zu einer Diskussion mit Géza Jeszenszky einzuladen. Dort hat er sich außerordentlich zynisch und herablassend über das Picknick geäußert.

László Nagy:

Ich danke Gyula Tellér, dass er unseren Gästen diese nicht geplanten Beiträge entlockt hat und möchte ihm das Wort zurückgeben, denn er will sicher etwas auf das Gesagte erwidern.

Gyula Tellér:

Ehrlich gesagt wusste oder ahnte ich, dass mein Beitrag gewisse Gedanken oder sogar Gefühle in Bewegung bringen beziehungsweise an tiefere Schichten rühren würde. Aber es sind nicht die berührt worden, an die ich rühren wollte. Jedenfalls nicht in erster Linie. Bevor ich weiterspreche, möchte ich klarstellen, dass ich sowohl Herrn Otto von Habsburg als auch Imre Pozsgay gegenüber den allergrößten Respekt hege. Nichts läge mir ferner, als sie in irgendeiner Weise persönlich zu tangieren oder gar anzugreifen. Mit Imre Pozsgay - ich hoffe, er nimmt das nicht als Zudringlichkeit - verbindet mich eine alte, von freundschaftlicher Achtung getragene Beziehung. Das wollte ich vorausschicken. Das andere, was ich vorausschicken möchte, ist, dass die hier gehaltenen Beiträge glücklicherweise auf Tonband aufgenommen werden, so dass man prüfen können wird, ob das, was ich jetzt sage bzw. worauf ich mich jetzt beziehe, tatsächlich in meinen früheren Wortmeldungen enthalten war oder nicht.

Vieles von dem, was ich sagte, stützt sich auf die Bedeutung bzw. den Inhalt des Gesprächs zwischen Miklós Németh und Gorbatschow. Auch ich habe diese Voraussetzung so interpretiert, dass dort keine eindeutige Lizenz erteilt wurde und dass ein Risiko blieb, und dass eben darum - so jedenfalls erinnere ich mich argumentiert zu haben - Miklós Németh und die anderen Parteiführer, die für eine Öffnung (nicht nur der Grenzen, sondern auch einer politischen) standen, die Lage kontinuierlich und immer wieder neu erkunden mussten. Ich hatte es nicht extra erwähnt, aber wir wissen – und auch Németh hat in seinem Interview darauf verwiesen –, dass damals achtzigtausend sowjetische Soldaten in Ungarn stationiert waren, vorher sogar mit atomarer Bewaffnung. Ich habe es nicht erwähnt, aber es ist meine Überzeugung, dass eine der Hauptrichtungen dieser Erkundungsarbeit gerade der Standpunkt der hier stationierten sowjetischen Truppen und ihrer Führung sein musste. Ich halte es für unvorstellbar, dass zum Beispiel der Innenminister sich nicht an solchen Informationen orientierte. Aber als sich Miklós Németh in seinem gestern verlesenen Statement auf die Präsenz der sowjetischen Streitkräfte berief, erwähnte er nichts darüber, dass diese genau wussten, worum es ging. Das gehört für mich zu den Fragen, zu denen ich gehofft hatte, klare Informationen zu bekommen, aber keine bekommen habe.

Doch um auf die Hauptrichtung meines Gedankengangs zurückzukommen: Ich glaube selbst, dass die Lage unsicher war oder, besser gesagt, erhebliche Risiken in sich trug. Und diese Risiken – die These erhalte ich weiterhin aufrecht – hat jeder Beteiligte zu minimieren versucht. Vielleicht war meine Formulierung insofern nicht differenziert genug, als ich nicht in jedem Fall unterschieden habe, wann es dabei darum ging, das persönliche Risiko zu minimieren oder zu vermeiden, und wann es eine Risikominimierung aus – sagen wir so – höheren Gesichtspunkten, in einem größeren Zusammenhang und im Interesse damit zusammenhängender Werte war. Ich selbst jedoch war es, der in bezug auf die Erklärung von Miklós Németh klargestellt hat, in keinem Fall richten zu wollen. Und ich habe sogar eine Interpretationsmöglichkeit angeboten, warum Németh vermutlich oder wahrscheinlich die Information zurückgehalten hat. Ich habe gesagt, dass das Bekanntwerden einer solchen Information womöglich eine derart schnelle und um sich greifende soziale Bewegung induziert hätte, die für die damalige Führung unkontrollierbar geworden wäre, so dass sie das zu vermeiden suchten. Das war mein eigener Vorschlag. Ich selbst habe also Begründungsmöglichkeiten für das risikominimierende Verhalten angeboten.

Dasselbe habe ich gesagt, als ich auf das Verhalten der Schirmherren zu sprechen kam. Ich sagte, vielleicht sei, vielleicht funktioniere Politik eben so. Da man die Risiken minimieren und die Mittel, die Personen und Zusammenhänge, so einsetzen muss, dass man sich jederzeit von ihnen distanzieren kann. Und tatsächlich war genau das die Situation. Ich glaube, auch die vorsichtige und zur Vorsicht mahnende Haltung von Kanzler Kohl entsprang der Erkenntnis, dass er keinen offenen Konflikt, genauer gar keinen Konflikt mit der Sowjetunion provozieren durfte. Auch er legte ein risikominimierendes Verhalten an den Tag. Ich behaupte daher, und diese Behauptung erhalte ich – wenn auch weniger scharf, als sie sich in Imre Pozsgays Interpretation anhört – weiterhin aufrecht: Bei der Tatsache, dass Miklós Németh sein Wissen nicht an den Oberbefehlshaber der Grenztruppen weitergab und es deshalb auch nicht zu Árpád Bella gelangte, hat sicher auch der Gesichtspunkt, sein eigenes Risiko zu minimieren, eine Rolle gespielt. Hinter dem Zurückhalten der Information mag die Einsicht gesteckt haben, dass im Falle eines Umkippens der Lage, das heißt eines Wahrwerdens des in der Situation liegenden Risikos, etwa einer sowjetischen Militärintervention, es zu politischen Rückschritten und zu persönlichen Folgen gekommen wäre. Wenn es nun aber während der Maßnahmen keine nachvollziehbare Verbindung zwischen den einzelnen Kettengliedern der Hierarchie gab, würden auch die Verfolgung der Verantwortlichkeit und die Retorsionen irgendwo auf dem Weg von unten nach oben steckenbleiben. Irgendeine Ebene des komplexen Systems, vielleicht sogar mehre Ebenen, konnten so geschützt werden. Preisgegeben oder geopfert – nennen wir die Dinge beim Namen – würden nur die unmittelbar Beteiligten oder die Ebenen, die als nächste berührt waren. Diese Struktur nicht zu sehen ist unmöglich. So leid es mir tut, in dieser Frage kann ich nicht nachgeben. Natürlich werde ich dann nicht auf meiner Meinung beharren, wenn Sie mich anhand von Dokumenten und Fakten vom Gegenteil überzeugen. Aber aufgrund der Informationen, die mir zur Verfügung stehen, kann ich zu keiner anderen Schlussfolgerung kommen.

László Nagy:

Vor zwei Wochen war ich zusammen mit Géza Szőcs in einer Sendung von Petőfi Rádió zu Gast, wo der verantwortliche Redakteur uns fragte, ob wir Angst gehabt hätten. Ich sagte: nein, überhaupt nicht. Als wir das Picknick organisierten, waren wir uns unserer Sache vollkommen sicher. Es war ja eine legale Veranstaltung. Wir sahen keinen Grund, uns vor irgendetwas zu fürchten, und gingen mit dem Glück des Naiven an die Arbeit. Wenn ich das Für und Wider höre, das hier vor uns ausgebreitet wird, hätten wir uns vielleicht doch ein wenig fürchten sollen. Inzwischen, zehn Jahre danach, läuft es mir schon ein wenig kalt den Rücken herunter. Aber zum Glück erst jetzt.

Ich möchte Géza Szőcs noch eine letzte Frage stellen. In einer Zeitung las ich, in Sopron seien Tabus gefallen, und das Wesentliche der Veranstaltung sei eben die psychologische Wirkung gewesen. Die osteuropäischen Diktatoren seien geschockt gewesen, dass so etwas möglich war, und während dieses ein paar Tage anhaltenden Schocks habe die Regierung ihre Entscheidungen fällen können, ohne dass es eine Reaktion gab. Der Journalist fasste das so zusammen, dass damit eine neue Zeitrechnung begonnen habe. Viele Dinge, die vor dem 19. August unvorstellbar gewesen seien, seien danach als selbstverständlich erschienen. Hat Géza Szőcs das damals, dort auch so empfunden?

Géza Szőcs:

Ich will die Gelegenheit nutzen, um in aller Kürze mitzuteilen, was mir gerade durch den Kopf ging. Einerseits freue ich mich, dass auch solche Gelegenheiten Informationen über die Kulissengeheimnisse der Geschichte zu Tage fördern – wie zum Beispiel das, was wir von Imre Pozsgay hörten, ich meine die Entscheidung im Zusammenhang mit Radio Free Europe. Was wir aber immer noch nicht wissen, ist, wer 1986 die Entscheidung gefällt hatte. Nämlich wie mit den siebenbürgischen Ungarn zu verfahren sei.

Ich möchte zur Frage, wodurch das Picknick möglich war, wie groß das Risiko war und wer mit welchem Einsatz die Sache ermöglicht hat, ein kurzes Gedankenexperiment anregen: Wenn wir dieses Picknick im Jahre 1984 anberaumt hätten und dort 150 Ostdeutsche erschienen wären, wie hätte Herr Bella da gehandelt, dort an diesem Grenzabschnitt? Und was hätte die Staatsmacht getan? Ich meine, 1984 wäre ein solcher Verlauf undenkbar gewesen – auch wenn wir annehmen, dass Árpád Bella im Jahr '84 moralisch gesehen derselbe Mensch war. Ich glaube, für den Erfolg des Picknicks waren viele Voraussetzungen nötig. Einerseits brauchte es die Idee und die Organisationsbereitschaft von Ferenc Mészáros, Mária Filep, László Magas, László Nagy und der anderen. Es brauchte die zitierte Mitteilung Gorbatschows an Németh.

Es brauchte die Freilassung der Siebenbürger seit 1986. Es brauchte das Büro von Radio Free Europe in Budapest. Es brauchte die Verantwortungsübernahme von Imre Pozsgay. Es brauchte die Autorität Otto von Habsburgs. All das war nötig, damit das nüchterne Urteil eines Árpád Bella zu dieser Zeit an diesem Ort so funktionieren konnte, wie es funktionierte.

Um auf das erwähnte Rundfunkprogramm zurückzukommen: Dort wurde bereits gesagt, worauf auch ich hier hingewiesen habe. Die Risiken. Es gab ungünstige Wendungen, Wahrscheinlichkeiten und Möglichkeiten. Stellen wir uns nur vor, am 4. November 1989 wären mit einem Marschall an der Spitze die russischen Truppen erschienen, dann glaube ich – in Analogie zum Widerstand von Gergö Pongrácz am Corvin köz –, dass zu den Politikern, die man nach einem kürzeren oder längeren Aufenthalt in Snagov innerhalb von ein, zwei Jahren hingerichtet hätte, auch – es tut mir leid, ihm eine so traurige Prognose ins Gesicht sagen zu müssen – Imre Pozsgay gehört hätte. Er ebenso wie Miklós Németh, István Horváth, Gyula Horn und Kálmán Kulcsár wären diesem Schicksal sicher nicht entgangen. Über Otto von Habsburg würde es heißen, er sei ein alter faschistischer Monarch, Radio Free Europe wäre ein Hetzsender und die Initiatoren hätten vielleicht fliehen und im Exil weiterleben können. Die Herren Bella und Székely dagegen wären sofort vor ein Militärgericht gestellt worden. Es gab Risiken, will ich damit sagen.

László Nagy:

Ich danke Géza Szőcs für diese Zusammenfassung, die wir miteinander bereits besprochen hatten. Ich darf verraten, dass Árpád Bella dazu meinte, er hätte nur bedauert, dass er im Militärgefängnis, wir dagegen im zivilen gelandet wären und wir daher nicht miteinander hätten Karten spielen können...

Für mein Schlusswort habe ich lange darüber nachgedacht, wie man das ganze Picknick und die damit verbundenen Ereignisse in einem Satz zusammenfassen könnte, der auf alle zutrifft: auf die Schirmherren Imre Pozsgay und Otto von Habsburg, auf die ungarische Regierung, auf die Grenzsoldaten und auf uns einfaches Fußvolk. Ich habe mich – in leichter Abwandlung – für einen Slogan der liberalen Partei entschieden: „Vielleicht konnten wir es nicht, aber wir wagten und taten es, und das ist das Wesentliche.“

Nachwort des Herausgebers

Im Frühjahr 1999 besuchte mich László Nagy aus Sopron und bat mich, in Kooperation mit ihm diese zweitägige Konferenz im Rahmen der Feierlichkeiten zum zehnten Jahrestag des Paneuropäischen Picknicks zu konzipieren und zu organisieren. Er berichtete von den häufigen Versuchen der Politik, die damalige Initiative für eigene Zwecke zu benutzen, und meinte, die Initiatoren wollten nun endlich unverstellt den wahren Gang der Dinge sehen – und der Bevölkerung des Landes aufzeigen. Wir hatten ein langes Gespräch, und ich ergriff gern die Gelegenheit, ein Stück unserer Geschichte klären und verfügbar machen zu helfen.

Zu diesem Zeitpunkt waren bereits zehn Jahre seit der (Halb-)Wende vergangen, und ich selbst hatte oft genug erfahren, wie die Politik versucht, die Vergangenheit zu ihrem Nutzen umzudeuten und die Aufdeckung der Wahrheit zu verhindern – immer um den Preis, dass die einfachen Bürger außen vor gelassen und zum staunenden Beobachter degradiert wurden, so dass sie ihre Selbstachtung als Mitgestalter der Geschichte verloren.

Die mir zur Verfügung stehenden Dokumente ergaben ein seltsames Bild – es hatte den Anschein, als ob die Erfinder und Organisatoren des Picknicks überhaupt nicht existiert hätten, als wäre einzig und allein das „Endprodukt", die Grenzöffnung das Entscheidende – und zwar nicht die erste von Sopron, sondern die darauffolgende demonstrative, politisch in mehrfacher Hinsicht profitable vom 11. September 1989.

So begannen wir, die Ereignisse der Reihe nach aufzurollen, den Spuren nachzugehen und Zeugen zu suchen. Im nachhinein darf ich sagen: Dass es – gemessen an den Möglichkeiten – fast vollständig gelungen ist, die „komplizierte Vergangenheit" aufzudecken, liegt wohl vor allem daran, dass die Teilnehmer fast nichts voneinander wussten. Wir haben mit Bedacht jedem vorher nur den Mosaikstein anvertraut, für den er im Besitz von Informationen mit Quellenwert war.

Ich selbst hatte mich bis zum 1. November 1989 in West-Berlin aufgehalten. Jede Woche gingen wir hinüber in den Ostteil der Stadt, und jede Woche erlebten wir dabei die unveränderte Brutalität und unmenschliche Strenge des Grenzregimes der DDR – das uns als eine unerschütterliche, irrationale Ordnung von ewiger Gültigkeit erschien. Ich verstand weder, wie ein Teil des in dieses System gepressten Volkes seine menschlichen Eigenschaften so sehr ablegen konnte, noch wie sich die schwache ostdeutsche Opposition je daraus befreien können würde.

Ich muss zugeben, dass ich bei der Heimreise am ersten November immer noch glaubte, die Sozialistische Einheitspartei Deutschlands werde noch viele Jahre über die erniedrigten Ostdeutschen herrschen. Aber sieh an: schon neun Tage später war die Berliner Mauer gefallen.

Daher schließe auch ich mich denen an, die meinen, dass der Zusammenbruch des dortigen Systems nicht vorhersehbar gewesen sei. Deshalb verstehe ich, warum die politische Führung der Bundesrepublik von der fast unerklärlichen Auflösung des DDR-Gewaltregimes so überrascht war.

Bei uns war die Lage eine ganz andere. Ich war davon überzeugt, dass der ungarische Sozialismus so heruntergekommen, korrumpiert und zur Kulisse ausgehöhlt war, dass ein kleiner weltpolitischer Wink, ein geringer Anlass genügte, ihn zum Einsturz zu bringen. Die Erfolge der Opposition seit 1986 ließen erheblichen Zweifel daran aufkommen, dass dieses System noch fähig war, sich zu verteidigen. Genauer gesagt erwies sich, dass die sozialistische Nomenklatura nicht mehr an die – unreformierbaren – Prinzipien glaubte und ihre klügeren Vertreter sich im Grunde schon auf die Zeit nach der Wende vorbereiteten.

Warum dennoch keine entscheidende Wende eingetreten ist? Ich glaube, Ungarn wurde nur noch vom „großen sozialistischen Weltsystem" bzw. einigen seiner noch fest erscheinenden Elemente zusammengehalten – und von der Entscheidungsunfähigkeit der „großen" Sowjetunion gegenüber sich selbst. (Und von der Engelsgeduld des Westens, mit der im Rücken man die Existenz des papiernen Mammuts ehrfurchtsvoll akzeptierte.)

Ungarn hatte gegen Ende der achtziger Jahre drei ernstzunehmende Feinde: Bukarest, Prag und Ost-Berlin. In allen drei Hauptstädten saßen orthodoxe kommunistische Führungen, und alle drei waren – aus historischen oder persönlichen Gründen – Ungarn besonders feindlich gesinnt. In einem stimmten sie in jedem Fall überein: Die „abweichenden, mit einem 'dritten Weg' liebäugelnden und prinzipienlosen" Ungarn gefährdeten die Aufrechterhaltng ihrer Privilegien. Das setzte eine besondere historische Blindheit voraus, denn Hinweise von Gorbatschow, in welche Richtung die Entwicklung gehen werde, hatte es zur Genüge gegeben. Aber ein in die Ecke gedrängtes Geschöpf hört nicht auf seinen Verstand, sondern allein auf seine Angst.

Wie also stellte sich die Lage dar?

Es gab einen Westen, dessen sämtliche Geheimdienste, Forschungsinstitute und politischen Analysezentren die Situation falsch einschätzten. Es gab eine Sowjetunion, an deren Spitze ein mit genialer Intuition gesegneter Mann

(Gorbatschow) stand, der jedoch unfähig war, die Folgen der zu seiner eigenen Rettung notwendigen Schritte im voraus abzuschätzen. Um uns herum gab es die in die Defensive gedrängten Hardliner, die weder an einer ehrlichen Analyse der Vergangenheit noch an einer logischen Sicht auf die Zukunft interessiert waren. Und es gab zwei Völker: die Polen und die Ungarn, die den Kommunismus seit vielen Jahrzehnten als unerträgliche Fessel empfunden hatten. (Allerdings hatten vierzig Jahre Unterdrückung auch sie ihrer analytischen Fähigkeiten beraubt, die sie in dieser Situation so dringend gebraucht hätten.) In beiden Ländern gab es sowohl eine „gesellschaftliche Basis" als auch die für den Wechsel erforderliche, einerseits engagierte, andererseits hinreichend gewitzte zukünftige Führungselite.

Nun fehlten nur noch ein paar Zufälle – und ein paar starke, unter der Oberfläche schlummernde politische Interessen.

Einer der Referenten erwähnte, wie günstig in den achtziger Jahren die Sterne für uns standen. So war es in der Tat. Es bedurfte des Stroms der ostdeutschen Touristen – die völlig instinktiv, planlos und unorganisiert in unser Land drängten –, um die Achse Bukarest-Prag-Ostberlin in einer Art Dominoeffekt aufzubrechen. Die DDR-Flüchtlinge waren für die postkommunistische Wendeelite ein Gottesgeschenk. Ich glaube, dies wurde bei uns in Ungarn deutlich gesehen, wenigstens geahnt, und auf jeden Fall fügte es sich hervorragend in den Reformprozess ein, der bei uns bereits unaufhaltsam voranschritt.

Ich wage die These, dass die Gruppe um Németh und Pozsgay wusste: Dieses Land ist nur durch einen Systemwechsel zu retten. Dass sie wusste: Da sie eine wesentliche Verantwortung für die Verhältnisse trug, bestand ihre einzige Rettung darin, sich für die Zeit der Umgestaltung möglichst viel Sympathie im Westen zu sichern. So würde sich die Explosion vermeiden lassen, und so würden sie mit weißer Weste die andere Seite erreichen. (So würden sie sich ihre Chance zu einem Neuanfang in der Demokratie sichern und im anderen System von ihrer tiefen Verwurzelung in der gesellschaftlichen Hierarchie profitieren.) Wievielen das klar war und wem genau, weiß ich nicht.

Wie dem auch sei, der Flüchtlingsstrom aus der DDR war ein Glücksfall für die sozialistische Elite. Und man wusste: Wenn man sich die Bundesrepublik Deutschland verpflichten könnte, die in der westlichen Politik eine entscheidende Rolle spielte, dann könnte das einmal den Ausschlag zu den eigenen Gunsten geben (plus einen riesigen wirtschaftlichen Vorteil beim Neuanfang).

Nur eines wusste niemand: Was würde die Sowjetunion zu einer Grenzöffnung sagen? Gorbatschow hatte sich Németh und Kohl gegenüber zwar wohlwollend geäußert, aber was würde in der Wirklichkeit geschehen?

Und da kam das Paneuropäische Picknick als Geschenk des Himmels gerade recht. Die fleißigen Organisatoren vom Ungarischen Demokratischen Forum hatten die Situation prächtig herausgearbeitet, man musste sich nur einklinken und die Gelegenheit ausbeuten, um zu erfahren, was der russische Bär sagen würde. Dass dies nicht nur eine bloße Vermutung ist, wird dadurch bewiesen, wie schnell die Grenzen nach dem 19. August wieder geschlossen wurden und wie distanziert sich das offizielle Ungarn verhielt. Wenn die „große Sowjetunion“ womöglich doch protestiert hätte, wären schnell ein paar kleine Schuldige bestraft worden, und das Experiment, an dem wer weiß wie viele Abwehr- und Aufklärungsdienste beteiligt waren, wäre zu einem unbedeutenden Einzelfall erklärt worden.

Aber es passierte nichts. Die Vorbereitung der großen Grenzöffnung vom September 1989 konnte beginnen, zum

Nutzen für so viele und auf Jahrzehnte richtungsweisend für die politische und wirtschaftliche Entwicklung Ungarns.

Wenn auch als erhabenes Werkzeug anderer, haben die Soproner und Debrecener Initiatoren vom MDF doch eine historische Rolle beim – friedlichen! – Sturz eines Weltsystems gespielt. Das Verdienst daran gehört vor allem Ungarn, das heißt allen, die sich um die Zehntausende Ostdeutsche gekümmert haben, die ihnen halfen und die im Land eine Atmosphäre schufen, die die folgenden Schritte der Politik möglich machte.

Was haben wir mit all dem erreicht?

Für die Deutschen die deutsche Vereinigung. Der Welt haben wir vielleicht einen Krieg erspart. Und uns selbst haben wir geholfen, eine Zukunft zu schaffen, die uns nach den vorangegangenen Jahrzehnten bestimmt war.

Vor allem aber: Wir haben selbst teilgenommen und das getan, wozu wir fähig waren. Und wenn unsere Arbeit wirklich der Gestaltung einer menschlichen ungarischen Zukunft dienen soll, dann müssen wir sie mit derselben festen Entschlossenheit, mit demselben entschiedenen Willen fortsetzen, wie es vor zehn Jahren die Initiatoren aus Debrecen und Sopron getan haben.

Budapest, im Frühjahr 2000 Gyula Kurucz